龍袍太重

不是誰都可以撐得起輝煌盛世

崔濟哲 著

勝者為王，敗者為寇，
「壞皇帝」可能被汙衊，「好皇帝」可能搞政變！

千年「蠢豬」之鍋，由哪位國君來背？
歷史上最「不得好死」的帝王究竟是誰？
真龍天子之下，是「龍種」還是「跳蚤」？

威嚴到荒唐、偉大到卑劣
揭開千年帝王迷思，走近他們的另一面

目錄

序 ………………………………………………… 005

齊湣王死得慘 …………………………………… 009

宋襄公背的「黑鍋」…………………………… 015

楚莊王的風範 …………………………………… 025

與西楚霸王論生死 ……………………………… 035

與秦始皇論劍 …………………………………… 041

宮廷政變當皇帝 ………………………………… 047

漢武帝晚年走火入魔 …………………………… 065

阿斗的悲劇 ……………………………………… 077

「龍種」不如「跳蚤」………………………… 091

「金盆狗屎」皇帝 ……………………………… 105

勝得輝煌，敗得悲壯 …………………………… 125

陳後主跳進胭脂井 ……………………………… 137

隋文帝的革命 …………………………………… 143

武則天的「祕事」……………………………… 153

目錄

缺德皇帝朱溫……………………………………… 177

從奴隸到皇帝……………………………………… 183

「兒皇帝」的醜相………………………………… 195

皇帝的龍鱗………………………………………… 207

宋太祖的腰帶……………………………………… 223

皇帝的一天………………………………………… 233

朱皇帝的嘴臉……………………………………… 249

口吃皇帝與「成化之戀」………………………… 261

死得悽慘，也死得悲哀…………………………… 277

乾隆皇帝拒絕開放………………………………… 295

光緒皇帝之死……………………………………… 309

跋…………………………………………………… 321

序

在中國舞臺上，自三皇五帝始，似乎最有戲的是帝王，最熱鬧的是帝王，最搶眼的是帝王，最匆忙的也是帝王，最輝煌也最血腥的依然是帝王。

據柏楊先生考證：從西元前 2698 年到西元 1945 年，中國一共出現了五百五十九個帝王。中國帝王的陣容可謂強大，在中國作史，皆把帝王放在歷史的最核心、最根本、最顯著、最著筆墨的地位，司馬遷作《史記》開篇就是五帝，能登上本紀的除帝王就是霸王，唯一例外的是呂后，皇皇幾千年，何人敢窺探這群帝王之項背？哪怕乜斜一眼都有僭越之罪，其罪當滅族。

於是帝王就神聖、偉大、輝煌、超人起來。最後走向徹底的反面，昏庸、殘暴、荒淫、奢靡起來，和尚打起傘來，直到折騰垮江山，折騰垮皇位，折騰得民不聊生、國破家亡、身敗名裂。中國帝王也被稱為中國歷史上最不幸的人。

中國的帝王似乎好區分，一登臺「好皇帝」龍袍玉帶，皇傘金輦，一臉正氣，威風十足；「壞皇帝」則「三花臉」、「大白臉」，一臉輕浮，舉止失措，油奸鬼惡。

帝王的「階級」陣營亦十分分明。

記得翦伯贊曾講過，要認真研究中國的帝王，帝王史是中國的封建史，不能人云亦云，要深入到歷史之中，否則蓋棺難定。

序

隋煬帝可能是中國歷史上爭論最大的皇帝。過去課本上都把他說成是十惡不赦的惡魔皇帝,是典型的庸君、昏君、暴君,一生禍國殃民,但是隋煬帝也有其「受看」的一面。他廢除九品中正制、革除上品無寒門,下品無仕族的傳統官僚制度、大膽創新實行科舉制,影響中國一千多年。他修建大運河,留下滾滾罵名,但是實踐證明,這是一條惠民濟世河,是南北經濟大動脈,隋煬帝真乃了不起的大手筆,他又統一中國、征服邊夷、開疆擴土,稱其千古又一帝可能不會差太遠。

在中國帝王陣營中,唐太宗李世民可謂一桿旗,開大唐之先,出貞觀之治,對外海納百川,對內政治暢達。但是李世民也有其人品卑劣殘暴的一面,只是我們常常疏忽了。誇讚一個人時,其人則十全十美,潔白無瑕;指責一個人時,其人必然一無是處,徹頭徹尾。李世民是依靠宮廷政變,玄武門之變上臺的。玄武門之變從頭到尾都是一場醞釀已久的陰謀,武裝綁架唐高祖皇帝,逼其讓位,囚父逼父;又親自動手誅殺其兄太子李建成;殺死其弟齊王李元吉,然後毫不猶豫,轉身立即把其兄其弟的十個兒子,也是他的十個親姪子,無論長幼,全部殺死,斬草除根;又霸占了其兄弟的所有妻妾、美女和財產。更卑鄙的是對待魏徵,其前腳死,後腳就毀碑、賴婚、摘牌去名,幾乎扒墳破棺,人的多面性在李世民身上表現得淋漓盡致。

靠「黃袍加身」,搞陰謀詭計「出身」的趙匡胤,也有其為帝王的另一面。我言之:「真皇帝不如土皇帝。」趙匡胤開國立朝,卻也實在窩囊,除上朝著正裝外,一律穿布衣,且髒了洗,破了補,不肯做新衣。宋太祖還真不是作秀,裝是裝不了那麼徹底的,莫說飯菜從簡,酒也不喝特製的,一壺喝三天,想當初作軍閥當土皇帝時,每日山珍海味、大魚大肉,一餐就喝它三壺酒。

大宋皇帝坐的轎子是沿用後周王朝的，用久了，顏色都脫落了，有人勸他重新裝飾，配以黃金，皇帝總要有尊嚴，但是宋太祖拒絕了。

　　宋太祖的簡樸自從當了皇帝始終如一，內廷的宦官只有五十餘人，宮女也只有二百多人，他還認為太多了，要求裁員，在征伐北漢途中，正趕上除夕，他派人送其母親太后的節禮是三貫錢，送妻子皇后的是一貫半，這皇帝當得還不如一個土財主。

　　趙匡胤立宋當了開國皇帝後，未殺一位降王，更別說夷族；未殺一員大將、一名大臣，更別說株連冤殺。

　　本書正是要告訴你，中國的帝王們還有另一面人生、另一副面孔、另一種生活、另一個性格。歸根結柢，帝王亦人，他不可能離開他生活的環境、時代、氛圍，不可能離開他的人生經歷，他是那個時代的人、那個時代的帝王。

　　被千口一辭言之「蠢豬似的仁義」的宋襄公，用現代人的眼光看，其蠢無比，自取滅亡。但宋襄公是那個時代的君主，他蠢不蠢、愚不愚、傻不傻、笨不笨，要站在二千五百年前的立場上評論。以宋襄公蠢豬之論，俄國乃至世界偉大的詩人亞歷山大·普希金（Aleksandr Pushkin）為了捍衛其夫人的純潔，手持手槍和人家侍衛長決鬥，結果被人家一槍擊中，一槍斃命。普希金也是「蠢豬似的仁義」？至少是「蠢豬似的衝動」？非也，時代的局限，時代的決定，莫拿今人看古人，這正是書中的真話。

　　讀過此書必然對帝王有新悟，其實序就是開啟書本的鑰匙，現在就把鑰匙交給你了，是為序。

崔濟哲

序

齊湣王死得慘

　　上小學時就認識他，但是不知道他叫田地。

　　那篇課文是作為文言文學的，課文的題目叫〈濫竽充數〉。課文雖簡單，但是記憶深刻。大半輩子過去了，忘記的事情多了，讀過的書和白讀的也多了，但是這篇課文沒忘。不是我學得好，是課文選得好。

　　齊宣王使人吹竽，必三百人。南郭處士請為王吹竽，宣王悅之，廩食以數百人。

　　宣王死，湣王立，好一一聽之，處士逃。

　　長大了，讀書多了，處世多了，才考證到，南郭先生活得也自在舒服。所謂逃，其實就是大搖大擺地走了，考證不出誰炒了誰。此處不留爺，自有留爺處，處處不留爺，爺自有去處。何處何愁不充數，充數是文言文，譯成今日白話，混唄。且在三百多吹竽的皇家樂隊中混過，何處不能混？

　　這時候方知齊宣王叫田辟疆，是齊國第二個國王，他兒子就是喜歡「單練」的齊湣王，齊國第三任國王，即田地也。請教過懂音樂的行家，齊宣王懂行，聽音樂就要聽交響樂，聽大陣容、全陣套的，三百人的樂隊正好。無論在國家音樂廳還是在禮堂上，都能有極好的效果，那才叫音樂。齊宣王是懂音樂的行家。

　　據考證，春秋時期，皇宮的樂隊都是成規模的，演奏皆大陣容，數百人的樂隊。最多的宮中樂隊竟能達到一千四百多人。齊湣王至少是個音樂

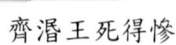

齊湣王死得慘

外行，或者他根本就不懂音樂。試想連楚國邊上一個小小的曾侯乙，僅他的編鐘樂隊就需要幾十人。齊湣王只聽一個人在旁邊吹竽，悽悽慘慘、悲悲涼涼的，一點回音振盪皆無，像小寡婦上墳、土財主為冥王過週年，如果就音樂來講是一種巨大的倒退。「玩」音樂的人一般講話像彈鋼琴，太脆太爆衝擊力太強，說得有些過。

說田地之死，就有必要說田地之生；說田地之生，就有必要說田辟疆之為。

齊宣王也有說道，他比和他同時期的諸侯王故事多得多，也精采得多。除了「濫竽充數」作為成語流傳至今以外，還有一個幾乎家喻戶曉的故事，非常遺憾的是它沒有選登在小學生課文中，否則影響會更大。

《呂氏春秋》中有記載：齊宣王好射，說人之謂己能用強弓也。其嘗所用不過三石。以示左右，左右皆試引之，中關而止，皆曰：「此不下九石，非王其孰能用是？」宣王之情，所用不過三石，而終身自以為用九石，豈不悲哉！

齊宣王不常有，「齊宣王現象」常存。

齊宣王在齊國諸王中可謂有本事、有作為的一位國王，他開疆拓土，富國強兵，在齊國歷史上，齊宣王有一筆。

當齊國的鄰國燕國發生內部動亂，人心思變之際，齊宣王果斷抓住時機，派大將匡章率兵十萬，攻打燕國。齊宣王這個策略時機抓得準，確實有策略眼光、政治眼光。禍國殃民的子之把燕國折騰得暗無天日、民不聊生。而燕王姬噲昏庸無能，誤國誤民，子之和姬噲狼狽為奸，朝野上下都恨不能活吃了他們。就在這個關鍵時刻，齊宣王以解放者的姿態，解燕民於倒懸。果然齊國的解放大軍所到之處，皆簞食壺漿，以迎齊師，無有持

寸兵拒戰者，一路降旗。齊師十萬，僅打了五十天，竟然一路凱歌，一路猛進，直達燕都，百姓開門納之。

齊宣王也真行，把子之和姬噲打入囚車，武裝押解，押送到齊國的國都山東臨淄。齊宣王著實威風了一回，勝利者、審判者、執法者，齊宣王田辟疆意氣風發，鬥志昂揚，不但「鬥了疆」，滅了燕國，而且還把燕國的兩個國王都弄到齊國受審。齊宣王不軟，當眾宣布，判子之凌遲，將他剮了，判姬噲吊死。《戰國策》曰：「燕王噲死，齊大勝燕，子之亡。」《資治通鑑》曰：「齊人取子之，醢之，遂殺燕王噲。」按《資治通鑑》記載，子之遭受的還不是後來意義上的剮，而是剁成肉醬。

齊宣王十萬大軍攻打燕國這一仗打得漂亮，在東周末年堪稱經典戰役。

齊宣王不僅有「好射」一說，也有「大氣」一說。

齊宣王曾因國事請教孟子，僅就請教孟子一事就能說明此「王」可教。作為一國之王，田辟疆面對孟子做自我批評，且沒有一點遮遮掩掩。在二千三百年後的今天看，依然不易。齊宣王對孟子說，我好勇武、好戰、好大喜功，這都容易引發戰爭。孟子就教育他如何改之；齊宣王剖析自己，說我貪財，孟子又教育他如何不貪；齊宣王又剖析自己，說我好色，讓孟子責備教育。好戰、貪財、好色，我未見中國歷史上有第二位勇於這麼無情地剖析自己的國王。

非常遺憾，齊宣王好的品格、基因、作風一點也沒有遺傳給他的兒子，而田地繼承的幾乎都是他爹的惡劣因子，且被數倍、數十倍地放大了。齊湣王當王威風，下場卻悲慘，似乎從他的遺傳基因中已經讓人預感到。

齊湣王死得慘

齊宣王滅掉燕國後，燕國人並沒有甘做亡國奴，燕國的公子姬平繼任國王，當了燕昭王。燕昭王是燕國國王中最有作為、最勵精圖治的一位，也是齊湣王的掘墓人。當齊湣王還虎視四周，誰不順眼就打誰，誰不臣服就開戰，自我感覺特別好時，燕昭王已在易水河畔築下「黃金臺」招攬天下人才。燕昭王也有越王勾踐那股勁、那股氣，發誓要報滅國之仇，隨時注視著齊湣王的一舉一動，積蓄力量，等待復仇。

田地當上國王後，幾乎把周圍大大小小的國家都得罪遍了，到處樹敵。不過田地自以為「大王」，貪財好武已走向極端。他和楚、魏兩國事先約好，一起伐宋，得手後，三家均分宋之國土。有盟約在前，三國組成聯軍，田地親自出馬，披掛上陣，這小子天生喜好打仗，有這樣的機會，他焉能不親自掛帥？

戰爭的結果，不出所料，宋被徹底打垮，滅國，亡君。但是這時候，田地貪財的劣根性突現出來。他說，對宋戰爭是我發起的，我出動的軍隊最多，我親自掛帥指揮、親自作戰，楚、魏兩國就是幫襯，那點蝦兵蟹將，狗屁軍隊，沒出幾分力，憑什麼要三分宋國天下。田地越說越激動，越說越生氣，越說越不平，先是拍案，繼而推案大叫，煮熟的鴨子不能飛到他人的嘴裡。宋地他要獨吞，管他什麼盟約，管他什麼誠信。的確，滅宋國齊國出力最多，功勞最大。齊湣王壞就壞在不但缺德，而且玩弄陰謀詭計，翻臉不認人。他表面一套，禮送楚軍回國，言之一切都好說，既然是盟友，當按盟約行事。楚國軍隊挺高興，按楚國國王的指示，帶領軍隊去占領他們應分得的宋國土地。得勝之師，沒有一點軍事戒備。但是田地玩陰的，趁楚國軍隊正得意洋洋之際，突然派兵掩殺過去，打得楚軍丟盔卸甲，死傷累累，落荒而逃。真乃不費齊軍一分力，白占宋國三分田。齊湣王一不做二不休，用同樣的嘴臉哄騙魏軍，又用同樣的辦法打了魏軍一

個措手不及,把魏軍徹底攆出宋國的地盤,他一人獨吞宋國。楚、魏兩國吃了悶虧,又傷人又破財又損地,恨齊國恨田地已經到了咬牙切齒、不共戴天的地步了。

齊湣王沒完。這傢伙還囂張跋扈呢!

他命令周圍的三個小國,魯國、鄒國、衛國做他的附屬國,國王都做他田地的臣屬,向齊國進貢。三個小國恨他恨得牙根疼。他還在大庭廣眾下放出狠話:哪天將親率虎狼之師,滅掉殘存的周王國,把周王朝的九鼎搬到咱齊國的臨淄,我正式登基做天子,豈不樂哉?

對內,他可不像他爹那樣搞什麼自我批評、自我剖析,搞什麼接納不同意見。他要的是一片讚揚和歡呼。當時他爹為他留下的宰相是戰國時期著名的「四大公子」之一孟嘗君,孟嘗君帶頭為他提不同意見。田地正「大紅大紫」,眼中豈能容沙子?一句話罷免孟嘗君,給他留點面子,趕他滾蛋。

《東周列國志》記載得很形象,亦生動。「齊湣王自孟嘗君去後,益自驕矜,日夜謀代周為天子。」可謂鬼迷心竅。幾位朝中大夫進諫,根本不聽,又請召回孟嘗君,這位田地脾氣愈來愈大,竟然大怒把進諫的幾位大臣殺掉,且「陳屍通衢,以杜諫者」。更多的耿直大臣是「謝病棄職,歸隱鄉里」。田地已然成了孤家寡人。

齊國田地日夜盤算著取代周天子的「大事」;燕昭王也沒閒著,「黃金臺」上招來了軍事天才樂毅。燕昭王盤算著怎麼報滅國殺君之仇,為了這一天,燕昭王整整等了二十八年。想起蒲松齡的一副對子:有志者事竟成,破釜沉舟,百二秦關終屬楚;苦心人天不負,臥薪嘗膽,三千越甲可吞吳。

齊湣王死得慘

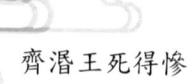

樂毅為燕昭王出主意：「齊國地大人眾，士卒習戰，未可獨取也。王必欲伐之，必與天下共圖之。」結果燕國聯合秦、趙、韓、魏組成五國聯軍，由樂毅統領，從三個方向夾擊齊國。

戰爭的結果，史書上記載：「屍橫原野，血流成河。」齊湣王一看頹勢已現，他的先鋒官戰死，主力部隊傷亡，丟下他的殘兵敗將，從前線跑回國都。齊湣王方寸大亂，也不再組織有效的抵抗，而是只想逃命。樂毅率大軍緊追不捨。齊湣王這時舉目四望，竟無一國是朋友，無奈之中東撞西碰，想跑到過去對他稱臣的那三個小國先避避難，但是又放不下他想當天子的架子，結果處處吃閉門羹，最後落在了楚國將領淖齒手中。淖齒恨田地也恨到牙縫裡了，他先把田地公審了一通，下一步就考慮不能讓這位曾經作威作福、曾經讓楚國軍隊吃過大虧，還朝思暮想當天子的齊湣王好死。

據《東周列國志》上記載，淖齒也真夠狠的，他真沒讓田地好死。《中國人史綱》中是這麼說的：「中國歷史上總共有五百五十九個帝王，其中三分之一，即一百八十三個帝王死於非命，而以田地死得最慘。」

田地死得最慘，他被淖齒下令懸掛在屋梁之上，活生生剝皮抽筋。這個顢頇傲慢的老漢，在酷刑之下，哀號了兩天兩夜，才行氣絕。

在中國歷史上，不得好死的帝王中，死得最慘的當屬齊湣王。

嗚呼哀哉！

宋襄公背的「黑鍋」

宋襄公背上的「黑鍋」是背定了。

他那套「禮數」在兩千五百多年後的今天來看，真是蠢透了，傻透了，只能讓人作為笑料。作為一國之君，春秋五霸之一，宋襄公的悲劇何在？兩千多年來人們只要翻開歷史都會嘲笑他，戲之為「蠢豬似的仁義道德」，宋襄公被描繪成一個可憐又可悲的「小丑」。蠢豬似的宋襄公，這口「黑鍋」宋襄公看來是背定了。

宋襄公背上這口「黑鍋」源於泓水之戰。

宋國不大，但是「地位」高。想當初春秋五霸之首齊桓公築壇會盟時，宋國的國君因其祖上商有殷，被封為公；而齊桓公的封位是侯，宋國國君理該挑頭，成為「霸」，但是因國力不如齊國，才屈居其後，但那是宋桓公時代的事。到了宋襄公時，宋國的國力增強，宋國的國君襄公雄心勃勃，又趕上霸主齊桓公死了，霸主的官座空出來，宋襄公便有會盟稱霸之心。

柿子撿軟的捏，古今一理。西元前六三八年，宋國決定征討鄭國，意在讓中原其他國家看看，今日之宋國遠非昔比，今日之襄公雄才大略。然則鄭國雖弱小，卻不乏韜略，急求助於相鄰的大國楚國。楚，大國也，楚之國君楚成王亦雄心勃勃，其雄心甚至比宋襄公更甚。楚認為師出有名，正欲與宋一爭霸主，毫不猶豫，出兵伐宋救鄭，兩軍對壘於泓水之上。此

宋襄公背的「黑鍋」

河為古河名，泓水河只在史書上有記載，波濤大河，如今只有考古專家能識得其古河道，判斷出大約在河南柘城縣西北。誰又能想到這裡曾經發生過史上有名的泓水大戰。

宋楚之兵隔泓水而立。楚強而宋弱，但楚是遠道而來，疲師征戰，而宋軍是以逸待勞；楚軍要渡河而戰，而宋軍是臨河而戰，占地利之優，完全可以先敵主動，按現在的軍事常識，宋要怎麼打就怎麼打，要何時打就何時打。戰爭的主動權完全在宋襄公手中。

但是宋襄公卻打了一場「蠢豬」式的敗仗，讓楚軍殺得大敗。不但潰師敗陣，連宋襄公也中一箭，身負重傷，幾乎陣前喪命。

那場泓水大戰，司馬遷在《史記》中記載道：「襄公與楚成王戰於泓。楚人未濟，目夷曰：『彼眾我寡，及其未濟擊之。』」宋襄公的大哥，宋之相目夷懂得軍事，但是宋襄公不聽，他有他的哲學理念，他有他的戰爭禮數。楚國的軍隊費了九牛二虎之力，渡過了泓水，可以想像，楚軍的幾百輛戰車、幾千匹戰馬要渡過洶湧澎湃的泓水河也真不容易，也是件大工程，可能比楚宋兩軍之戰還要艱難、複雜。司馬遷的《史記》也好，左思明的《左傳》也罷，皆未寫楚軍是如何渡過泓水河的，是架橋、渡船，還是涉水？但是半渡而擊之，是宋軍絕妙的戰機。

《史記》中講：「公不聽。已濟未陳，又曰：『可擊。』公曰：『待其已陳。』陳成，宋人擊之，宋師大敗，襄公傷股。國人皆怨公。」用現在乃至兩千多年前的眼光看，宋軍不敗誰敗，上帝賦予你不取，自有他人取矣。宋襄公喪師敗績活該，宋襄公負傷非但不光榮，反而是恥辱。「國人皆怨公」，宋國人真夠講禮數的，敗師喪軍，多少家庭失去親人，妻子無夫，兒女無父，父母無子，卻沒有興師問罪於襄公，沒有揭竿而起清算，宋國

不愧為商之後裔。宋國至商之後，出宋襄公這類人物也就不難理解了。

宋襄公有宋襄公的理論、哲學。「君子不重傷，不禽二毛。古之為軍也，不認阻隘也。寡人雖亡國之餘，不鼓不成列。」宋襄公的理論、禮教、哲學換來了「蠢豬」式的「黑鍋」。

用現在的眼光看，用現實的標準衡量，宋襄公不糊塗誰糊塗，宋襄公不「蠢豬」誰「蠢豬」。

你不可能穿越時空隧道，用春秋時代人的眼光去評價一個人，更不要說事隔兩千六百多年了。

宋襄公不是「蠢豬」式的仁義道德。他那種真誠禮教、仁義道德恰恰是中國古文化傳統的美德。

宋襄公世家，自商至周，數百年皆貴族，皆封公侯，祖祖輩輩都是禮儀教化出來的，是古禮一代接一代才塑造出來的「模範」。「士可殺不可辱」，道德底線不能丟。這該是中國古文化傳統的美德。

宋襄公在做太子時，其父親桓公病重，繼位問題提到日程上來。宋襄公那時叫茲甫，就提出了一個在當時就可能被認為是「蠢豬」式的議題，他不當太子，讓位給他庶出的兄長目夷。且誠心誠意地讓，原因有二：一是目夷年長於他，長者為尊，應該繼位；二是出於仁義道德，他禮該讓位。在春秋時代，就在宋國的四鄰，為爭奪王位，父殺子，子弒父，兄弟相殘的事已層出不窮，哪裡還會為禮數把眼看到手的王位拱手讓給他人，言其「蠢豬」式的為人處事恐不為過。但是茲甫認為應該。其兄目夷亦有股「蠢」勁，他和茲甫一樣，認為道德底線不能破，仁義禮數不可亂。他不表演亦不作秀，絕不接受兄弟的禮讓，索性逃到衛國「避難」。由此可以看出宋國的禮數影響之深。茲甫、目夷家庭的教育已然根深蒂固，不是

宋襄公背的「黑鍋」

利益、成功、勝利、榮譽所能顛覆得了的。死易，改難；至死不悟，至死不變。

從《左傳》、《史記》中看，楚成王不講究什麼仁義禮信，他更講究現實，善於玩陰的。出拳不講套數，出牌不論規則。宋襄公吃過楚成王的虧，而且是大虧。

西元前六七四年，宋襄公為盟主在鹿上召開諸侯國盟會，宋襄公要求楚成王也參加，擁護他當盟主。

外交上的一切禮節皆順，皆大歡喜，宋襄公認為君子有言，言必信，行必果，不可違盟背言。此時頭腦比較清楚的目夷勸他：「小國爭盟，禍也。」等到秋上要在盂召開會議時，目夷又勸他，去開會最好要帶上軍隊同行。可見目夷對他鄰近的大國楚國有比較清醒的認知。楚成王不可靠，你講禮，楚成王何禮之論？宋襄公言，盟會是我倡議的，得到諸侯國的同意，不帶兵前往是我提出來的，為的是創造一種友好的氛圍，我作為盟主怎麼好帶兵呢？怎麼能自己提議自己先帶頭破壞呢？

有「德者得天下」是宋襄公的理想。

宋襄公是君子、是貴族，嚴格遵守道德底線，遵照仁義禮信，但是楚成王卻不管這些。楚成王慣玩陰的，赤裸裸的，依靠的正是蠻力、武力、實力，他並沒有把宋襄公稱霸放在心上。況且當年的稱霸和我們今天的稱霸根本不是一個概念，古代的「霸」是「伯」的假借字，意為諸侯之長，不是諸侯的霸主。即使是霸主，楚成王也敢說霸主輪流坐，明年到我家。就是在盂，宋襄公被楚成王武力相挾，活捉成俘虜。楚成王扣著宋之國君再和宋開戰，手段夠卑鄙的，也夠陰險的。想必宋好不了，虧吃大了。司馬遷極省略地說：「冬，會於亳，以釋宋公。」猜想好釋不了，正像三百五十

年以後，秦惠王利用陰謀手段擒拿住楚懷王一樣，是絕對不會禮送其出境的。

楚成王不講禮數，宋襄公吃過大虧，但是並未銘記在心，和不講理的人論理焉有真理，宋襄公兵敗泓水又是必然。

但是宋襄公並非「蠢豬」。

在早於《孫子兵法》的《司馬穰苴兵法》（又稱《司馬法》）中記述得明白，開篇即說：「古者，以仁為本，以禮為固，以仁為勝。」戰爭只不過是仁義不行時的權變手段，因此即使在開戰對陣的時候，也要遵守禮節，不能踰越規則。「成列而鼓」，「逐奔不過百步，縱綏不過三舍」。因此《公羊傳·僖公二十二年》對宋襄公泓水一戰評價具有時代特色：「君子大其不鼓不成列，臨大事而不忘大禮，有君而無臣，以為雖文王之戰，亦不過此也。」宋襄公正是循禮遵教、貴族化的教育、文化積重的薰陶、歷史演變的約定，宋襄公不是「異教徒」，不是「造反者」，更不是「革命人」，他的解釋合情合理，符合商、周的禮儀，上層社會的規則。「君子不重傷，不禽二毛，古之為軍也，不以阻隘也。寡人雖亡國之餘，不鼓不成列。」宋襄公是位老實人，是位純粹的禮儀之士，是位典型的貴族。他由衷之言讓人敬佩，雖「亡國」不改初衷。

泓水之戰之後，宋襄公式的君子不再，春秋無義戰，大小數百仗，幾乎仗仗皆以陰謀開始，以陰謀結束，勝之於陰險，敗之於少謀。

楚漢之爭，項羽恐怕是最後的「宋襄公」，項羽也是最後的貴族。項羽仗都打在明處，話都講在桌上，而劉邦玩的都是陰謀，耍的都是奸詐。根本無禮可講，無理可論。甚至不顧兄弟結拜，背後捅刀子，哪有一絲一毫的仁義誠信？

019

宋襄公背的「黑鍋」

《史記》中講，項羽與劉邦相約「中分天下，割鴻溝以西者為漢，鴻溝以東者為楚」。約已定，楚漢之間焉可兒戲？項羽君子，大丈夫光明磊落，按約定條約，「歸漢王父母妻子，乃引兵解而東歸」。回去做他的西楚霸王。楚漢戰爭似乎劃鴻溝而定、而止。但漢王劉邦不是宋襄王，不是楚霸王，也不是貴族士家，更不是君子大丈夫，他玩的是陰謀詭計，說好聽一點叫「運籌帷幄」。一切都可以一風吹扭頭不認帳，於是劉邦領漢軍尾隨而下，乘楚兵疲食盡，殺楚霸王一個回馬槍。

宋襄公被楚軍射傷後，第二年死於舊傷復發，實際上是死於戰場，殉葬而亡，禮崩樂壞，為周禮殉葬；楚霸王自刎烏江，是中國歷史上最後一位貴族對傳統「軍禮」、「軍法」禮教的絕望，一種典型的春秋時代形式的活人陪葬。

宋襄公讓人敬佩。

敬佩他的坦蕩、氣質、為人處事，表裡如一，也敬佩他的不畏風險，率先戰鬥。

宋襄公身為國君，每逢國家征戰大事必率先垂範，不避危險，衝鋒在前，殺敵當先，南征北戰，名垂春秋五霸。

宋襄公膽略過人，敢作敢為，為了承諾、誠信，不帶軍隊，隻身入鹿地，明知山有虎，敢去山中遊。宋襄公誰能比？

宋襄公即使是被楚成王背信棄義，用陰謀手段活捉以後，他統治的宋國不亂不戰不反。他被放回去以後，繼續當他的國君，這在春秋時代，一百多個諸侯國中，實為罕見。足見宋襄公治國有方，不是蠢豬。即使泓水大戰，軍敗泓水，國人也只是怨，甚至未恨，更未發動政變、揭竿而起，應該說宋襄公深得國人擁戴。

宋襄公仁義、誠信，有政治眼光。

西元前六五一年，五霸之首齊桓公在葵丘召開盟約之會，我在讀史時曾想到齊桓公為何選葵丘為會址？葵丘，今日之蘭考也，難道兩千六百多年前河南蘭考還是膏腴之地，繁華之地？

連宋襄公都沒想到，就在這次葵丘會上，齊桓公竟然委託宋襄公照顧他的太子，難道齊桓公已經預見他死後齊國必亂？難道齊桓公遍審諸侯後才做出的這個決定？齊桓公認為天下可靠可託之國非宋莫屬，可靠可信可託之人非宋襄公莫屬？

齊桓公有政治眼光。在他看來，宋襄公不錯。宋襄公以仁義誠信貫名天下亦可見，霸主齊桓公普天下最信得過他。齊桓公何許人？孔子言：「正而不譎。」孟子曰：「五霸桓公為盛。」齊桓公把國事、家事、後事託付給宋襄公。

果然，一切如是。齊國大亂，齊國的太子昭逃到宋國，投奔宋襄公。宋襄公並沒猶豫，並未掂量利害關係，毅然決然收留太子昭，並積極為他回國復位努力。

宋襄公有誠信。

西元前六四二年，宋襄公好不容易才集聚起衛、曹、邾國三個小國的兵馬，由宋襄公掛帥，親自送齊之太子昭回齊國討說法。宋襄公的努力讓齊桓公九泉之下瞑目，齊桓公沒有看走眼，太子昭在宋襄公的保護下返回齊國後做了齊國的國君，這就是齊孝公。

泓水之敗後，宋襄公傷在身，傷在心，已有重重暮年之覺。當晉國逃亡公子重耳路經宋國時，宋襄公仍認為公子重耳是位人才，事後必有大圖，於是資助公子重耳戰車二十乘，馬匹八十匹。

021

宋襄公背的「黑鍋」

這是宋襄公一生最後一次仁義之舉。

西元前六三二年，公子重耳與楚國楚成王的部隊開戰，楚成王是宋襄公的老對頭，先是扣押他，後是擊敗並射傷他，致使他因傷而亡。晉楚兩國的軍隊在城濮展開了一場中國歷史上著名的城濮之戰。重耳以「退避三舍」為藉口，誘使楚軍驕橫，輕敵深入，最後一舉打敗楚軍。

泓水之戰不再矣，而城濮之戰成名矣。城濮之戰充分體現了棄禮就兵、兵不厭詐、兵詭道也。仁義禮數、古之軍禮、軍法俱往矣，想必宋襄公真的看見重耳的城濮之戰也會痛心的。他寧可不要復仇的勝利，也不願意看到古之以禮為固、以仁為勝亡矣。

真沒想到，宋襄公「君子不重傷，不禽二毛」，竟然在兩千六百多年後，在英國的紳士中仍依稀可見。

第一次世界大戰時，一位英國士兵把手從扳機上慢慢移開，因為他看到不遠處的一名德國士兵一瘸一拐地在逃命，是個傷兵。他一槍就可以射殺他，但「君子不重傷」，在戰場上射殺已經負傷的士兵是不道德的，英國紳士的道德修養不允許，即使在戰爭時期，仁義道德也不能褻瀆。

那個槍下逃得一命的傷兵就是阿道夫·希特勒（Adolf Hitler）。

美國獨立戰爭期間，一個英國士兵也因道德觀放掉了一名高大的美國士兵。雖然那名美國士兵並未負傷，但是他背對著槍口。對於這位英國士兵來說，從背後開槍射殺這名高大的美國士兵，那是輕而易舉之事，只要輕輕釦動扳機。但從背後偷偷地開槍殺人是不道德的，即使是在戰場上，英國教育培養出來的道德觀使這位英國士兵放棄了。

那個高大的美國士兵就是喬治·華盛頓（George Washington）。

英國不乏宋襄公式的人物。

英國紳士風度，英國紳士道德讚譽全球。

而中國的宋襄公卻整整背了兩千六百多年的「黑鍋」。

難道是時代使然，命運使然？

沒有仁義、禮教、道德的社會終引發數不盡的缺德之事，甚至連藥品、食品、嬰兒乳品都敢假冒偽劣。

更尊重宋襄公了，提了那麼多口號，該提倡宋襄公仁義誠信禮教精神！

順便說一句，言之蠢豬是無知，據德國、美國科學家測定，豬不蠢，豬比人聰明。

宋襄公背的「黑鍋」

楚莊王的風範

　　楚莊王是楚穆王之子，猜想相貌英俊不到哪裡，因為他爹的音貌，司馬遷用五個字描述過：蜂目而豺聲。

　　穆王其名曰商臣，是個狠主，他爹就是做夢都想當春秋霸主的楚成王，在泓水一戰中把宋襄王打得大敗，還射傷其一股，差點讓宋襄公馬革裹屍。楚成王在楚國國君中算是「英明偉大」的，算是「發奮圖強，自力更生」的，就是在楚成王手中，楚國從「南蠻」之國變成了一個敢問鼎中原的大國。商臣在位時，其手段殘忍，殺他親爹毫不手軟，毫無親情。他爹曾要求雖死可也，「請食熊蹯而死」。商臣說，等不及，做熟熊掌那得多大功夫？你必須立即死！死在此時此刻，一刻都不能停！無情到這份上，商臣應了當初令尹子上之言，言商臣是「忍人也」。是個極其殘忍下得去手的人。

　　楚莊王當太子時名曰熊侶。熊侶是個聰明絕頂的人。細數他祖上廢立之間，殺聲四起，血腥撲鼻，父子相弒，兄弟相殘，君臣相殺，稍有不慎，當不上君王，還落得個性命難保、屍骨不全。

　　熊侶玩得灑脫超然，不問政事，不問名分，不顯山不露水，與江山無關，與朝野無係。熊侶講究吃喝玩樂，追求聲色犬馬，熊侶在搞韜晦之術？歷史無記載。穆王死了以後，不見刀光劍影，不見廢立之爭，熊侶順順利利當上了楚王。這裡該有多少文章？多少謀略？多少不眠之夜？

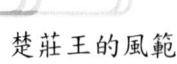

楚莊王的風範

　　無法解釋的是熊侶當上楚王以後依然我行我素，活我的、玩我的、樂我的，國家大事、天下事不聞不問，而且還下令：「有敢諫者死無赦！」連嘈音也聽不得。《史記》中說得明白：「莊王左抱鄭姬，右抱越女，坐鐘鼓之間。」後人說楚莊王不昏庸、不糊塗，是故意演戲於人前，是因為楚莊王能聽見不同意見，願聽、能聽、聽得進，足以說明楚莊王政治上精明、聰明，很可能他「即位三年，不出號令，日夜為樂」，是在觀察什麼、等待什麼、醞釀什麼、籌劃什麼。這才引出中國歷史上有名的「三年不飛，一飛沖天；三年不鳴，鳴將驚人。」熊侶是把文章做夠了，楚莊王因此史上有名。「於是乃罷淫樂，聽政，所誅者數百人，所進者數百人。」熊侶果然飛則沖天，鳴則驚人。聽政以後誅殺壞人包括奸臣數百人，提拔重用能者數百人，楚莊王果然是位政治家，且是位政治大家，三年不飛不鳴是假相。

　　楚莊王不凡，治國有道，「任伍舉、蘇從以政，國人大說」。任命賢者謀臣謀國，民富國強，楚國百姓受益自然高興。

　　楚莊王稱霸有道，遠交近攻。蠶食政策也是檢驗楚國能否稱霸中原的一塊試金石。「是歲滅庸。」當年就把庸國給滅了。楚莊王六年（西元前607年），又征伐臨國宋國，宋襄公曾經為春秋五霸之一，但此時卻是楚國的板砧之物，「獲五百乘」。如果一場戰爭就繳獲敵國兵車五百乘，像宋國這樣的小國是禁不起這麼三敲兩打的。楚王沉溺於酒色，宋國之福；楚王又飛又鳴，宋國之災。

　　楚國有野心的君王不止一位，但真的能稱得起「有風範」的，唯熊侶，楚莊王也。

　　熊侶的先祖熊渠在周夷王時就野心不小，朝思暮想做王、稱霸天下。

當時中原諸侯只能封稱公、侯、伯、子、男，視楚人為南蠻，中原瞧不起咱這老少邊遠山區，他想要自立為王，要和周王室平起平坐。這在中原是大逆不道的，是千夫共指的，是要被興兵討伐的。熊渠有造反精神。周夷王都不敢把自己的兒子封為王，而熊渠一次就把自己的三個兒子全部封為王。你能做周天子，我就能做楚國王，也「鳴將驚人」。

但是熊渠畢竟志大才疏、膽量不足。等到周厲王繼位後，他一看天下政治和軍事形勢，害怕周厲王興兵討伐，又嚇得縮回去，悄悄地取締稱王，敢作不敢為，色厲內荏，虎頭蛇尾，成為楚國歷史上的笑柄。

之後熊家一代傳一代，既沒有長壽的，也沒有有作為的，霸住江南一隅，再無「鳴將驚人」之舉。中原那一百多個諸侯國亂紛紛，你方唱罷我登臺，攻伐戰亂，國危主亡，也顧不上這個「南蠻」之國。

熊家直到熊通殺了他親哥哥後自立為楚武王才捲土重來。楚武王何時名正言順的？何時為周天子承認的？何時被天下諸侯認可的？歷史上無從查起。熊通和熊渠有共同之處，就是都有野心，熬到熊通時代，楚國更強更大了，更橫更蠻了。熊通比他爺更橫，周王室比熊渠時更無能更軟弱。熊通看到這一點，看到中原正忙著諸侯大戰，誰也顧不上楚，楚也不用怕誰，所以才把他爺的王旗又豎起來，這次是堅定不移。王室不封，楚自封；天下不尊，楚自尊。楚武王敢為天下先，這種膽量魄力在當時非熊通莫有！

楚國自從熊通稱武王以後，到熊惲殺兄自立為成王，短短半個多世紀，楚國從一個南蠻弱國一下子變得兵強馬壯了，儼然成為江南諸侯國中的一霸，想欺負誰，誰就倒楣，想教訓誰，誰就得俯首帖耳。楚成王積極準備稱霸中原，熱衷於大國政治。在晉國內亂，公子重耳出逃路過楚國時，楚

027

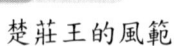
楚莊王的風範

成王以諸侯的禮儀接待他，支持他奪取晉國的政權。沒過兩年，又應魯國的請求，出兵征討大國齊國，齊桓公不光彩地死去以後，國內大亂，政治昏聵，奸臣當道。楚成王抓住時機派兵攻打齊國，要扶持自己的代言人上臺。

楚成王傲然四顧，焉不想稱霸？楚國勢力已然直趨黃河下游，齊、宋不在話下，打得這兩個國家喪地潰師，丟盔棄甲。魯、衛、鄭、蔡、隨，都不得不降楚。楚成王這時躊躇滿志。但是城濮一戰，被晉文公打得丟旗喪師，幾乎全軍覆沒，一氣之下，楚成王斬殺了楚國著名的將領子玉，霸業不成反受其害。剛剛長出的翎毛被晉文公生生拔去，成就了公子重耳的霸業。晉國的得勝之軍押著楚國的俘虜和繳獲的戰利品敬獻給周襄王，周襄王正式授命重耳為侯伯，在踐土舉行的會盟大會上，重耳成為繼齊桓公小白之後的新一代霸主。楚成王恨得牙根疼。功虧一簣，楚成王有始無終，成其霸業終歸一夢。

真正的楚國「風範」登上歷史舞臺，那當是楚莊王！

楚莊王當政八年，政通人和，兵強馬壯，民富國強，楚國的國威軍威顯赫一時。楚莊王比其祖上更懂政治，因此也就更具野心。

楚莊王八年（西元前 606 年），這位楚王果然厲害，親自帶軍，大舉北伐，借攻打陸渾戎族，兵鋒直指周王室所在地洛陽。這還不算，他要飛則沖天，要鳴就要驚人。楚莊王就在洛陽城附近舉行聲勢浩大的閱兵式，上千乘戰車列隊，旗幟招展，刀槍顯耀，兵強馬壯，勝利之師，虎狼之師。讓天下皆驚，首先讓周天子大驚，天子腳下何來如此耀兵示強？可以想象剛剛即位不久做了周天子的周定王心神不定，眼皮亂跳，坐臥不寧，他真擔心這位也稱王的楚人一激動、一興奮，再揮師而進，取了他的洛陽，徹

底滅了東周王朝。於是派善於應對的辯士王孫滿以慰勞楚師的名義去見楚軍，勸退莊王。

楚莊王不愧有風範，劈頭即問：「鼎小大輕重。」周天子的鼎有多大、有多重，鼎乃中原文化中國家政權的象徵。楚莊王之語真乃咄咄逼人，鋒芒畢露，這才留下了歷史上的問鼎之辭，傳之千古。王孫滿不愧辯士，隨機應變，借勢避鋒。「在德不在鼎。」一個國家的興亡，在德義的存亡，不在於鼎的大小輕重。楚莊王說道：「子無阻九鼎！楚國折鉤之喙，足以為九鼎。」狂妄，狂傲，自恃無恐。

楚莊王有霸主硬實力的一面，也有其禮義軟實力的一面。這正是楚莊王的變臉，上了妝的熊侶。

楚莊王十七年（西元前 597 年）春天，楚莊王又親率大軍圍攻鄭國，僅僅三個月，攻克鄭國國都。楚軍揚眉吐氣，英姿勃發，準備入城滅鄭，滿載而歸。這時候鄭國的國君「肉袒牽羊以逆」，請求投降。

是接受投降還是乘勝滅鄭？不但楚國上下在觀看，諸侯各國亦在觀望。楚國的群臣都認為「王勿許！」滅鄭是正理。但是楚莊王站得高，看得遠，他是從霸主的高度上看待。滅鄭已不費吹灰之力，但是建立楚國大國的風範、大國的仁義，要以德服人卻任重道遠。因此，楚莊王親自指揮，帶領得勝之軍，回撤了三十里，答應和鄭伯議和，和鄭國簽訂「城下之盟」，但是鄭國作為一諸侯國畢竟沒被滅掉。從歷史上看，這也可能是楚莊王欲擒故縱之計。楚莊王深知，楚國身為大國、強國，要稱霸諸侯，和曾經是春秋諸侯五霸之一的晉國必有一戰，勝則霸業可定，不勝則仍需韜光養晦。果然晉國不甘心鄭國一邊倒，不願看到楚國的威信越來越高，稱霸的呼聲也日愈漸高。當年夏天，晉國軍隊前來救援鄭國，楚晉之戰爆發，史書上並未記載楚晉黃河邊上的這場大戰，只記錄了楚國軍隊一直打

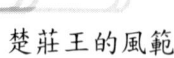
楚莊王的風範

到衡雍西南才得勝而歸。這似乎不太公平，司馬遷想當初描寫城濮之戰，楚完敗晉大勝描寫得有聲有色，而楚大勝晉完敗這一仗卻一筆帶過，只說「大敗晉師河上，遂至衡雍而歸」。但是這已告訴後人，楚國的勢力不但雄糾糾地跨越中原，而且已經直逼黃河，要問鼎中原。

這是楚國歷史上最光彩的軍事勝利，也是楚國唯一一次，也是最後一次大敗晉軍。楚國自莊王以後，一代不如一代。楚王活得再也不是無限風光，再也不頤指氣使，更別說稱王稱霸。楚國內訌愈演愈烈，父子、叔姪、兄弟殺得鮮血四濺，以致殺忠臣，信小人，政亂國亂家亂。伍奢的兒子伍員帶領吳軍五敗楚國，攻破楚國國都郢城，幾乎滅了楚國，這還不算報仇雪恨，又把已經埋在地下十年的楚平王挖出來，伍子胥手執鋼鞭，鞭平王屍體三百下，直打得楚平王屍骨粉碎。這該算作是楚國的災難，也是楚國歷史上的恥辱。楚國真如江河日下了，大國的風采何在？強國霸主的地位何在？橫行霸道的狂妄何在？到楚懷王時，竟被秦國的張儀用一個騙小孩子的手法騙得昏頭昏腦，喪權辱國，丟地失盟。惱羞成怒的楚懷王還要彰顯一下他大國的盛怒，沒想到楚軍不但大敗，而且慘敗，被秦軍一仗竟斬殺八萬多人，被俘大將軍以下高級軍官七十多人。楚國怎麼變成「紙老虎」了？楚懷王還以為自己是楚莊王，是可忍，孰不可忍！徵調全國軍隊去和秦國拚命，妄圖挽回大國的臉面，結果又被秦國打得丟盔棄甲，潰不成軍，《史記》上只講了四個字，「大敗楚軍」，猜想敗得慘不忍睹，連司馬遷都不忍再細寫了。

堂堂楚國，在楚莊王稱王稱霸時，一跺腳，中原有震感，登高一呼，天下響應。僅僅過去幾十年，曾為春秋五霸之一的大國，竟然被政客張儀和常懷豺狼野心的秦惠王玩弄於股掌之中。

楚懷王生得堂堂，死得憋屈。被秦國無理扣押後，形同囚徒，飽受凌

辱，誰拿他當一國之君看？最後在淒涼悲慘中客死秦國。楚國之大辱也！但是楚懷王也成就了一位偉人的出世，那就是屈原。沒有楚懷王的昏庸無能、喪權辱國，就沒有屈原的流放，就沒有屈原的《離騷》、《九歌》、《九章》、《天問》。不錯，屈原死於懷王之子楚頃襄王在位之時，但是楚頃襄王比他爹更軟弱、更糊塗，也更無能，恐秦症已深入骨髓。讓白起率領的秦軍橫掃湘楚大地，勢如破竹，直搗國都，差點活捉頃襄王，頃襄王成全了屈原，屈原悲憤之極，無可抑制，國破山河碎，何以為生？楚國的悲劇成就了一代詩人，沒有屈原，就沒有《楚辭》。可謂是楚國之悲也，詩人之幸也！

　　楚莊王是楚國三十三位君王中最優秀的一位國君，無人能比。歷史上還記載著楚莊王絕纓的故事。楚莊王曾賜群臣宴酒，日暮酒酣，點上蠟燭讓他的愛妾輪流敬酒助興。蠟燭突然滅了，在席上飲酒者有人趁機調戲這位美人，這位美人也藉機把那個人的帽纓扯下來。楚莊王的這位愛妾告訴楚莊王，有人調戲她，把他的帽纓給弄下來了，趕快令人張燈點燭，無帽纓者可治罪。屋裡雖然黑著，但是美人告狀的聲音卻人人都聽得清楚，很可能張燈點燭之後就有人頭落地。誰都沒想到，楚莊王會如此大度，如此胸懷，趁著黑燈之際對大家說：「賜人酒，便醉失禮，奈何欲顯婦人之節而辱士乎？」乃命左右曰：「今日與寡人飲，不絕冠纓者不歡。」都去了帽纓，好喝個一醉方休。真楚莊王也！沒有因為一杯酒砍了一顆人頭。事過三年，在楚晉大戰時，有位武將衝殺在前，不避生死，勇敢異常。楚莊王感到奇怪，就問這位戰將，為何奇勇？為何拚命？這位戰將對曰：「臣當死，往者醉失禮，王隱忍不加誅也。臣終不敢以廕庇之德而不顯報王也，常願肝腦塗地，用頸血濺敵久矣，臣乃夜絕纓者。」三年前楚莊王做的有德之事，歷時三年早就忘了，楚莊王並未圖報。

楚莊王的風範

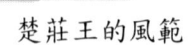

　　楚莊王不愧有風範、有能耐，因為他稱王稱霸後還能聽得進不同意見，就像當年有人面諷其三年不飛，三年不鳴一樣。這著實不易。細看楚莊王的歷史，不能說他聞過則喜，但確定是聞過不氣、不惱、不跳、不罵、不翻臉、不報復、不氣急敗壞，在史料上沒見楚國的大夫因向莊王提了不同意見、反對意見就被整、被貶、被關、被殺，楚莊王了不得？當為有風範！

　　楚莊王十六年（西元前598年），因為陳國的大夫夏徵舒殺了陳國國君，引來陳國大亂。楚莊王儼然以諸侯霸主的身分出現，率兵一舉蕩平陳國，滅陳後廢陳國，設立了縣制。楚國成了大贏家，群臣皆賀，猜想讚美之辭不勝言表。楚國多有阿諛奉承之徒。但是身為勝利之師的國君，在一片勝過一片的讚美聲中還能保持清醒頭腦，當時群臣高賀聲中，只有剛剛出使齊國歸來的申叔時不賀。莊王看見主動詢問，傾聽「不賀」的申叔時的意見，申也敢在大庭廣眾之下講反對意見。說明在楚國有發表不同意見，甚至反對意見的環境。申叔時強調：「王以陳之亂而率諸侯伐之，以義伐之而貪其縣，亦何以復令於天下！」敬佩申叔時的敢言，群臣中只有他一個人敢提這麼尖銳的反對意見，大王以正義伐陳，卻打著正義的旗號貪圖其地，這樣以後如何再號令天下呢？如何以德服人、服天下呢？作為諸侯霸主的莊王，不愧為諸侯盟主，毅然決然退出陳國，讓陳國復國，吃到嘴裡的肉又吐出來，楚莊王了不得，不愧為春秋時期有風範、有能耐之人。

　　《史記》中還記載，楚莊王二十年（西元前594年），宋國殺楚國使者，楚莊王率楚國大軍攻打宋國，圍住宋國國都整整五個月，「城中食盡，易子而食，析骨而炊。」當楚莊王得知城中的真實情況後，按軍事常識講，破城就在須臾，宋軍食盡無援，已到極致，但是楚莊王得知這個情況後，

竟然和宋襄王一樣,似乎也犯了一個「蠢豬」式的仁義,撤圍罷兵而去。

楚莊王不愧是諸侯五霸之一,有理、有力、有節、有度。楚莊王不蠢、不愚、不笨、不拙,更非「蠢豬」。仁德為先,有德者才能得天下。

楚莊王當為春秋之風範。

楚莊王的風範

與西楚霸王論生死

　　霸王可謂生得不凡，死得悲壯。生得頂天立地，活得轟轟烈烈，死得熱血四濺，長使英雄淚滿襟。「至今思項羽，不肯過江東。」但是霸王活得殘忍，死得憋屈，至死不瞑目。

　　項羽與劉邦不同，他是正宗將門之後。其家在楚國世世為將，且有封地，被封於項。《史記》上言之，其姓也得之於項地。項地應在今河南項城。沒想到那塊彈丸之地，竟然出了兩位帝王，雖然相隔兩千多年，卻皆為國人所熟悉。一位是西楚霸王項羽，另一位是洪憲皇帝袁世凱，史稱復辟皇帝、短命皇帝，僅僅在位八十三天。

　　項羽相貌堂堂，虎虎生威，用堪輿術語說，生有帝王相。就因為楚漢之爭劉邦當了皇帝，後人才諂媚依附地杜撰出劉邦頭上有「龍相」。司馬遷也真能說事，說「其先劉媼嘗息大澤之陂，夢與神遇。是時雷電晦冥，太公往視，則見蛟龍於其上。已而有身，遂產高祖。」恕我不恭，此乃媚語。其實劉邦走到項羽面前，他內心都發毛，除了實力不硬外，其相貌長相已甘拜下風。劉邦玩的是權術，耍的是陰謀。項羽太質樸，太「君子氣」，太貴族化。項羽身高「八尺餘，力能扛鼎，才氣過人」。一米八幾的魁梧身材，單臂能力舉千斤鼎，一腳能踩碎石板，說其虎虎生威應該不過分。秦末群雄逐鹿，未見有一人其威嚴能超過項羽的。即使兵敗陷於絕境之時，赤泉侯率眾將追擊已是窮途末路的項羽，「項王瞋目而叱之，赤泉侯人馬俱驚，辟易數里」，可見項羽之威。僅僅瞪眼大喝一聲，便把赤泉

侯楊喜驚得可謂是魂不附體，嚇得眾兵將四處逃散，一潰數里。

項羽年輕未舉事時，「雖吳中子弟皆已憚籍矣」。吳中子弟也不是白給的，不是一群綿羊菜牛。吳中自古出豪傑，比如打敗越王的夫差。要想讓那地方的悍男群雄皆憚服，項籍（項羽）要麼是周處，要麼是為地方除周處的「一桿旗」。吳中並非沒有「灰旗桿」，而是沒有敢在項籍門前「炸毛」的地頭蛇。項籍一借家勢，項氏世世代代有權有勢有財有人；二憑項梁「吳中賢士大夫皆出項梁下」；三靠其力其武其膽其為人。試想連韓信那種當地窮酸文人的腰中還挎著長劍，像項籍這種名貫吳中的血性漢子豈能讓劍離手？吳中人皆能看出，梁、籍乃山中藏虎，有朝一日，必虎嘯山林，必揭竿而起。吳中人惹不起，不敢惹，這才「憚籍矣」。果然項籍出手不凡，全然不顧生死，敢在生死之間一搏。

項羽出手第一招就夠凶夠狠，也夠黑。他二話不說，置周圍環境於不顧，完全是不屑一顧，竟然在眾目睽睽之下拔劍闖大堂，一劍把會稽郡守的頭斬下，會稽郡守的部屬親信大驚大亂，項羽卻絲毫不驚不亂不慌不惶，一個人僅用寶劍就「擊殺數十百人」。在冷兵器時代，一人靠一柄寶劍就力殺百餘人，何等英雄？何等壯哉？鮮血四濺，橫屍枕藉，慘呼不絕。項羽人性中殘忍的一面在生與死中第一次爆發。直殺得「一府中皆懾伏，莫敢起」。項羽是個英雄種，初出茅廬就一人血洗會稽郡守府。古往今來此類人不多！什麼埋伏？什麼勸導？什麼勸降？全免！力殺！一個人玩命！一個人開殺！狼血也！項羽好殺、嗜殺，認為殺能解決一切。說其殺人成性似不冤枉。

此人不能將兵，將兵必然起禍。「楚雖三戶，亡秦必楚。」項羽剛剛舉事時，也就是他叔叔帳下一位裨將帶兵攻襄城，僅僅因襄城久攻不下，等攻下襄城時，這位「裨將」竟然敢「皆坑之」，把一城軍民無論老幼全部

活埋,真乃喪失天良,喪失人性。但是項羽覺得正常、正確!不殺一城人不解恨,不足以震懾敵人,不足以出他那口久攻不下的怨氣。這才是他初開殺戒,今後還要大開殺戒!

項羽最自信的是武力,是殺人。

他人生失敗就失敗在生得不凡上,「籍長八尺餘,力能扛鼎,才氣過人」。於是他就劍走偏鋒,服不服?不服殺之!順不順?不順死之!因此,從他在吳中讓吳中子弟皆憚籍。直到他二十多歲出道,奉行的都是憑藉實力說話,用不著弄陰的,用不著計謀策劃。項羽因救趙與帶兵主將上將軍宋義意見不合,項羽不帶一兵一將,也不和其他人(包括范增)商量,更不做任何布置,竟然直接闖進宋義大營軍帳中,二話不說,一步上前,「斬宋義頭」,拎著宋義的頭顱向全軍諸將示意,明令接管楚之三軍,結果是「諸將皆懾服,莫敢枝梧」。誰敢在閻王爺頭上動土?想必項羽殺宋義後一臉殺氣,兩眼凶光,一身鮮血,怒髮衝冠,把全軍的軍官們都鎮住了,諸將皆懾服的原因是了解項羽的殺人手段,也知曉他的為人。兩次軍中政變,一次攻城屠城,項羽堅定一條信心,殺人不用商量,殺得越痛快,問題解決得越徹底。

經「鴻門宴」的實踐證明,項羽沒殺人導致的直接後果是自刎烏江。

「鴻門宴」項羽從設宴到不得不撤宴,從來沒動過殺人的念頭。

他用不著埋伏刀伏手於兩廂,從擲杯為號,一聲令下,刀斧手盡出,將劉邦砍成肉醬。真要想殺劉邦,項羽根本用不著玩陰謀,埋伏兵馬,就像殺宋義一樣,一躍虎步,砉然一響,劉邦人頭落地。真正想殺、要殺劉邦的是范增,不是項莊。項羽一生殺人無數,他的確是靠殺人解決問題,在「鴻門宴」上他沒殺人,違背了他的人生原則,結果是成全了大漢王

朝，毀滅了西楚霸業。

項羽殺人最多、最狂、最無理的一次是坑殺二十多萬秦軍降卒。他認消滅決秦王朝的辦法是殺盡秦國軍隊，無論是放下武器成為俘虜，還是在戰場上相拚，推翻暴秦的象徵是一刀殺了皇帝，不管秦王子嬰是否投降，一刀下去，屍首兩斷，解決問題。在戰國時期，乃至中國封建歷史上，真正能以殺人和霸王叫板的恐怕只有秦國大將白起。

這位「戰神」屠殺關東各國將士不下數十萬，眼皮都無須眨一下，一次坑趙降卒竟達四十五萬之眾。

項羽人生的目標是什麼？為什麼樣的事業而奮鬥？司馬遷一語破解：「彼可取而代也。」代誰？代秦始皇！項羽還未「出道」之時，年方二十就有了堅定而明確的人生目標，取代秦始皇的地位，老子也要當皇帝。連最親近、最疼愛他的小叔叔項梁聞之，都嚇得趕快捂住他的嘴，叮囑他：「毋妄言，族矣！」引用陳涉太息之嘆：「嗟乎，燕雀安知鴻鵠之志哉！」項羽志存高遠，推翻暴秦，自立為皇，是他心目中的既定目標，也是他念念不忘的行動指南。所以霸王活得既不凡，也辛苦；既榮光，也焦慮。幾乎無時無刻不在打仗，幾乎無時無刻能得以安寧。更別說像人家秦始皇那樣登泰山，臨滄海，修地宮，建阿房，去享受天下、享受人生。霸王堪稱戎馬一生，生於戎馬，得於戎馬，又失於戎馬，自毀於戎馬。

項羽真沒有秦始皇那兩下子。史論秦始皇是千古一帝，他連傳萬代的立國大業都考慮過了。不稱王而稱皇帝，稱朕。搞郡縣制，廢除分封制。而霸王取天下之後，怎能「代」得了秦始皇？取天下之後做什麼？怎麼建國？怎麼治國？一片茫然，一塌糊塗，可能連想也沒想。他的人生目標也只實現了一半，他從殺秦王子嬰開始，就從來沒坐過一天天下，天下不是

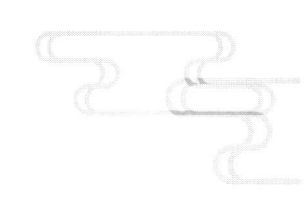

霸王的。

項羽對統治天下，連最起碼的認知都沒有，對分封的諸位王連最起碼的分析都沒有。他根本不具備「彼可取而代也」的能力，因此他遍封諸侯王之後，自己也刀槍入庫，回他的封國當西楚霸王去了。

然而王各有志，都想「取而代之」，都想稱王稱霸。結果就是烽火連天、戰亂不斷，最後演變成了楚漢戰爭，五年苦戰。西楚霸王幾乎沒過上一天安穩日子，更別說皇帝的日子。好在他贏得了人生的真正知己，贏得了真正的愛情。

霸王自有霸王的人生觀。不當皇帝不擁有天下，不搞「普天之下莫非王土，率土之濱莫非王臣」，有一霸王足矣，有一封國，有一彭城足矣；不搞阿房宮，宮中有美女萬餘，去寵愛美女還要搞「羊拉車」，有一虞姬足矣。霸王當屬「小富即安型」，可惜那個年代不允許，那個分裂局面不允許，那個軍閥互相攻略，都想稱王稱皇的時代不允許。

在中國歷史上，帝王之後妃因國亡帝降而流落沉淪的不少，改嫁隨他的不少，被辱被殺的也不少，但是真正殉在帝王亡國之際，舞後歌後悲壯地揮劍自刎而告別夫君的，似乎非虞姬無二。無數的遷客騷人，無數的戲劇家、藝術家因此萌發了無數的詩歌文章，戲曲歌舞！天下有一知己足矣，從這個意義上講，霸王雖死無憾！

霸王死得悲壯，也死得魯莽；死得英雄，也死得窩囊；死得坦然，也死得衝動。當項羽打定主意要以死相報跟隨他跨江舉事的八千江東子弟時，他死得一點都不窩囊，坦坦然然，他笑曰：「天之亡我，我何渡為！」這是項羽的心底話，但足見其政治、軍事上的短見，一切戰敗，一切喪失皆歸於天也。他從未想過東山再起，捲土重來，一個經受不起失敗、挫折

的領袖，何論百折不撓？項羽的一生太順利了，僅僅一次失敗就讓他以死了之，他真不如烏江邊上的艄公，人家還認準「出水才看兩腿泥」呢！況且江東，楚之故地也，地廣人多，必有作為。烏江亭長說得中肯：「江東雖小，地方千里，眾數十萬人，亦足王也。」而項羽卻認定只有一死，方可報江東子弟情，因此自刎而死。項羽自殺和殺他人一樣簡單明瞭，一樣堅決徹底，那還與項羽論什麼生死？

與秦始皇論劍

秦始皇愛劍，終身未離開寶劍。

秦始皇把寶劍看作是看得見、摸得著、握得住的護身符。不敢離開寶劍片刻。秦始皇靠寶劍安國，也靠寶劍治國。當秦始皇醒來一睜眼，他的手握得最多、最久、最不願鬆開的就是劍柄。秦始皇誰都不相信，他只相信自己，相信寶劍。

我見過不少後人為秦始皇造的像。秦始皇高大雄壯，氣勢軒昂，濃眉大眼，高鼻闊面，籠罩著一股不可一世的霸氣，也滲透著後人崇仰的敬畏。他們要表現出秦始皇千古一帝的雄姿和不同凡人的氣質，望滄海，滄海則小；觀群山，群山則低。秦始皇彷彿在頂天立地之中。

其實秦始皇長得沒那麼巍峨。司馬遷用見過秦始皇的大梁人尉繚的話來描述秦始皇：「蜂準，長目，摯鳥膺，豺聲，少恩而虎狼心。」秦始皇的長相實在不敢恭維。秦始皇看見後人為他的造像也會陌然視之，呼之誰也。但有一點秦始皇是滿意的，塑造的這位千古一帝的腰間都懸著一口寶劍，一口長長的寶劍。在中國做皇帝的，行皇帝大典時腰挎長劍的，唯始皇帝也。

秦始皇為何鍾愛寶劍？

秦始皇的父親子楚在秦孝文王一群兒子中並不顯貴，也並不出眾，更不得寵，他是被孝文王派到趙國做人質的秦國公子，是一件「抵押品」。

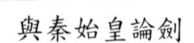

秦國要向趙國叫板,趙國就提醒秦國,秦之公子尚在趙國為人質,此言的潛臺詞即為,翻臉兩不宜。人質說俗了,就是他人手中的一張牌,可以供著,也可以撕了。實際上,秦國公子子楚差點就被腰斬,在秦昭王五十年(西元前二257年)因秦國攻打趙國首都邯鄲,趙國危急,本想斬子楚於城上,解趙國危困。

子楚之所以時來運轉,是因為遇見了一位高人,一位把他看成「奇貨可居」的呂不韋,依靠呂不韋的金錢、手段、運作、關係,子楚終於名正言順地回到秦國做了秦莊襄王;而生於趙國邯鄲的秦始皇,除了呂不韋當時看好,認為他日後必為秦國之君外,都認為這個叫「政」的秦國孩子是質人所生,前途如何,惶惶然不可測。秦始皇就是在那種情況下、那種環境中愛上寶劍的。在他幼小心靈中,持劍有威,持劍有靠,持劍有望。所以秦始皇十三歲被立為秦王時,他還僅僅是個兒皇帝,上有封十萬戶,號曰文信侯的相國呂不韋,下有數不清的大臣、謀士、將軍,雖和他同坐一條船,但不是一條心。當時國內反叛不斷,連他的親兄弟也反叛,加之災情不斷,民心不穩,危機四伏;關東六國又虎視眈眈,韓、魏、趙、衛、楚五國共同興兵攻秦。秦始皇時時感到有危機存在,覺得任何人都不可信,認為權力只有像劍柄一樣自己握住才放心。

呂不韋號稱「仲父」,對於秦始皇其恩莫大焉。沒有呂不韋何有秦王政?稱「仲父」,封相封侯理所應當。「嫪毐政變」平息後,秦始皇怒斥之:「君何功於秦?秦封君河南,食十萬戶。君何親於秦?號稱仲父。」那是欲加之罪何患無辭,呂不韋所有的封號封地皆出於秦始皇,為何而封?何功於秦?唯秦始皇明白。秦始皇為何大怒?為何黑白不分?為何欲置呂不韋於死地?司馬遷說得明白「秦王恐其為變」。

母親亦不可信,其母養奸縱夫,瞞著秦始皇支持、慫恿嫪毐,封官賜

侯。司馬遷僅用三十個字就勾勒出嫪毐橫行到何種程度。「宮室車馬衣服苑囿馳獵恣毐，事無大小皆決於毐。又以河西太原郡更為毐國。」嫪毐終於按捺不住發動武裝叛亂，宮廷政變，「矯正御璽及太后璽」調兵遣將，準備改朝換代。秦始皇還能相信誰？仲父是陰謀家，是釀成宮廷政變的最初製造者，母親王太后為奸夫棄他於不顧，把他的性命和大秦的江山託付給一個能給她淫樂的嫪毐。殘酷的事實又一次教育了年輕的秦王，一切都不能相信，只能相信手中的長劍。他毅然決然地蕩平嫪毐集團，不但「夷嫪毐三族」，而且還把他的兩個同母小兄弟也都殘酷地殺了，又把太后——他的親生母親打入「冷宮」，軟禁起來，「遂遷太后於雍」。這顯示出秦始皇手段，絕不姑息，絕不手軟。更主要的是逼死呂不韋。這時期秦始皇年僅二十歲，但是已處亂不驚，處事冷靜老辣、堅決果斷。司馬遷說得亦肯定堅決，雖然僅有四字，卻蘊藏著無數的內容。《史記‧秦始皇本紀》中記有秦始皇二十一歲時「王冠，帶劍」。他沒有像之後的歷朝歷任皇帝一樣不攜帶武器登基舉行大典，秦始皇是「帶劍」，身佩寶劍，登基稱帝，寶劍不離身。

　　與秦始皇論劍，秦始皇腰中佩劍不但是寶劍，而且是長劍。司馬遷在《史記‧刺客列傳》中記述荊軻刺秦王「圖窮而匕首見」，在這緊急關頭，秦始皇拚命要逃離荊軻，連皇袍的袖子都扯斷了，當務之急是抽劍在手，秦始皇的第一反應就是「拔劍」，但是劍長，千鈞一髮之際，因為劍長拔不出來。據考證，挎在秦始皇腰間的佩劍應該在一米二至一米三，所以才因為劍長拔不出劍鞘。

　　據現在出土的春秋時代的寶劍，長大都在一米以內。現出土最著名的是越王勾踐劍。越王勾踐劍長55.7公分，寬4.6公分，柄長8.4公分，是1965年冬湖北江陵地區修建水庫灌溉系統時偶然發現。據當時在場的一

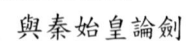

位專家回憶，在發掘現場的一位工作人員因不小心讓手臂碰到這把寶劍，劃破手臂一道深口，鮮血直流。誰都沒想到，越王勾踐的寶劍竟然這麼厲害，已經過去兩千多年了，這柄春秋劍竟依舊鋒利無比。

後來專家們測試了寶劍，在桌上平鋪二十多層紙，用劍鋒輕輕上一劃，這二十多層紙竟然被它這麼輕輕一劃就劃破了。

我曾把一迭稿紙平放在桌上，二十五張，然後用新開刃的一把瑞士軍刀輕輕一劃，然後數了數，一共劃透十七張。可想而知，越王勾踐的劍有多鋒利，那可是兩千多年前的是青銅時代啊。

越王勾踐的劍是短劍，至少不能稱其為長劍。越王勾踐的專用寶劍加上劍柄長不過 65 公分，這樣的劍繫在腰間要拔出劍鞘還是很容易的，因為它不足兩尺長，根本不用把劍背在肩上再順勢往下拔。秦始皇一輩子都忘不了那生死相交的瞬間。司馬遷寫得精采：「秦王發圖，圖窮而匕首見。」、「秦王驚」，這一驚非同小可，命懸一線，秦王連「驚」出一身冷汗的時間都沒有了，「袖絕。拔劍，劍長，操其室。」這才是千鈞一髮。最後眾臣左右高呼「王負劍！」秦始皇才頓然領悟，此時此刻秦始皇心中明白，誰也救不了他了，只有他的寶劍，寶劍能救他！所以當他負劍拔劍在手時，他再也不怕荊軻了，他手持四尺長的長劍，而荊軻只手握一柄一尺長的短劍。秦始皇熟悉他的寶劍，揮劍便擊，只一劍便「斷其左股」，把荊軻砍成半殘。「荊軻廢」、「秦王復擊軻」，荊軻被秦始皇連砍八刀，秦始皇的長劍也的確厲害！一旦長劍在手，便臨危不懼，化險為夷。那時那刻，秦始皇真覺得天下在手都不如長劍在手。

和秦始皇論劍，論是秦始皇的劍鋒利，還是越王勾踐的寶劍鋒利？

越王勾踐的寶劍是集春秋晚期寶劍之大成。據傳為干將和莫邪所鑄。

我去專程走訪過干將莫邪鑄劍處，集世間之精華，採天地之靈氣，那劍鑄得「肉試則斷牛馬，金試則截盤匜」。

越王勾踐的寶劍在劍身一面靠近劍柄處，刻有兩行鳥篆銘文「越王勾踐，自作用劍」。在寶劍上刻銘文，以示寶劍的地位，這不僅僅是越王，吳王亦然。他要賜死伍子胥時，便「使人賜子胥屬鏤劍以自殺」。屬鏤劍是夫差所賜，應為吳王之佩劍。可見當時的一國之君都帶有寶劍，很可能擁有不止一把寶劍，且都為寶劍命名或題銘。秦始皇執政時要比夫差、勾踐晚大約二百五十年，這二百五十年期間，從春秋到戰國正是風雲突變、戰爭不斷、政壇多變的時期，寶劍無論作為利器、武器，還是作為權力的象徵，早已從吳越傳至秦齊，就秦始皇寶劍的鋒利度只可能勝於吳越之君的寶劍，否則他不可能只一劍就能把荊軻的左腿砍斷。我推測，秦始皇的寶劍上亦應有銘文，亦應有名稱。很可能在秦始皇下葬的驪山墓中，秦始皇的身邊依然會放著他最心愛、最稱心的一把寶劍。如若，當是那把他曾經力劈刺客荊軻的長劍，那寶劍救過他的命。

越王勾踐的寶劍雖然鋒利無比，達到了施耐庵先生說的利刃三要素：吹毛得過、削鐵如泥、殺人不見血，但是它的長畢竟只有半公尺多。而秦始皇佩帶的寶劍乃長劍，在戰鬥和護身方面更有效，更具威力。曾有專家提出，秦始皇時代使用的是青銅劍，而青銅的鑄造就決定其劍不可能太長，青銅缺韌，脆，長則必斷。也就是說越王勾踐並不是不想佩長劍，並不是不知道長劍勝短劍，但青銅為劍不可為也。難道司馬遷言之失實？55公分長的寶劍有什麼難拔的？何需背負拔之？幸喜秦始皇兵馬俑坑的考古發現送來初解。

不久前，在秦始皇兵馬俑二號俑坑兵器庫中發現了十九把青銅劍，秦軍武士佩劍，十九把青銅劍是一個型號，一個制式，似乎是出自一套模

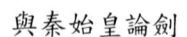

具。劍長達到 86 公分，劍身有八個稜面。而這八個稜面的誤差不超過一根頭髮絲。十九把寶劍，劍劍鋒利，劍身光亮平滑，稜角細線分明，刃部磨紋細膩，開刃鋒利無比，稍稍拭去寶劍上的黃土，陽光下燦燦如耀，熠熠如閃，依舊寒光四射，一層殺氣，讓人有不寒而慄的感覺，會讓人不由自主地脫口而出：寶劍！好劍！

據研究人員測試，這十九把寶劍的劍表面上都有一層 10 微米厚的鉻鹽化合物。這個發現驚動了世界，因為這種鉻鹽化合物的處理辦法，是到了現代才出現的現代工藝。德國率先在 1937 年研製成功，美國直到 1950 年才發明並申請了專利，那麼早在秦始皇時代的寶劍上為什麼會有鉻鹽化合物？鉻是一種極耐腐蝕的稀有金屬，在地球岩石中含鉻量很低，提取十分不易。再者，鉻還是一種耐高溫的金屬，它的溶點在四千度以上，秦始皇時代是怎麼解決並能熟練地運用的？秦始皇真不愧為千古一帝，他為後世留下了多少千古疑案、千古難題。

由此可證，秦始皇的佩劍比他手下的軍官們所佩的寶劍更長、更鋒利、更豪華，這幾乎是可以肯定的。秦王朝第一把寶劍責無旁貸地應歸屬秦始皇。秦始皇愛劍，他相信寶劍，寶劍就是他的象徵，他窮國家之能去鑄劍、尋找寶劍、創新寶劍。秦始皇在，寶劍即在他腰上，握在他手中；秦始皇走進地宮，寶劍依然會緊隨其身。

那把寶劍，肯定是柄長劍，司馬遷無虛言。如後世終有一日開啟秦始皇的地宮，地宮中所有陪葬的寶貝都不如靜靜臥在他身旁的那口寶劍，那口長長的寶劍當為天下第一號的國寶，曾經一劍就挫敗了分裂中國的彌天大陰謀，那就是老幼皆知的「荊軻刺秦王」的故事。

秦始皇不能沒劍。

宮廷政變當皇帝

◆秦二世開宮廷政變之先河

中國的皇帝自秦始皇始。

秦始皇絕對沒有想到，皇帝的冠冕會戴在他第十八個兒子胡亥的頭上。他更沒有想到，胡亥開創了靠宮廷政變當皇帝的先河，他是中國依靠宮廷政變當皇帝的第一人。胡亥歷史無善名，在宮廷政變的血腥歷史上，他是第一個蹚這趟渾水的，第一個兩腿濺滿鮮血的皇帝。

秦始皇背的「黑鍋」不少，直到他死，也死得不明不白，彷彿秦始皇是死在出遊途中，因追求享樂、長壽、尋找長生不老藥而死，實際上，秦始皇是死在工作途中，秦始皇是因公而亡。

當年秦始皇雖然統一中國，但是關東六國舊貴族勢力依然很大，他們念念不忘的是「始皇帝死而地分」。秦始皇一生幾次出巡，其中很大部分都是要去「鎮邪去災」，是為了安定四方、平定隱患、穩定民心。西元前210年，他在丞相李斯、少子胡亥、近侍趙高等文臣武將陪同下，從咸陽出發，經過洞庭湖，來到浙江會稽山，在這裡刻石頌德後，又到東海之濱巡視，射殺大魚，隨後取道臨淄西歸，當東行至平原津時，秦始皇得了重病，人的預感是不可言喻的，何況秦始皇乎？他感到來日無多，想到的是國家、政權、皇帝傳位。秦始皇得的什麼病無資料可查，唯一能確定的是秦始皇臨死前頭腦不糊塗，他立即命中府令趙高賜公子扶蘇書信，令其加

速趕到都城咸陽，以便把皇位傳給扶蘇。當遺囑寫畢，呈秦始皇閱示時，此時此刻秦始皇已經呼吸困難，他只能用眼睛瞥了一眼遺囑，算是同意，就死不瞑目了。此時車駕已行至沙丘平台。秦始皇一咽氣，中國歷史上以奪取皇帝位為目的的宮廷政變隨即發生，史稱「沙丘之變」。胡亥做夢也沒有想到，他無才無德竟然當了秦二世皇帝，「沙丘之變」的真正推手、策劃是太監趙高，他讓中國歷史在沙丘大大轉了個彎。

　　趙高是個野心家、陰謀家，但是這個閹人智商不低。這次宮廷政變的核心是祕不發喪，以圖陰謀。為了使秦始皇屍體的臭味不引起大臣們懷疑，趙高想出在隨行人員的車上各載一石鮑魚，讓魚的腥臭壓住屍體的臭味。這傢伙還端坐在秦始皇的車駕之中，代表秦始皇招呼佇立在道路兩旁，恭迎皇帝車駕的地方官吏和百姓。趙高一切都按秦始皇活著的時候做，送飯送湯如舊，百官奏事如舊，皇帝批旨如舊，曉行夜宿如舊，一切如舊，平靜得像一池靜水。

　　趙高先以利害說動了胡亥，他是胡亥的老師，胡亥能吃幾碗飯，趙高最清楚。這正是他不惜冒滅族車裂之險搞宮廷政變的動力，把胡亥推上寶座就相當於自己為帝。然後再以成敗、生死說服丞相李斯。趙高把李斯研究透了，猜想李斯的「鼠論」他早已默記心中。一番陳詞字字句句切中要害，徹底把李斯拿下。「三人一心，其利斷金。」宮廷政變進入第二階段，偽造秦始皇遺囑，立胡亥為太子，讓胡亥為帝名正言順。又矯旨把扶蘇斥之為「無功」、「不孝」，令其自殺，又斥責大將蒙恬「為人臣不忠」予以賜死。聖旨擬完，蓋上秦始皇的御璽。這樣胡亥做秦二世皇帝便道路無阻，胡亥別的能耐未見史載，但是搞宮廷政變倒是心黑手辣，這傢伙一口氣把自己的二十多位兄弟姐妹全部殺光。

　　秦二世為後世人立下了榜樣，靠宮廷政變是當皇帝的絕佳捷徑。

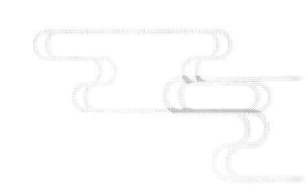

◆ 王莽式的宮廷政變

西漢末年，王莽依靠宮廷政變當上皇帝，改朝換代，但他用的是另一種套路，走的是王莽式的道路。在中國宮廷政變的歷史中，確有特色。

王莽是把自己緊緊包裹、偽裝起來，把野心漂白成良心，打扮成善心，裝點成忠心，表述為誠心。

王莽之路艱難，痛苦而漫長。

他幾十年如一日，勤勤懇懇、謙虛謹慎、小心翼翼、戒驕戒躁，時時夾著尾巴做人。雙重性格、多重面孔，十幾年不變，不露其真面目，以假亂真，以假作真，真難為王莽。讓後人意識到，這才是最難的啊。

宮廷政變有畢其功於一役的特點，亦有累積數年數十年於一日之深功。潛伏是對人生性格的矯枉、扭曲和異化。王莽乃遺腹子，其父王曼雖為西漢末年外戚王氏家族，但是早死。等王莽出生時，空有世家大族之虛名，實則寒酸冷清。王莽少有大氣，不和富貴親戚攀比，潛心讀書，廣攬知識，蓄志待發。這傢伙少年就極有心計，不知歸於唯心論的先驗論，還是歸於唯物論的反映論？王莽一生做事有個特點，會窺測時機，更善於抓住機遇。當他大伯王鳳病重時，王莽利用姪兒的關係進府伺候，餵藥寬衣，無微不至。床前帳下，夜以繼日，困極累，和衣而眠，眠也是小寐，打個盹繼續伺候王鳳，顧不上洗臉梳頭。顧不上更衣換裝，蓬頭垢面，一心撲在病人身上。王鳳何許人？當朝大將軍，閱人無數，卻深為王莽所動。死前向皇帝竭力推薦王莽，王莽從此邁上政壇，此人真有心計。

王莽憑著他的心計、城府和自抑能力，在官場上一路飆升，這個人有些特殊，官越大越謹慎、越自律、越作秀。和西漢末年時期的其他高官相

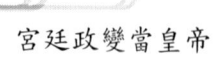

比，那些人官一大就彈冠相慶，飛揚跋扈，趾高氣揚，不可一世。王莽君子啊！

凡是皇帝賞賜的金錢他拒絕收，收了也一文不剩，全部捐給窮困人家；皇帝獎賞的封地，他都分賞給農民，在他的封地中，耕者有其田。他砥礪操行，為民服務，甚至不惜把自己的馬車、衣裘都賣了，去賙濟貧窮人家，把家中搞得「一窮二白」。他老婆和家人都穿著布衣布裙，頭上不戴首飾、不化妝，以至於同僚官員的家屬去他家，竟然把出門相迎的王夫人認為是做粗活的下人，讓滿朝官員瞠目結舌，讓皇帝皇太后覺得此人難得。王莽竟然還把犯了法的兒子抓起來，逼得兒子自殺。他兒子酒後殺死一名奴婢，在西漢末年，奴婢為侯門所殺，此罪可大可小，可有罪亦可判無罪，但是無判死罪一說。王莽大義滅親，不但贏得了滿朝上下士大夫的讚揚，連他的政敵也不得不敬佩，公論其為世上高士。道德修養，為人師表，高調做事，低調做人，堪稱前無古人，後無來者。王莽把一國官民俱拿下！他離宮廷政變僅僅三十里路途矣。但此時仍不是其仰天大笑之際。

王莽十分懂得奪取一個政權要靠輿論。進行宮廷政變亦要有輿論支持，從這個意義上講，王莽比司馬昭要早知二百多年。

王莽終於做到了大司馬，一人之下，萬人之上，人臣之極也，他邁進了宮廷政變的大門。

王莽是位有學問的讀書人，他在歷史的篇章裡找出不少神物來，以此喚醒官員和百姓愚昧的心，暗中推動他們推選自己為當年輔佐周成王的周公。於是朝上朝下一致呼籲，要求為王莽加封加賞，王莽又竭力地演出了一場「三讓徐州」的大戲，終於十分「違心」地被封為「安漢公」外加「太傅」。

王莽很會動腦筋，為了鞏固自己的地位，攫取更大的權力，他又策劃

給只有十一歲的漢平帝娶親,且極不情願地把自己的女兒嫁給了皇帝,他搖身一變,變成了當朝國丈爺。這一點有些像東漢末年的曹孟德,曹操比王莽權力大,所以也就更直接、更明快地把自己的三個女兒一口氣嫁給了漢獻帝,當朝皇帝是咱的親女婿。王莽可比曹操早整整一個朝代。

曹操沒想搞宮廷政變當皇帝;王莽想當皇帝,是一心一意想當皇帝。「帽戲」一出接一出。

西元4年,太保王舜帶著各級官員和全國民眾代表足有八千多人,強烈要求執掌大權的皇太后王政君再行賞賜王莽,尊稱他為「宰衡」。歷史上「宰衡」這個官位空前絕後,不知道是哪幾位高人「憋」出來的。言之古代有名臣伊尹、周公,伊尹曾為「阿衡」,周公曾為「太宰」,現在王莽功德早已遠超伊尹、周公,故應各取一個名字為「宰衡」。中國自古無論哪朝哪代,皆有專事阿諛奉承的諂媚之才。一群大臣爭先恐後地表現,爭相言表:「從前,周公代周成王處理國政七年,國家的制度才鼇定妥當。而今安漢公輔助國政四年,修建明堂等用了二十天,卻大功全部完成。所以應該把宰衡地位提高到侯爵親王之上。」

王莽急在臉上,樂在心中。一面當眾連連表示,其功不為功,其能不算能,絕不能再高了。一面暗中煽動鼓勁,支持「鬧」。誰「鬧」得歡、「鬧」得大、「鬧」得熱鬧、「鬧」得凶,王莽都心中有數,「帳」上有名。果然「鬧」出了名堂,王莽的權力扶搖直上,呼聲高上天,彷彿乃曠世偉人,真救世主也,於是超越三公,又超越諸侯王。

這時王莽有一個「極偉大的建立」,「加九錫」。他開創了中國歷史上宮廷政變的一種套路,先「加九錫」,再搖身蛻變成皇帝。「加九錫」就是增加九種賞賜,九種待遇,加了這九種待遇和皇帝就幾乎平起平坐,這往往

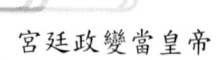

是宮廷政變的第一階段。

王莽完成了宮廷政變的第一階段，完勝收官。緊跟著他宮廷政變的第二階段啟幕，這一幕在中國宮廷政變中也是空前絕後的。

發動群眾，動用民眾的力量，壓迫朝廷，逼皇帝、皇太后步步後退，步步讓權。王莽老謀深算。據史料記載，當時全國上書之人竟多達四十多萬。這真是一場群眾運動，既轟轟烈烈，又沸沸揚揚，舉國上下，萬眾一心，王莽的影響力可謂是深入人心了。

瓜熟蒂落，但是時不我待。王莽的小女婿皇帝漢平帝也已長到十四歲。漢平帝年齡不大，但是處事穩妥，沉著幹練，綿中有針。這使王莽如臥針氈，他感到這個少年皇帝不好拿捏，尤其為控制這個少年皇帝，王莽找理由把他的母親及親屬成員一網打盡，殺得一個不留。紙包不住火，他知道這個少年皇帝白天裝出天真可親，半夜咬牙切齒、對夜發誓。如果等到這位少年皇帝親政掌權，恐怕他是不會認他這個老丈人的，此仇漢平帝必報。但是王莽也有幾分猶豫，畢竟在西漢歷史上，從漢高祖劉邦算起到漢平帝劉衍，尚無一位皇帝為臣所弒。今日不弒君，明日君夷族。搞宮廷政變，今日不弒君，明日也得弒君。政治大於親情，殺女婿皇帝猶如宰殺一頭豬。正逢臘月大祭，王莽向漢平帝敬獻美酒，毒殺漢平帝。宮廷政變絕無溫良恭儉讓。

王莽想要登基，他一隻腳已經邁出，但是這人一生小心謹慎，遇事掂斤估兩，絕不能功虧一簣。他回顧一望，激出一身白毛汗，劉家兩百多年的江山，豈是一掌就能推翻的？火候不到絕不能揭鍋。王莽真會做戲。

王莽對著漢平帝的死屍放聲大哭，如喪考妣，誰能懷疑國丈大人會加害少帝呢？

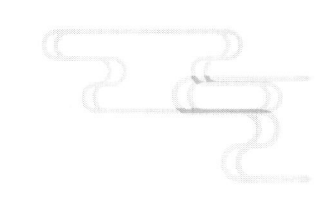

王莽決定繼續韜光養晦，繼續假戲真唱。他又時時處處向天下表忠心。他決定立一個年僅兩歲的嬰兒做皇帝，待時機成熟後，完成宮廷政變的最後一幕。

　　王莽的招比之前、之後靠宮廷政變當上皇帝的都「絕」，他利用輿論，利用看不見的手，推動事態的發展，坐享其成。於是全國官民又被發動起來，形成一波高過一波的輿論潮，紛紛要求王莽「應天承命」當皇帝，很多人迫不及待，要求太皇太后下旨，逼太皇太后表示。「靜坐」、「遊行」、「開會」此起彼落。全國竟像沸水開鍋一般熱鬧。似乎這還不夠溫度，又搬出傳統的神物啟示，不是東山有吉兆，就是黃河出神物，都在呼喚王莽當皇帝。終於長安有官吏來報，在挖井時從地下發現一塊巨大白石，上面赫然刻著「告安漢公莽為皇帝」。王莽多謙虛，多禮義，自己絕不當皇帝，扭扭捏捏，實乃迫不得已，才勉強同意當當「假皇帝」、「攝皇帝」，王莽真能創新。西元 8 年十一月，王莽自恃該做的序幕之事皆十全十美了，宮廷政變一舉成功的大幕驀然拉開。廢劉氏王朝，改朝換代，建國號「新」，王莽登基當皇帝，西漢滅亡。

　　王莽搞宮廷政變是高手，未費「一彈一槍」，未流一滴血，老子當皇帝。王莽為中國的宮廷政變走出了一條具有王莽特色的道路。

◆ 漢獻帝三次禪位

　　東漢末年時，曹操也具有搞宮廷政變的資本，軍政大權俱攬在他手中。他似乎循著王莽的前車行路，先封為魏王，又加九錫，上殿見皇帝不跪不拜，帶劍上朝，國家大事丞相府議政。「挾天子以令諸侯。」說殺死皇后，便立即付諸行動。派凶神惡煞般的虎賁之軍，進宮殿搜捕，伏皇后

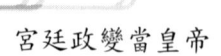

藏在後宮的夾壁牆中，仍被粗暴地擒拿抓獲，「披髮趾足，淚流滿面」，她求皇帝劉協救她一命，身為皇帝的劉協只能嗚咽，只能流淚，只能眼睜睜地看著自己的皇后被生拉硬拽地帶走，他留給伏皇后的臨別之言竟是：我也不知能活幾天了！

劉協也想冒險搞政變，把曹操除掉，包括發衣帶詔、組織暗殺團、使用毒藥，也想痛下黑手、狠手，但是道高一尺，魔高一丈。劉協這位傀儡皇帝焉能鬥過曹孟德？輪上曹操搞宮廷政變了，劉獻帝已預感到來日無多，皇帝也不得好生，更不得好死。

但是曹操卻止步於宮廷政變的門檻前。曹操為什麼不當皇帝的說法也很多，可謂是見仁見智。曹孟德自己說，他不願意被放在火上烤。我認為曹操是亙古大英雄，在政治上也是大家。在建安二十四年（西元 219 年）冬，孫權上書稱臣，「陳說天命」，勸曹操稱帝。曹操把孫權書傳群臣觀覽，司馬懿等大臣都勸曹操自立當皇帝，而曹操卻說「若天命在吾，吾為周文王矣」。他認為讓他當皇帝，改朝換代是居心叵測，是想把他放在火上烤，自己看熱鬧。曹操頭腦清楚，宮廷政變到此為止。皇帝我不當，劉協我不動，宮廷政變我不搞。想起袁世凱的二公子袁克文兩句詩：「絕憐高處多風雨，莫到瓊樓最高層。」

我遙望曹丕，歷史沉霧中看人。曹丕文不如曹植，武不如曹彰，靈不如曹沖，忠不如曹昂，但曹丕是世子，他繼承了曹操所有的職務和權力，但是蕭規曹隨不再，曹氏父子各行其道。

曹操一死，漢獻帝長長出了一口氣，頭上的這座大山終於搬走了，真要揚眉吐氣地當幾天皇帝了。

劉協天真可愛，此時的大舅哥非當時的大舅哥。

曹丕想的是「彼可取而代也」，大舅哥想要登基當皇帝。

曹丕在政治上成熟老道，果斷敢為，也有他父親的遺傳基因狡詐陰險。他推動的宮廷政變目標明確，奪取皇位，採用陰陽兩手。陰的一手是逼宮，派虎賁甲士直闖入宮，派親信干將進宮逼皇帝，一步不讓，一刻不讓。陽的部分是假裝本分，假裝老實。曹丕不出面、不張揚、不露凶相，他仍然做他魏王分內的事，該請奏的上報，該批覆的加注。彷彿宮廷政變與他無關。

漢獻帝早已被嚇得六神無主，兩股戰戰。他像賊似的逃到後宮，沒想到逼宮者根本沒把他這個皇帝放在眼裡，毫無顧忌，直逼到皇帝的寢宮，逼得漢獻帝走投無路。方知皇帝遇了兵，有理也說不清。幸虧曹皇后出來，大怒，連哭帶罵，罵得他們狼狽鼠竄。倒不是曹皇后是皇后，關鍵她是曹丕的親妹妹，誰敢耍橫？焉敢不買帳？

曹丕要稱帝，誰不想當開國元勛？曹丕手下重臣華歆等人早已寫好漢獻帝禪讓詔，在大殿之上，拉住皇帝的衣袖，扯住皇帝的龍袍不讓皇帝回宮，逼漢獻帝當廷表態，看那架勢，漢獻帝不簽字表態，他們能把皇帝挾走動刑。漢獻帝嚇得渾身發抖，皇帝沒有見過這種場面，他完全嚇呆嚇傻了。他不得不下禪讓詔書。「今其追踵《堯典》，禪位於魏王，王其勿辭！」

曹丕玩皇帝於股掌之中。他當著朝臣們，開啟皇帝親書的禪讓書，邊看邊流淚，十分動情地斷然拒絕，此事絕非臣子所為，吾乃漢之忠臣，豈能為不臣之事？漢獻帝得知後，竟然天真地對逼宮的臣子們說，魏王拒受，真漢忠臣，甚至感動得漢獻帝淚難自抑。望著眼前一代又一代幾輩子皆漢之忠臣的逼宮大臣，由衷地感慨，皆不如魏王矣。逼宮的華歆等「奸臣」奸相畢露，他們了解曹丕比皇帝要深得多。再逼漢獻帝下禪讓書，再送魏王府。曹丕這次更甚，看後竟然難以自抑「掩面泣之」，且發出嗚咽之聲。他真乃漢

宮廷政變當皇帝

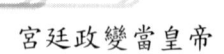

室之忠臣也。漢獻帝又得意起來，又感動起來，淚又掉了下來。他這次是真想禪讓皇位了，魏王太好太誠太忠了。一連三次，這次曹丕莊嚴、肅穆、威風凜凜地率領眾大臣，接過漢獻帝的禪位書，猶如雙手接過國家。曹丕真是老牌政治家，玩到恰到好處，下令築壇受禪。這在以往宮廷政變中是沒有過的。曹丕要唱戲就唱到好處。高築受禪臺，文武大臣齊聚，百旗招展，鼓樂齊鳴，所有官員全部「著正裝」，衣帶鮮亮，曹丕讓天下、歷史看不見一絲一毫宮廷政變的痕跡，他要把受禪大會辦成開國大典。

近兩百年的東漢歷史被曹丕扼殺。新皇帝登基，魏文帝得意地望日而歌。

曹丕為宮廷政變開創了新紀元。

◆ 皇帝竟也搞宮廷政變

司馬昭知名度高，高就高在那句話上：「司馬昭之心，路人皆知。」

我原以為是民意，百姓之言，讀史方知錯矣！此語當為聖旨，皇帝之言，憤憤之語。魏國的第四位皇帝，正是曹丕之孫曹髦，實在忍受不了司馬昭的欺負壓迫，擊案憤慨而有此言。

此時此刻距離其祖父曹丕搞宮廷政變不過三十四年，按東漢三國年輪推算，不過三輩子人，後人還能看見前人的後腦勺。但是歷史竟如宿命論的輪轉制一樣，事情的發展竟又回到了開頭。如今不再是曹丕壓迫強制漢獻帝了，輪到司馬昭迫害壓迫魏皇帝了。

正應了一句諺語：「龍生王八，鳳生龜，老鼠生兒滿天飛。」誰都想不到，曹操的後代竟然是金盆狗屎，曹魏政權的當家人大將軍曹爽，竟被司

馬懿僅能騙過三歲學齡前兒童的雕蟲小技騙得屁滾尿流。將曹魏政權丟得片瓦無存。三十年前曹丕如何欺負漢獻帝，如今司馬昭就如何欺侮曹魏皇帝曹髦，且變本加厲，畢竟曹丕還是漢獻帝的大舅哥，他的三個妹妹都嫁與漢獻帝為妻。司馬昭如烈烈西風，陣陣緊逼曹魏皇帝。宮廷政變如巨石下山即在眼前。

曹髦是中國皇帝中的熱血漢子，是可忍孰不可忍。既然當皇帝就不能做傀儡，這個小皇帝血氣方剛，不管三七二十一，豈論後果？他不知道水深可沒人，不懂政治鬥爭，更不明白韜光養晦，與其你搞宮廷政變，倒不如我搞宮廷政變。曹髦在內宮召集起後宮三百多人，自己執戈上輦，他要親自上陣討伐司馬氏，既然司馬昭之心，路人皆知，他要剜出司馬昭的野心，還皇帝一個公平。

曹髦的宮廷政變如羊入狼群，他被司馬昭手下的武將用戈刺穿胸膛，從輦上跌落下來，吐血斗餘而亡。開創了臣子當眾敢刺殺天子的歷史。司馬昭真膽大包天。

宮廷政變要唱就把戲唱足了。司馬昭得知後仰天大笑，他自知此時搞宮廷政變是天賜良機，但是他立即變了臉，更衣登車去現場，一頭撲在曹髦的屍體上放聲大哭，哭得淚溼衣襟，咬牙發誓要嚴懲殺皇帝的凶手。擒住凶手以後開膛破腹，凶手不服，以奉命殺帝為由呼喚求救，司馬昭果然對皇帝有感情，對凶手恨之入骨，命即用利刃割去舌頭，由皇帝發起的宮廷政變，由臣下圓滿終結，且敗得那麼完全徹底，司馬昭開創了歷史。

歷史留言，司馬昭之心，路人皆知，但是司馬昭終歸沒當上皇帝。看其病徵，我猜想他患有突發心肌梗塞，突然之間中風而倒，連說話都不能出聲，只以手指其子司馬炎。

司馬炎一心一意搞宮廷政變，他不像他父親那樣玩假的、玩虛的，他比他爹還霸道、還專橫。他不給曹魏元皇帝一絲喘息機會，他一身統治天下，所有官職全兼了，既是國相，又是晉王，又加九錫，又帶劍上朝，進宮比進自家還自由方便，見元皇帝比見臣下還隨便輕蔑。直逼得元皇帝「自覺自願」下禪讓書，築受禪臺，讓司馬炎當皇帝。靠宮廷政變當上皇帝的司馬炎，取天下如探囊取物。他平生犬馬聲色，當上皇帝後更加毫無顧忌，他比中國任何一個皇帝都敢做，竟然下聖旨禁止全國婚姻，全國的未婚女子都得先讓他挑選，他不挑完，誰也別想先嫁人。司馬炎當皇帝真當出霸道來了。

◆ 玄武門之變

唐太宗李世民在中國歷史上赫赫有名，在中國皇帝陣營中可謂扛鼎舉旗之人。歷史的真實是李淵建立大唐王朝，太子立的不是李世民，當皇帝也輪不上他，他是靠宮廷政變踏著兄弟的屍體，推翻唐開國皇帝李淵，搖身一變自己登基當皇帝的。

宮廷政變從來就是血腥氣沖天，殺聲不絕耳。在皇帝政變歷史上，像唐太宗李世民那樣殘酷無情，親自下手，殺兄宰弟、滅眾親姪的，李世民也算是榜上有名。

李世民夠黑夠狠夠毒！

現在的歷史都是勝利者書寫的。翻開大唐初建時的歷史，幾乎篇章頁行之中看到的都是唐太宗的不凡。「貞觀之治」的盛世似乎掩蓋和擦盡了由他一手發動的宮廷政變的血跡，「在齊太史簡，在晉董狐筆。」文天祥〈正氣歌〉中未說在唐如何有其道理。「玄武門事變」真相，至今仍有不清

不白的地方。

　　李淵是想把班交給李建成的,直到最後,「玄武門事變」的前一夜,李淵也沒有想把皇帝之位傳給李世民,而是想讓李世民踏踏實實地當好他的秦王。

　　李淵立儲沒有絲毫猶豫,也沒有拖延和遲緩。建立大唐即立長子為太子,封李世民為秦王,李元吉為齊王。高祖皇帝沒有錯,立李建成為太子,除因其為長子外,更因為李建成跟隨其父征戰多年,戰場拚殺,安定四方,幫助李淵處理軍務、政務、外交、內政,頗受李淵賞識,文治武功多有表現,可以說是在建唐之前,上馬可殺賊,下馬可議政的難得人才。建唐以後,太子與秦王的矛盾日益尖銳,以我觀歷史,是秦王不甘於臣下,居功自傲,數次想推翻其兄自立為太子,不是兄弟二人爭奪太子之位,而是李建成居太子位,保太子位;李世民奪太子位,奪嫡欲自立。歷史上記載的太子李建成多次打擊秦王,多次搞陰謀詭計。這些都有後來的勝利者的塗改筆墨,歷史的真實可能不是那樣。我想起了1960年代看過的蘇聯電影《列寧在1918》,影片十分真實地再現了列夫·托洛斯基（Leon Trotsky）、尼古拉·布哈林（Nikolai Bukharin）等一大批蘇聯布爾什維克領導人反對俄國革命、出賣俄國革命的史實,十分逼真地把他們形象刻劃成一群卑鄙無恥、出賣同胞、叛變革命的齷齪小人,那時幾乎全世界人都相信。而真的歷史事實,直到蘇聯解體才浮出水面,原來那些都是偽造的,是約瑟夫·史達林（Joseph Stalin）及其同夥玩的騙人把戲,但他們卻冠冕堂皇地行騙了幾乎整整一個世紀。

　　我不太相信身為太子的李建成為了篡權,在背後搞的那一套又一套即十分愚蠢又十分幼稚的陰謀詭計,那彷彿都有後來歷史竄改者的筆跡。所謂武德七年（西元624年）,發生的「李建成謀反」事件更是疑霧重重,誣

人之罪，冤人之案。李建成作為皇帝的當然接班人，不會也不可能選擇那麼一個沒有任何勝算的時機暴亂。李淵是位極有政治經驗的「老傢伙」，查歷史，去真偽，未見身為皇帝的李淵罷免或處置皇太子。按謀反罪，非殺即囚，史不少見。但是李淵並未殺、未囚、未免李建成，故疑此案為假案。李建成謀反案子虛烏有。

再看李建成謀害李世民案，即太子請秦王在太子府相聚飲酒。太子在酒中下毒，以致李世民中毒回家吐血。史載：「（建成）與元吉謀行鴆毒，引太宗（李世民）入宮夜宴，既而太宗心中暴痛，吐血數升。」說得跟真的一樣，既然太子和齊王要毒死秦王，何用李世民受那麼大的罪，卻還能起死回生？早在西漢末年，王莽毒死漢平帝，也不過一杯酒就辦事。六百多年毒藥的毒勁反而失效了？還是下錯藥了？其實這一切都是為李世民發動的宮廷政變做鋪陳的，既然太子不義，就莫怪秦王不仁，秦王只不過是以其人之道還治其人之身。

唐武德九年（西元 626 年）六月四日凌晨，一場有計畫、有組織、有部署、有指揮的宮廷政變終於爆發了，史稱「玄武門之變」。

玄武門是唐高祖李淵所在的太極宮的北正門，是皇城禁軍的屯駐地，更是唐帝國政治中樞的命門，誰控制玄武門，誰就控制了太極宮，誰就能控制京城長安，號令天下。秦王李世民懂，太子李建成亦明白玄武門的厲害。李世民高出太子之處、陰過太子之處、狠過太子之處，皆在於他要把太子和齊王誘到玄武門一舉殺之，從物理上徹底消滅他當皇帝的障礙。秦王把自己的精兵強將全部埋伏在玄武門外。這個政變方案，他和手下的謀士、大將不知推演了多少次了。他已經收買了駐守玄武門的禁軍將領，而太子對此竟然一無所知，這說明太子此人「老實」。李世民把在戰爭中學到的智慧全部用在宮廷政變上，他調虎離山，用假傳聖旨這一招，把太子

騙到玄武門，李世民一聲令下，伏兵盡出，血濺清晨。李世民頭腦清楚，目標明確，直取太子，相距不過二三十公尺時，李世民咬牙閉目，拉滿弓，箭上弦，一箭把自己同父同母的親哥哥射了個穿心透。當他親弟弟齊王李元吉趕來時，史上記載拉了三次弓，放三次箭，但箭不是偏了，就是沒有射夠距離。三支雕翎箭都落在李世民身後。有史學家認為齊王李元吉，身經百戰，關鍵時刻再三出現這種重大失常是因為「心慈手軟」所致，不忍心一箭射穿親二哥的胸膛，這才招致被後面衝殺過來的秦王手下大將尉遲恭一箭穿心，要了齊王的性命。李世民又按計劃派尉遲恭等猛將，一身濺血，滿臉凶相，進宮逼唐高祖李淵退位，「玄武門之變」李世民完勝，唐太宗誕生。宮廷政變就是宮廷革命。

◆ 陳橋兵變與燭光斧影

中國歷史上有名的宮廷政變之一當數「陳橋兵變」，趙匡胤「黃袍加身」。

趙匡胤受恩於後周兩代皇帝，尤其是周世宗皇帝，對趙匡胤有知遇之恩，沒有周世宗，趙匡胤很可能早就死於亂軍之中，中國的歷史可能會被重寫，趙家大宋王朝僅僅是一個幻影。周世宗柴榮皇帝獨具慧眼，破格提拔，使趙匡胤成長為統領三軍的統帥。官至殿前都點檢，這個官名宋之後不再延用，其實就是軍隊總司令，周世宗柴榮把後周政權的軍隊放心地交給這位「忠心耿耿」的「趙總司令」了，以至於在柴榮病危奄奄一息之際，把自己七歲的幼子周恭帝託孤於他。

趙匡胤不該，也不能忘了世宗皇帝臨終的囑託，周世宗原以為此景此情堪比三國時期西蜀昭烈皇帝劉備白帝城託孤，他可以死而瞑目了。但是都點檢之心，軍人皆知。

周世宗皇帝託孤其景猶在眼前，其言猶在耳邊。但是革命的爆發是不以人的意志為轉移的。「陳橋兵變」以迅雷不及掩耳之勢爆發了。

北宋建隆元年（西元 960 年）正月初一，周世宗死後的第一個春節，七歲的小皇帝像以往他爹活著那時一樣歡歡喜喜過大年。突然間邊報傳來，且十萬火急。北漢和契丹的軍隊聯合入侵，敵軍前鋒直指邊關，鎮、定兩州危在旦夕。風雲突變，戰火突起，滿朝文武皆大驚失色。七歲的小皇帝何以應付？宰相等一班大臣忙亂之中，一致決定派殿前都點檢兼宋州歸德節度使趙匡胤率領禁軍迎敵。

趙匡胤主導的宮廷政變起步順利，一切皆在其掌握中。

趙匡胤當即大張旗鼓，調兵遣將，軍未動而聲勢威，大軍旗幟招展，刀槍鮮耀，威風凜凜，殺氣騰騰，出京城迎敵。

趙匡胤不愧是百戰成名的統帥，軍前滴水不漏，但是早就計劃陰謀無數次了。大軍出發前，他把京城的守衛安排得妥妥當當，關鍵職位、關鍵城防都調派好自己親信把守，這些皆多年跟隨趙匡胤出生入死的「鐵桿」，可謂只知殿前都點檢，不知天子在。一切安排就緒後，趙匡胤點炮起營往西北而去。等到軍隊到達汴梁城北四十里的陳橋驛站時，天色已晚，部隊安營紮寨，一切似乎很正常。也正是在這薄薄的夜幕中，趙匡胤弟弟趙光義和趙匡胤帳下第一謀士趙普，按照他和趙匡胤的部署計劃，開始緊張而有預謀的行動。串聯、煽動、蠱惑、組織，把整個部隊的情緒煽動得如火如荼。全軍上下都在議論，要改朝換代，跟著趙都點檢奔前程，不能讓七歲的小皇帝葬送了軍隊的前程。最後軍營中處處皆高呼：趙都點檢做天子！一呼百應，三軍齊呼。但是趙都點檢卻在大營中彷彿甚事不知，依然酣睡，這時候我想起一句老話：假睡的人是最難叫醒的人。全軍

營的人都熱血沸騰，鼓譟喧天，數萬人金戈鐵馬，唯趙都點檢枕日月而夢風雨。

趙匡胤終於被左右喚醒，帳內帳外，營上營下，軍情激昂，軍心浮動，軍變在即，且持兵器在手，齊聲高呼：「諸將無主，我們願立太尉（趙匡胤）做天子！」趙匡胤故作朦朧之態，故作身不由己之狀，被左右眾將架至將軍案前，把早已準備好的皇帝的龍袍強行披到趙匡胤身上，眾軍士皆拜倒在地放聲高喊「萬歲」，聲震夜空，聲震兵營。

趙匡胤強壓住怒放的心花。宮廷政變尚在決戰之夕。

趙匡胤有軍事經驗，和七歲小皇帝及那幫殿前文臣相比，他就是一個偉大的軍事天才。

已經黃袍加身的趙匡胤運籌帷幄，決勝皇宮，立即回兵京城。四十里路急行軍，京城關口皆內應，早就開關放行。造反大軍一路順暢，兵不血刃，輕而易舉直逼正殿。此情此景，哪位大臣不明白，順其則昌，逆其則亡，只需趙匡胤一個眼色，他們就會被砍成肉醬。沒有誰願意為七歲的小皇帝玩命，也沒有人會真正相信趙匡胤向小皇帝表忠心的熱淚，那才是鱷魚的眼淚。趙匡胤用眼睛一掃，所有大臣皆跪倒參拜，皆口呼「萬歲」。小皇帝宣布禪位，趙匡胤成為新朝一代皇帝。

從歷史上看，不得不佩服趙匡胤的宮廷政變，這篇文章做得漂亮，也做得經典，如行雲流水，一氣呵成。

趙匡胤是宮廷政變老手。當年身為後漢政權統兵大將的郭威就是率精兵猛將去西北邊疆，迎擊進犯後漢政權的遼兵，兵至澶州後，將士譁變，一起高呼讓郭威當皇帝，這次宮廷政變的力主者和踐行者中，就有趙匡胤，因為形勢緊迫，一時找不到黃袍，不得已只好把軍營中的黃旗撕裂

披在郭威身上，眾人皆伏地高呼「萬歲」，郭威便當上了皇帝，建立了後周，後漢滅亡。郭威便是後周的太祖皇帝。有了前次經驗，趙匡胤才在九年後，把宮廷政變考慮得嚴絲合縫，滴水不漏，披身的黃袍也是早就準備下的。

中國歷史上有句成語「燭光斧影」，講的是宮廷政變的老手，靠宮廷政變起家當上皇帝的趙匡胤，最終被其弟趙光義搞的宮廷政變所殺，奪了位。玩鷹的被雀啄瞎了眼。此事不見正史，但「燭光斧影」似乎也不是空穴來風。

趙匡胤是暴死，史上有據。開寶九年（西元 976 年）十月十九日深夜，趙匡胤病重，他想召自己的四兒趙德芳進宮安排後事，但是趙匡胤並不清楚，他身邊的侍臣、親信已被其弟晉王趙光義收買，因此在這個關鍵時刻，被召進的不是其子趙德芳，而是其弟趙光義，一場宮廷政變發生了，趙光義控制了皇帝趙匡胤，抓住了趙匡胤就抓住了趙氏皇朝的命根子。趙光義進入趙匡胤的寢殿以後，徹底切斷寢殿與外界聯繫，整個寢殿中，但見燭影下晉王來來去去，間或聽見「柱斧戳地」之聲。然後宣布宋太祖皇帝暴病身亡。第二天清晨，趙光義急不可待，就在趙匡胤靈柩前即位，又急不可待地改年號為太平興國。由於此事再無第三人在場，故趙光義弒兄登基遂成千古奇案。

但是縱觀中國歷史，自趙匡胤的「陳橋兵變」、「黃袍加身」以後，靠宮廷政變當皇帝的再也沒有比趙匡胤「玩」得更高的了。趙匡胤靠宮廷政變當皇帝不能說是空前的，至少可以說是絕後的。

漢武帝晚年走火入魔

漢武帝劉徹在中國整個皇帝方隊中，算得上是雄才大略，敢作敢為，開疆拓邊，威加海內的皇帝。

漢武帝少年聰敏，好學，少年得志。

按說當皇帝輪不上他，在漢景帝十三個兒子中，他排第十，在《史記》和《漢書》中未見漢景帝如何喜愛他。他當上太子，當上皇帝很可能是因為一句少年魯莽話。

景帝四年（西元前153年）景帝劉啟立為皇太子的劉榮尚未婚配。景帝期間有一位十分刁鑽，也十分了得的女人改變了景帝以後王朝的政治軌道，她就是劉嫖。劉嫖和景帝是親姐弟，關係好，這位長公主厲害，親自插手劉啟後宮之事，勾心鬥角、挑撥離間、搬弄是非，且對權力有一種特殊的情感，能左右皇帝是她終生的人生目標。

這位長公主有一女，喚作阿嬌，史書上並無此女名姓，只以乳名記載。長公主看皇太子未婚，此乃天賜時機，她要把自己的女兒許給太子，這樣一旦太子繼位，她女兒就是當朝的皇后，她就是當朝皇帝的丈母娘。玩弄天下於股掌之間，易於探囊取物。

但是劉嫖這次打錯主意了，太子的生母栗姬皇后從骨子裡看不上這位長公主，也恨她在宮中攪事，又一次次向景帝獻美女，這種人能不遭人恨嗎？當頭一盆冷水。劉嫖恨得咬牙切齒，小不忍則亂大謀，古今一理，男

女亦同理。

長公主的政治野心並沒有因為遭到栗姬皇后拒婚而收斂,相反,她隨時窺測方向,把握動態。

她看上了年僅四歲被封為膠東王的皇子劉徹。這位長公主把四歲的膠東王置於膝上,問曰:「兒欲得婦否?」問一個四歲的孩子娶不娶媳婦,足見劉嫖的人德人品。劉嫖考察姑爺的辦法是求實,她讓左右百餘美女站立兩邊,指著她們問膝上的劉徹,娶不娶她們?不知道劉徹真懂還是真不懂,反正這位膠東王皆云:「不要,不要!」劉嫖不失時機地推出自己的女兒阿嬌,問劉徹:「此女如何?」劉徹應聲回答了一句傳承兩千多年的名句:「若得阿嬌作婦,當作金屋藏之。」

金屋藏嬌,竟然出自一位四歲男兒之口。長公主大悅,喜不能言。她可不是一高興就把人生目標淡忘了的女人。

長公主真厲害!手段真可以,她終於扳倒了皇后,又扳倒了太子,讓劉徹當上皇太子,十六歲時劉徹登基為帝,這就是「略輸文采」的漢武帝。金屋藏嬌未有記載,但是陳阿嬌當上了漢武帝的第一位皇后,劉嫖的一番辛苦沒白付,開花結果。

漢武帝四歲就在中國歷史上出了名,可謂少年得志。

漢武帝稱帝後,一改文景時期的「黃老之術」,他奉行的是實力主義。劉徹比他爹、他爺爺更有狼性。「文景之治」為他累積下的國力也夠他稱霸展示他的風采了。十六歲的天子,不懂得什麼叫「韜晦之術」,更不屑於什麼「黃老之術」。

首先在於思想,雄心勃勃的漢武帝首先要統一大漢王朝的思想。劉徹也有些文采,他二十歲就能在朝廷大殿中以一副滿腹經綸的姿態,以儒學

大家的口氣和滿朝官員談經論道。沒點文采和學問是做不到的。劉徹的詩賦作得也說得過去，說其「略輸文采」也中肯，二十歲的年輕人不容易。

大一統的國家必然有大一統的思想。軟實力和硬實力是相輔相成的，古今一理，豈有他哉？

劉徹的曾祖父，漢王朝的開國皇帝劉邦就堅信，要在思想上鞏固政權得靠儒家學說。他當了皇帝以後，龍椅不穩，造反蜂起，漢高祖當皇帝前是南征北戰，當了皇帝依然征伐不斷，但是他欣賞儒士叔孫通制定的一套嚴格尊卑等級的禮法。劉邦發自內心的話：「吾乃今日知為皇帝之貴也。」想必劉徹不會忘。

其實在他曾祖父之前的秦始皇就早已知曉鞏固政權的一大辦法就是控制輿論，管住思想，秦始皇的辦法是法家治國、焚書坑儒。

漢武帝劉徹更行，借力使力，因勢利導。

這時漢代太儒董仲舒站到了歷史舞臺上，史書記載這位董仲舒「蓋三年不窺園，其精如此。進退容止，非禮不行，學士皆師尊之」。董仲舒大聲疾呼：「罷黜百家，獨尊儒術。」這個主張正中漢武帝下懷，一拍即合。從春秋時代興起的百家爭鳴，至漢武帝時代，儒術獨尊。這該算漢武帝的功德，還是其專橫武斷的惡果？直到今日仍有爭論。但是漢武帝是百家爭鳴的最後掘墓人，彷彿已成定論。董仲舒在歷史上唱的到底是齣什麼戲？蓋棺兩千多年仍未有定論，但是漢武帝確實欣賞他的才氣，讚賞他的霸氣。漢武帝時代的強大，還在於他的「硬」。

自劉邦採納了婁敬的「和親」政策以後，漢王朝安撫邊疆犯境的匈奴的辦法就是「嫁女」，把宮中的美女裝扮好了，封以為「君」，遠嫁給匈奴的可汗，和匈奴結成親家，但和匈奴的關係、戰爭時斷時續。漢武帝不

同，親自調動軍隊，幾路大軍一起出動，幾乎把匈奴徹底消滅。他父親以上三輩皇帝都沒能辦成的事，他辦成了。漢武帝高奏凱歌，打出了軍威、國威。

漢武帝的人生軌跡，最終脫離不了中國皇帝的執行規律。

雖然他的那個拋物線上升的橢圓畫得大一些，圓一些，但是最終加速下行，像一顆夜空中的流星。漢武帝的文治武功讓他得到了極大的滿足，四海昇平，歌功頌德，無限的奢華，無盡的享受。一位高僧曾經有謁：世人皆為名和利，生為名，死為利。那是言百姓，皇帝不同，中國皇帝也皆為兩字忙碌，一為生：永生，長生不老；二為性：閱盡人間春色，能在美人中縱情聲色，永不厭倦，永不疲軟。漢武帝是追求這兩個字的卓越者。

漢武帝徵和元年（西元前92年），外強中乾的劉徹病入膏肓，開始瘋狂。長期追求長生和性愛，各路江湖騙子和裝神弄鬼的術士蜂擁而至，各種長生不老藥，五花八門的春藥、祕方、房中術把漢武帝折騰得神魂顛倒、體虛多病，加之已到更年期，狂躁症、憂鬱症、多疑症，綜合暴發，逐漸惡化成幻聽幻覺，漢武帝真的進入了一個「神仙」的天地。中邪著魔了，司馬遷稱之為中的是「巫蠱」。

漢武帝徵和元年（西元前92年），天下本無事，但是此時此刻漢武帝已被那些裝神弄鬼的「大仙」、「大神」們折騰得神經質了。說也奇怪，那天皇帝正在建章宮中自在，忽然見到一人，飄然而至，白衣白鬚，佩長劍，兩眼還有殺氣。漢武帝驚嚇之餘，甚感詫異，忙叫道：「何人竟敢佩劍入宮？快將其收捕！」但是當左右虎賁侍衛追趕上去時，此白衣人卻悄然消失，龍殿鳳闕，亭臺池苑，反覆搜尋，拉網檢查，無影無蹤，只在宮中輦道邊搜獲白衣男子遺棄的一柄佩劍。此事真蹊蹺，你說是漢武帝幻聽

幻覺、疑神疑鬼、體虛失神吧，但的的確確搜到了那個白衣人的佩劍。凶器在，凶手何在？漢武帝大怒，這是對他皇權的極大侮辱，對他皇帝的極大威脅。要知道早在數百年前先秦時期秦文《唐雎不辱使命》中就有天子大怒的恐怖敘述，秦王曰：「天子之怒，伏屍百萬，流血千里！」漢武帝乃大一統漢天子，立即處死負責把守宮門的官員，但此事卻時時處處擾亂他的心，驚亂他的膽，可謂食不甘，寢不寐，常常驚醒之後，冷汗四溢。

漢武帝的朝臣並未中巫蠱，但是他們都啞口無言，信之，覺得不可能，很可能是皇帝的一種猜疑；不信之，則有白衣人佩劍壓在堂上，又如何解釋？

漢武帝於是大怒，怒不可遏。病上加病，肝火旺盛。天子之怒，無人能滅。他下令關閉長安城門，調集軍隊進城，嚴查嚴辦，國家如臨大敵，朝野如臨大禍。

漢武帝真的中邪著魔了，他可能患上了被害妄想症，他懷疑一切，認為在這個世界上除了他，從後宮的嬪妃到朝廷的大臣、戍邊的武將，都在千方百計地想殺害他，用各種辦法置他於死地。一日他痛苦地昏昏欲睡，夢中驚醒，原來有數千個木人，各執兵器，爭先恐後地圍攻他，要血刃他，驚醒以後的漢武帝，冷汗淋淋，渾身戰慄，不勝惶恐。

皇帝中「巫蠱」，禍及皇親國戚，文武大臣，真可謂：天子中邪，天下縞素。

他終於認定迫害他的罪魁禍首原來是他的連襟，當朝宰相，和他朝夕相處十幾年的老臣。有人供出，這位叫公孫賀的丞相之子公孫敬聲曾在皇帝前往甘泉別宮路上使巫人埋下木偶，用巫蠱妖術要謀害皇上，又狀告丞相之子與陽石公主私通。這事件也和皇帝在皇宮中發現白衣佩劍者一樣蹊

蹺，皇帝派人去路邊挖，竟然挖出許多木人，竟然和那天皇帝夢中受圍攻的木人一樣。鐵證如山，立即下大獄，派酷吏嚴刑拷問，丞相父子熬不過酷刑供認不諱。此乃犯上大案，於是漢武帝親自下令，丞相全家滿門抄斬，滅族滅門。這還不足以平息皇帝的憤怒，又把受到牽連的兩位公主和皇后的姪子長平侯衛伉一起當眾處死。

朝中宮中皆知，皇帝中「巫蠱」，中邪著魔，苦難才剛開始，從此無人不自危。

這時候，出現一個叫江充的江湖騙子，這傢伙竟然敢打扮得像「跳大神」的神漢一樣登殿面君。江充身著紗羅，色彩光怪陸離，曲裙流蘇，簪纓冠冕，步行搖顫，勾眉畫臉，沒想到漢武帝一見，竟然驚詫得脫口而出：「燕趙之地果然多奇士也！」一交談果然神神鬼鬼，無所不知，無所不曉。漢武帝猶如見到大救星一般，竟然在大殿之上封其為「直指繡衣使者」。漢王朝根本就沒有這麼個官職，漢武帝專授其特權，凌駕於貴戚群臣之上，負責監察一切，對群臣百官，皇親國戚，甚至後宮之內任何有奢侈僭越之人，皆有權處置。把江充這麼個裝神弄鬼的江湖騙子高置於「二皇帝」的位置，漢武帝「巫蠱」中得不輕。但那是皇帝，沒人敢言其有病，就像皇帝的新衣無人敢言其光屁股一樣。

漢武帝終日神思恍惚、狂躁易怒、疑神疑鬼，著魔之人如魔附身，無緣無故，他又冤殺了數百名後宮嬪妃美人、朝中大臣侍者，卻絲毫不能減輕他的病症。他恍惚之間，在腦海中，甚至眼前就會出現「邪像」，數不清的木偶人會群起而攻之，甚至抓其髮，撕其肉，摳其眼，扼其喉，敲其頭，抽其髓。讓漢武帝痛苦不堪，只能發瘋發怒，只能暴跳如雷，只能靠殺身邊人來發洩，彷彿只有鮮血和屍體才能讓他安靜片刻。

江充這傢伙出現了，他一番話竟讓這位皇帝安靜下來，好人一般。江充言：「陛下之病在巫蠱，巫蠱不除，病不能愈，為陛下龍體安康，請徹治巫蠱！」

這回輪到江充這位「二皇帝」動手了，他領有特權，權無限制，他要徹底為皇帝治巫蠱。

滿朝的官員，後宮的嬪妃，甚至連侍衛都知道江充在裝神弄鬼，是他把皇帝「巫蠱」了。但是此時此刻的江充，掌管著全國官員的生殺大權。小人得志，必然猖狂！

江充有高招，皇帝授權後，他招來胡地巫師檀何做助手，其高招為以巫治巫，以巫治人。無論平民百姓，還是高官王侯；無論是豪宅深院，還是官衙宗祠，甚至閨房神社，他帶著一群凶神惡煞的吏卒捕快，橫行霸道，無人敢擋。不用江充說話，他招來的那位胡地巫師檀何就如神鬼附身，跳大神一般折騰，指某宅有巫蠱之氣，立即拆牆扒房，掘地三尺，以求偶人。又云某處有鬼影鬼氣，某地有蠱氣異象，二話不說，立即將所居主人全家拿下。作為重犯，直下大獄，嚴刑拷打，無所不用，逼供之下，冤案遍地，株連無辜，整個京城籠罩在一片恐怖之中。江充心黑手毒，殺人不眨眼，一味把「巫蠱」案搞大，搞得越大，捕拿的人越多，官職越高，位置越重，他的功績才越大，皇帝才能愈發賞識他、依重他。這小子果然能折騰，他手一揮，把辦案人員撒向全國，自京師三輔之地以及國中各州郡、各衙門，無一倖免，一時犯「巫蠱」之案的人竟達數十萬人，被抄家處決的多達數萬人。江充一時成了人間活閻王。丞相公主王公大臣都難逃一死，何論他人？是與不是，有與沒有，只要被指為「巫蠱」，盡殺之。

江充並不到此罷手，他治「巫蠱」之術的目標是要置皇太子於死地。

坦率地說，盡數中國歷史上的皇太子，漢武帝的長子，被立為太子的劉據是位小心謹慎、辦事認真負責的皇位接班人，在太子行列中稱得上「德才不失，品學俱優」。漢武帝外出或不在皇宮時，太子負責處理國事，沒見到任何劉據貪權枉法、貪贓鬻爵、聲色犬馬的記載。太子有德，太子無錯，但是江充敢剃太子的頭。

原因之一是漢武帝六十二歲時又生下皇子弗陵，生皇子的趙婕妤深得漢武帝的寵愛，據說趙婕妤懷孕十四個月才生下弗陵。漢武帝喜自內心，曾樂言：「聞昔日堯帝十四月而生，不意鉤弋亦如此！」還把趙妃住處的大門命名為堯母門。漢武帝把新生的皇子稱之為堯，何意之有？江充似乎心中明白。

他要投石探路，探探皇帝心中的路。

一日太子宮中的侍從違禁，驅車行馳道中，江充立即下令沒收車馬，捕拘侍從，上報皇帝發落。太子得知後立即派人去江充處求情，承諾一定要嚴加管教下屬，絕無下次，敬請江君憲宥一次。

江充找的就是太子的茬，他不僅不放侍從，還扣押太子的車馬，並且親自去皇帝面前告狀。果然不出這傢伙之所料，皇帝不但沒生氣，沒批評他小題大做，反而當眾誇獎他：「為臣者就應如此！」江充心中踏實了。

大漢王朝被江充折騰得搖搖晃晃，京城內外，很多人被抄家、被下獄、被酷刑折磨、被送上殺場⋯⋯但是殺的人越多，皇帝的心情反而越糟，如此多的人在暗中反對他、詛咒他，他覺得巫蠱邪術在他的身上起了作用。他頭暈目眩，四肢沉重，失眠厭食，不能御女，六宮粉黛已久不臨幸，他是真病了！江充帶胡醫檀何覲見武帝，道：宮中蠱氣甚盛，不除

之，皇上之病終不得愈。最危險的敵人果然就睡在身邊，皇帝下旨，江充入宮查蠱，除惡務盡！皇帝不想聽那些倒楣蛋淒慘的號叫，更不想聞殺人的血腥味，於是便離京去甘泉宮養病，任江充等人在京城折騰。

有皇帝支持撐腰，江充何懼之有？他竟帶領人馬硬闖皇宮，把皇宮中被皇帝冷落了的嬪妃美人的椒房翻得底朝天，甚至挖地三尺，稍有不對，立即捕走，以巫蠱罪定刑。把偌大一個宮殿搞得跟刑部大堂似的，人人自危。這還不算，他竟然帶人直接闖進皇后和太子宮中，那位助紂為虐的胡巫師趾高氣揚地對皇后和太子高聲宣布，此地蠱氣最盛，妖氣瀰漫，令人驚懼，吾已見偶人於地下矣！江充下令嚴查嚴搜，寸土必掘，務使妖蠱現形，於是就在皇后和太子宮中擺開戰場，挖地三尺，盡數掘遍，宮中竟然連放床的地方都沒有了。這麼折騰在中國歷史上是空前絕後的。終於有了「重大發現」，江充立即派人急報皇帝：太子宮地下埋有多具桐木偶人，尚有帛書，寫有詛咒皇帝的咒語，請皇帝下旨嚴辦！

太子大驚，他千謹慎萬小心，沒想到江充如此害人。皇帝正為巫蠱之害被折磨得近乎發瘋，絲毫無理智無頭腦。如今無論是誰，只要一沾巫蠱的邊，誰也難逃皇帝的雷霆之怒，太子見過皇帝發怒的結果，也見過皇帝既懼怕又痛恨巫蠱的表現。而眼下皇帝只相信江充，江充的栽贓陷害，天下人可能都不相信，但是皇帝會相信，百分之百地相信。

太子被江充一下子推下了懸崖。太子必死，必不得好死。太子急召他的近臣商量對策，對策只有一個：與其縛手就擒，引頸就戮，不如魚死網破，打拚再死。

過去光聽說官逼民反，閱史方知小人能逼得太子反。

血能刺激漢武帝的神經，這一點江充可能沒看錯。

漢武帝晚年走火入魔

鎮壓這場倉促發起的宮廷政變,對於指揮過幾乎蕩平整個匈奴帝國的漢武帝來說似乎小菜一碟。但流血僅僅是開始,緊跟著便開始屠殺。冤殺的人數以萬計,殘酷無情的是,漢武帝不僅冤殺了皇后、太子和數不清的官民,他還殺害了太子兩個未成年的兒子,漢武帝的親孫子,長安城在血泊中呻吟。

據史料記載,漢武帝晚年興起的「巫蠱之禍」使大漢王朝遭到重創,國家元氣大傷,「文景之治」氣象盡散。僅京師一地,被冤殺錯殺的就多達十多萬人。我沒有查到當時長安城有多少居民,請教一位漢學先生,說晚年漢武帝時期的京師人口不會超過六十萬人。屈指算來,京城之內,五人就要殺害一人,漢武帝其罪大焉。望著這一切,漢武帝似有悔悟,但他悔悟的方式還是殺人,以其人之道還治其人之身。他下令將江充滅族,把跟隨江充橫行作案的所有人全部處死,嚴重的滅族。甚至把當初按他的旨令帶兵搜捕太子、立功受封的鎮壓功臣,也都拿下治罪,有的乾脆全家滅族,以洩心頭之恨。

漢武帝的功過如何記述?禍國殃民害己的「巫蠱之禍」,漢武帝無論如何難逃其責,難脫其罪。寫《漢書》的班固就曾指出:「海內虛耗,戶口減半。」司馬光云,漢武帝「窮奢極欲,繁刑重斂,內侈宮室,外事四夷,信惑神怪,巡遊無度,使百姓疲敝,起為盜賊,其所以異於秦始皇無幾矣」。

「巫蠱之禍」後,漢武帝更加孤獨、懊惱、狂躁、絕望,他真正變成了孤家寡人,全國的臣民都怕他、恨他,盼他早死、快死,只有一個人從內心真心地盼他長壽、健康、快樂、不死,然而他卻殘酷地殺害了她,她就是鉤弋夫人趙妃。

風燭之年的漢武帝「煢煢子立，形影相弔」，不知道是巫蠱之禍的作用，還是靈感激發了他政治經驗的提示，他決定把皇位傳給他的小兒子弗陵，母以子貴，兒子當皇帝了，趙妃是當然的皇太后，七歲的小皇帝需要他母親幫助。但是漢武帝下旨，令趙妃自殺。對趙婕妤來說，她可能不是自縊而死，是痛苦而死。說不清的漢武帝，臨死還給世人留下一道「博士題」。

　　誰也沒想到一千九百多年後，當清王朝三十一歲的咸豐皇帝臨死要立五歲的載淳為皇帝時，他最倚重的大臣肅順對他提出，請他效仿漢武帝，像賜死鉤弋夫人一樣賜死慈禧。沒想到咸豐不是漢武帝，慈禧不是鉤弋，這句幾乎要了慈禧命的密語竟然一字不差地傳進慈禧的耳朵裡，奪命之仇，焉能不報？慈禧後來殺肅順於菜市口⋯⋯

漢武帝晚年走火入魔

阿斗的悲劇

◆ 一

　　阿斗的悲劇帶有苦澀的冤情。

　　縱觀中國歷史，大大小小皇帝中，以乳名橫貫歷史的，似乎唯有阿斗。

　　但阿斗留在歷史上的名聲卻是惡名、壞名，即使在中國封建社會的亡國之君中，阿斗也有獨領風騷的一面，阿斗是歷史上獨具特色的「負面教材」。

　　阿斗是「扶不起的阿斗」。為什麼扶都扶不起來呢？中醫之道，有骨無髓，有體無筋，軟骨缺鈣。阿斗偏居蜀中當了整整四十年皇帝，在中國帝王的年齡中近乎「長壽」。歷史上說其扶不起來，是因為阿斗沒有一點能耐，沒有一點本事，無絲毫才學，似乎也無甚特長，整日整月，年復一年地沉溺酒色、縱情享樂、驕奢淫逸、荒淫無度，且愚蠢無知、腐敗無能，直至喪國敗家。

　　我幾度審視阿斗，不禁產生疑問，中國歷史上二世而亡，終其朝政的何其多乎？聲色犬馬、荒淫無度、酒池肉林、腐敗無能，亦何其多哉？阿斗亡國，區區一西蜀耳，比之中國大朝大代的末代皇帝，阿斗絕不會排在首位。自秦二世始，至清宣統皇帝愛新覺羅・溥儀，未聽說過誰是扶不起來的皇帝，其實他們俱為扶不起來的天子，雖然明思宗朱由檢亡國之際曾痛心地說：「朕非亡國之君，臣皆亡國之臣。」但是歷史上卻只留下大名鼎

阿斗的悲劇

鼎的阿斗，扶不起的皇帝。

真正扶不起來的當推西楚霸王。霸王有一謀士范增，尊之亞父，確有韜略，確實老練。依范增之計，鴻門宴盡除劉邦一夥矣，焉有烏江自刎？范增有句感慨良深的肺腑之言：「唉！豎子不足與謀，奪項王天下者，必沛公也，吾屬今為之虜矣！」范先生這句高論，經得起實踐檢驗，為歷史所證明。范先生這句話說得再明白不過，「豎子不足為謀」，扶不起的楚霸王。但是翻閱歷史，從未見說項羽是扶不起來的人物。「扶不起來的」這項桂冠似乎非西蜀後主阿斗莫屬。

這難道是歷史的偏見？

關鍵是誰扶？誰沒扶起來？

扶阿斗的人正是千古名相，近乎神一般的諸葛亮。諸葛亮有句擲地有聲、聲貫長虹的名言：「鞠躬盡瘁，死而後已。」

杜甫有《蜀相》詩：「三顧頻煩天下計，兩朝開濟老臣心。出師未捷身先死，長使英雄淚滿襟。」

長使淚滿襟的，包括杜子美，恐怕天下莫如阿斗。得知諸葛亮死去的消息，阿斗簡直不能自抑。淚如泉湧，恐怕比劉備死時還悲傷、還痛苦，連日不能臨朝，晝夜不得安寢。當諸葛亮的靈柩到達成都時，阿斗身著孝服，泣不成聲，率文武百官，出城二十里迎接，跪倒迎柩，一個皇帝能如此真誠、真摯、真情地對待臣下，中國歷史上恐怕不多。方知，阿斗不僅僅是個「扶不起的皇帝」，還是一位富有感情的天子。按照諸葛亮的遺囑，他的遺體被安葬在定軍山，阿斗派重臣去定軍山弔唁，並贈予「忠武侯」的稱號。

真要換個角度看阿斗了。

阿斗，大名劉禪，字公嗣，提劉公嗣，恐怕無人能識，劉備之長子也。劉禪也不容易，自襁褓之中便和其父「爬雪山，過草地」。京劇中趙雲救主，趙子龍懷揣小主人阿斗，長坂坡幾進幾出，殺得曹軍不敢近前，救了阿斗一命，否則阿斗早與其母投井而亡。阿斗命大，命不該亡，也說明小阿斗絕非像一般亡國之君那樣「生於後宮之內，長於婦人之手」，阿斗是生於戰亂之中，長於顛沛之途。以致劉備從九死一生中拚殺出來的趙子龍手中接過阿斗後，竟然擲之於地，講了一句感動趙雲的話：「為此孺子，幾損我一員大將！」趙雲泣拜曰：「雲雖肝腦塗地，不能報也！」京劇大師馬連良唱這段戲時，曾唱得臺上臺下淚漣漣。

　　阿斗從小就經受這番生死考驗。查閱中國歷史上的亡國皇帝似沒有這段「光輝」歷程。從某種意義上講，阿斗是個苦孩子，他十七歲才當上皇帝，他知道其父創業不易，生死置之度外。阿斗的經歷和吳末帝孫皓、陳後主陳叔寶、北齊後主高緯、南唐後主李煜、後蜀國皇帝孟昶都不一樣。劉禪扶不起，是不是現代人的蓋棺之論？

　　劉禪不該是扶不起來的阿斗。

　　望著一桌子阿斗的史料，徬徨在迷茫中又似乎有些明白，那是因為他身前的諸葛亮，因為諸葛亮扶他。從感情和理念上都認為有諸葛亮匡扶，劉禪應做統一天下的漢朝皇帝。以諸葛亮的人品、人德、才能、智慧、經驗、能力，三分天下終應歸蜀，但是三國之中蜀先滅，誰之罪？罪歸誰？非阿斗不可。

　　諸葛亮越光輝，越傑出，越卓越，越神乎，阿斗必然越渺小，越昏庸，越糊塗，越白痴，諸葛亮統一大業未成，必然決定劉禪的命運，扶不起來的皇帝，爛泥扶不上牆。

阿斗的悲劇

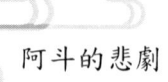

但是歷史可能還有另一面，沒有像劉禪這樣的皇帝，諸葛亮可能就沒有那麼光輝燦爛，可能不會那麼讓後人敬慕崇拜，甚至有可能會像中國歷史上許多輔政大臣一樣，以悲劇謝幕。

前些日子看了一齣京戲，唱明朝名相張居正的，名相要攤上一位難得糊塗的皇帝，難得糊塗就是難得英明，否則即使封帝入土，也要挫骨揚灰，遺臭萬年，多爾袞不是嗎？

諸葛亮攤上一位知情、知理、知己、更知丞相的阿斗，才成就了他一世英名。阿斗不容易，也不簡單。

建興三年（西元225年），諸葛亮剛剛平定了南中叛亂，便積極準備北伐，消滅曹魏，開始他的統一大夢。但是劉禪卻另有想法，史書上記載他並不同意諸葛亮伐曹魏，他知道論實力、論軍力、論財力、論人力，西蜀不足以滅曹魏，以小伐大，以弱打強，似乎兵家大忌，唯一值得與曹魏論戰的是丞相的軍事才能、丞相的指揮天才。劉禪沒錯，蜀中才安定，人民思發展，國家尚弱小，經受不起對外戰爭。但是諸葛亮一心一意要落實他對先主的承諾，要施展他治國統一安邦的宏圖大志。君臣誰聽從誰？

諸葛亮安頓好國事，準備北伐一出祁山。戰爭不是兒戲，是舉蜀國全國之力。諸葛亮人中之傑也，說兩千多年才出一個諸葛亮似乎也不為過，他明白劉禪的心理，皇帝心不順，焉能興兵打仗？於是諸葛亮就上一奏摺，以說服劉禪，這便是著名的〈前出師表〉。別說劉禪，誰人讀之不感動？史上素有讀〈出師表〉不泣者謂之不忠，讀〈陳情表〉不泣者為之不孝之說。想必劉禪讀而泣之，於是同意諸葛亮統帥大軍北伐。

阿斗不傻。

感情重於理智，這就是阿斗。

諸葛亮真偉大，忠心耿耿。剛剛安頓好國內南方之亂，七擒孟獲，連年征戰，不惜疲勞，不怕犧牲，又要遠征，再開戰事。見諸葛亮〈前出師表〉：「受命以來，夙夜憂嘆，恐託付不效，以傷先帝之明。故五月渡瀘，深入不毛。今南方已定，兵甲已足，當獎帥三軍，北定中原，庶竭駑鈍，攘除姦凶，興復漢室，還於舊都。此臣所以報先帝而忠陛下之職分也。」這就是諸葛亮的初衷。為報先帝三顧之恩，不惜勞民傷財、窮兵黷武，不惜一切，北伐征戰。

諸葛亮師出有名，大義凜然，正氣浩蕩，每次北伐，都親自統帥大軍，不避危險，不惜代價，不怕辛苦，風餐露宿。

劉禪反對出兵北伐，雖然歷史上並無細述，但是作為一國之主，劉禪深知蜀國乃一小國、窮國，一個戰亂不止的國家，剛剛沒過上幾天安穩日子的國家，要想伐曹魏而統一中國，何其遠乎？何其難哉？搞不好會拖垮整個國家。蜀國國弱民窮，國內又不安定，常有叛亂動亂，常年遠征恐非治國良策，誰說劉禪傻？

我查閱現存的劉禪的畫像和石刻像，幾乎都不走樣，劉禪一副面瓜臉，扁平而虛腫，一對六神無主的小眼，鼻子不是鼻子，嘴不是嘴，觀其像，至少讓人一眼得知劉禪窩囊、無能、無知、迷糊、渾渾噩噩近乎呆傻。中國文人真無聊，劉禪長什麼樣，他們可能誰都不甚清楚，僅僅根據一個「扶不起來」就製造了一個他們想像和捏造出來的阿斗。這不是歷史的真實。

建興四年（西元 226 年），僅隔一年，諸葛亮又要出全國之兵再次北伐曹魏。劉禪又覺不妥，這次劉禪沒有立即表示反對，而是召集朝臣集體討論。民主集中都有了，阿斗做得有條有理，是治國圖強的舉動。廷議的結果是反對出兵，反對伐魏。史書上說有些大臣是懼於魏之強大，更多的

阿斗的悲劇

大臣是基於連年戰爭，國窮民苦，需要養息，和劉禪意見不謀而合。像蜀國這樣的小國、窮國，連年戰爭只會把國家拖向崩潰的邊緣。無論因為什麼，反對北伐都是正確的。

但諸葛亮乃人傑也，他又向劉禪上了一道奏章，此乃著名的〈後出師表〉，坦率地表白自己絕無半點私心，一切為先帝之託，一切為蜀國大業，至於自己，則「鞠躬盡瘁，死而後已」。諸葛亮不僅僅是偉大的軍事家、政治家、演說家，而且也是不朽的文學家。〈後出師表〉感動得阿斗不得不內疚、慚愧，還有什麼可說的？送丞相出征，送大軍北伐，全國進入戰爭機制，一切為了前線。

阿斗不是那種冷熱不分的白痴、昏君，他也有一腔熱血。

諸葛亮從建興五年（西元 227 年）始，至建興十二年（西元 234 年）死在五丈原，八年之內，六次北伐，發動了五次大規模對魏戰爭。蜀國有多少家底？有多少男人？有多少資源經得起這麼折騰？

每次出征，劉禪一是反對，二是擔心，三是支持，傾國之所有，盡國之全力。八年之間，六次對外戰爭，足以把西蜀折騰出血來，又加之姜維繼承諸葛亮的事業後，比之諸葛亮更甚，竟然九次伐魏，徹底讓西蜀再也喘不上氣來，即使朝中沒有黃皓那樣的奸臣，西蜀讓姜維折騰得散架也是必然。

◆ 二

阿斗不是死麵一團，只會聲色犬馬，其餘滴水不進，除愛女人、小人，其餘皆不愛，非然也！諸葛亮北伐並非節節勝利。錯用馬謖，街亭失守，導

致北伐大軍全軍敗北，此錯大矣。勞師動眾，大敗而歸，三軍之帥，其罪難卻。這麼個大錯，對蜀國傷害這麼嚴重，但是一個「揮淚斬馬謖」卻彰顯三軍之帥諸葛亮的氣度、胸懷、執法、用人，諸葛亮不是「罪人」，而成了英雄，雖敗亦光彩熠熠。小時候，我曾隨家父在戲院看過馬連良先生唱的全套《失空斬》。馬老闆唱得好，做派好，把失敗後的諸葛亮扮得如凱旋的大英雄，每次謝幕，馬老闆都是三次謝過，又三次往前臺，觀眾中有人熱淚盈盈，馬老闆真諸葛亮也！

有史家評，國人能接受的唯一的近乎十全十美的忠臣就是諸葛亮。他太光輝偉大，太神聖英明了，誰站在他面前都會黯然失色，何況劉禪乎？

馬謖失街亭兵敗祁山後，深感責任重大的諸葛亮自請貶三級，上表送劉禪等待處分，相信諸葛亮心中也忐忑不安。出征北伐劉禪開始不同意，一戰敗北，蒙受重大損失，罪莫大焉。怎麼治罪諸葛亮亦不過分。

在如何處置諸葛亮失職之過上，充分顯示了劉禪的才能，顯示了阿斗還有另一面。有他智慧和聰明的一面。

劉禪不傻、不痴、不混，他沒有自毀長城。他不需要以莫須有的罪名問罪於諸葛亮，他手中有諸葛亮自認大過的奏章。劉禪是這樣表態的：「勝負乃兵家常事，丞相不可以這樣。」堅決而理智地正面回覆了諸葛亮，只是朝中有些大臣有異議，侍中費禕上奏：「按法行事，國家治理之本，承相打了敗仗，也應依法處置。」劉禪認為費禕的奏言有道理，且也代表朝中一部分大臣的意見，經過考慮，劉禪同意了諸葛亮的請求，官貶三級，但是仍然行丞相事，仍舊總督全國兵馬。

既按法辦事，又按理出牌，沒有形成權力空間，亦沒給別人造成可乘之機，保證了敗軍軍心不亂，國事依舊，國內不亂，朝廷不亂。在這件事

阿斗的悲劇

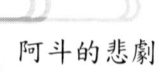

上阿斗處理得相當老道，相當正確。但遺憾的是幾乎所有的史料，無論是正史、野史、小說、戲劇都一帶而過，基本上沒有劉禪的「戲份」，他始終在諸葛亮高大身軀投下的背影裡。說白了，出彩時沒他，出醜時皆他。這對阿斗不公。

建興六年（西元228年），趙雲病逝，劉禪聞訊後悲痛欲絕，大哭不已。他坦露感情，言其年幼隨父逃亡，若非趙雲拚死相救，早已死於亂軍之中！於是下詔追贈趙雲大將軍，葬在成都錦屏山以東，並為趙雲建立廟堂，一年四季都親自祭祀。每當說起西蜀立國之創業艱難時，劉禪總念念不忘趙雲所立的功績。

但是我也看見有後人繼續抹黑劉禪，說他對救過他的趙雲毫無感情，既不追封，也不修建祠堂，更未親自祭祀。劉禪只顧沉醉在溫柔鄉，焉能顧上打江山創基業的老將軍？

劉禪政治上平庸，無大作為，一味追求聲色犬馬，並重用小人黃皓，搞得政治上混亂，國事上昏暗。國家將亡，皇帝當為第一責任人，但是《三國志》可以證明諸葛亮輔政期間，蜀國的政治並未昏天黑地，蜀國的小人並未興風作浪，蜀國的建設也在有條不紊地進行。但是它畢竟像條漏水的航船，加上姜維繼任，不但未改弦更張，反而變本加厲，窮兵黷武，一次又一次不惜耗空國力，北伐打仗，使西蜀一步步走向崩潰的邊緣，加之朝中老臣相繼而亡，朝政崩壞、綱紀廢弛、小人得志，巫術在宮中盛行，蜀國敗亡的日子將至。

但是劉禪在諸葛亮為丞相時，他尚未墮落至此。有史為證，劉禪每日登朝面臣，從未「曠朝」，每臨大事，總要先徵求群臣的意見，最後請諸葛亮拍板，劉禪從不爭功、不爭權、不擺份、不耍橫，唯丞相馬首是瞻。

寬容、厚道、善良，也能聽進不同意見，政治上不糊塗，治國上不懶惰。劉禪從內心講一是敬佩丞相，五體投地；二是敬畏諸葛亮，朝中、軍中、國中大權俱在丞相，劉禪只有小心翼翼的份。想必劉備臨死之言他不會不記得：「君（指諸葛亮）才十倍於曹丕，必能安國，終定大事。若嗣子能輔，輔之！如其不才，君可自取！」

阿斗敢不努力？敢不認真？

建興元年（西元 223 年），鑒於曹魏的政治、軍事壓力，蜀、吳決定放棄「戰爭狀態」，簽約和好，共同抗曹。和約中蜀漢主動放棄荊州，以換取兩家和好，在條約中有一段對諸葛亮的讚美。按禮節，兩國和約換文，不該去讚揚一國的大臣，而忽略一國的元首。可以肯定，此簽約檔案諸葛亮是經過認真推敲的，字字句句都是經過斟酌的。但是諸葛亮卻同意把此文報呈劉禪審定閱批。我想諸葛亮多智，這很可能是他對劉禪的探試，也可能是對自己在阿斗心目中的政治地位的評估，因此勇於「犯上」。諸葛亮作為人臣也不踏實，他也難測後主「龍顏」如何？但是劉禪並未反對，甚至沒有提出任何意見，雖然朝中大臣確有非議。諸葛亮心中明白，阿斗可能說不上「明主」，說不上聰慧、神明，但是阿斗絕不傻，絕不貪權、攬權、弄權，就憑這一點，阿斗可扶，能扶，非扶不可！諸葛亮不信他扶不起阿斗，阿斗讓他扶，真心誠意地讓他扶，關鍵看他怎麼扶。

建興七年（西元 229 年），孫權稱帝，心中也打鼓，怕天下矢之，因此派使到成都，建議和蜀國互尊為帝，拉上劉禪一塊做皇帝。此乃大事，劉禪立即上朝，召眾大臣議此事。諸葛亮也站立在朝臣之中。不少大臣慷慨激昂，義正詞嚴。認為只有他們蜀國才是漢之正統，只有蜀君可稱皇帝，孫吳稱帝大逆不道，應立即與其斷交，號召天下群起而攻之。

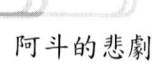

說得比唱得興奮，劉禪當然也願當天下唯一的皇帝。但是他並未激動得拍案而起，斷交、開戰、討伐孫吳！他要聽聽諸葛亮的意見。諸葛亮不愧是成熟的政治家，指出蜀之對手是曹魏。大敵當前，吳蜀友好，保持盟友關係，遠勝於現在爭論誰為正統更重要，也更現實。如果不顧國家利益，為正統之爭而出兵東吳，那時兩敗俱傷，曹魏得益，蜀國危矣！這步棋不能走。於是劉禪當朝定下，派大臣去東吳向孫權祝賀，吳蜀聯盟得到了進一步的鞏固。

這也是阿斗不傻的一面。

◆ 三

阿斗扶不起還在於他納城投降。

景耀六年（西元263年），魏發三路大軍攻蜀，這和姜維九伐中原不同，天時、地利、人和，魏俱占之，司馬昭是做了充分準備的，要一舉蕩平西蜀。

鄧艾發奇兵，偷渡陰平，攻占綿竹，諸葛亮的兒子、孫子全都血戰至死，但是也沒能擋住鄧艾的大軍，兵臨成都，劉禪面臨著降、還是戰的抉擇。

「阿斗論」的論據之一就是阿斗臨敵嚇壞了，根本不敢戰，親自投降，斷送了劉備及那一輩人血肉相搏打下的基業。當時成都尚有甲兵十萬，遠在劍閣的姜維還有大軍八萬，成都戰可戰，守可守，唯一不可的就是降。

其實非然。成都之兵雖眾，多年未戰，豈是鄧艾所率飽經戰鬥、從死亡線上拚殺過來的虎狼之師的對手？莫說成都的守軍，就是姜維所率的蜀

國的精銳又如何？連年的戰爭，戰損兵亡，「蜀中無大將，廖化作先鋒！」戰爭是殘酷的，戰爭就是拼實力，拼人力，拼資源，六出祁山，九伐中原，連年戰爭，連年征戰，為蜀國帶來什麼好處了嗎？國家未強反弱，人口未長反降，大將戰死的戰死，病老的病老，何況戰士？人民不需要軍閥混戰，人民需要和平、繁榮，希望過好日子。三國終歸統一是民之願也，亦是世之情也。

成都如戰，戰則必敗，城破國亡，人民遭受殺戮，生靈塗炭。指望姜維的援兵嗎？指望東吳發兵來救嗎？那還有什麼指望呢？指望守城的軍民的血肉之軀嗎？阿斗投降是理智的。即使成都一戰成膠著狀，魏之主力二路三路大軍隨後殺到，屍橫遍野是必然的。三國即將統一乃大勢，豈一小小阿斗能左右之？

最讓阿斗出名的是「樂不思蜀」。把阿斗描繪得形同豬，神同狗，讓人不齒，阿斗臭名遠揚，一千七百多年臭氣不退。

說阿斗被俘押至洛陽，被封為安樂公，賜住宅，月給用度，賜絹萬匹、僮婢百人。阿斗過得也安逸，也自在，也逍遙。

司馬昭何許人也？把阿斗玩於股掌之中不費吹灰之力，設宴款待阿斗。司馬昭令蜀人扮蜀樂，隨劉禪來降的蜀之故臣席間皆傷心垂淚，人非草木，孰能無情？再瞧後主，竟然又吃又喝又說又笑。司馬昭就問劉禪：「頗思蜀否？」劉禪隨口應道：「此間樂，不思蜀也。」

後面說得更讓人笑話這位蜀國後主了。真如此，莫說諸葛亮、姜維，恐怕誰也扶不起他？

須臾，劉禪起身更衣，他的舊部郤正緊跟下來，對他說：「陛下如何答應不思蜀也？倘彼再問，可讓而答曰：『先人墳墓，遠在蜀地，乃心西

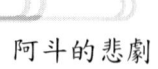

悲，無日不思。』」後主牢記入席。司馬昭又問：「頗思蜀否？」司馬昭一生陰險，貫用計謀，城府甚深，政治老道，他觀蜀後主劉禪一是甚不放心，二是觀其內心，也在總結經驗。一句同樣的話，前後問兩次，司馬昭又不結巴，其必有用心，甚至在殺與不殺阿斗之間掂量。亡國之君絕無好下場，早已為歷史所證明，其原因，怕亡國之君再復辟，人還在，心不死，不如殺其人、斷其根。司馬昭殺魏主曹髦都是彈指一揮間，何況廢主？司馬昭在考察劉禪。

　　劉禪真乃本色不變，以郤正交代的話回答，郤正交代他回答司馬昭問話時，一定要：「泣而答之。」哭要悲悲切切，郤正此人了不得，竟然能揣測出司馬昭還要再問一次，政治場上的高手。但是此時劉禪既可笑，又可悲，恍惚之間也生出幾分可恨，他竟然擠不出一滴眼淚，「遂閉其目」。司馬昭很可能在問完話以後，二目大睜，盯著劉禪，看其表現。然後徐徐說道：「何乃似郤正語耶？」後主睜開雙目，驚訝之色滿臉，眾人皆見說了一句大實話：「誠如尊命。」如此事是真的，不是羅貫中編造，很可能這四個字救了劉禪一命。

　　不讓劉禪這麼說，那劉禪該說什麼？慷慨激昂，熱血沸騰，痛說家史，總結教訓，抑或表白決心，表述情感，要求回蜀，再有作為。在他之後，亡國之君南唐後主李煜不過就寫了一首《虞美人》，便被宋太宗服下一種名為「牽機藥」的劇毒毒藥，叫李煜死都不得好死。

　　事以至此，劉禪無罪。歷史上的真實有誰能知曉？幾百多年前的明清宮闈之事已然戲說紛紛真假難辨，何況一千七百多年前的一問一答？

　　曹丕逼曹植殿下七步成詩已老幼皆知。我上小學時課本上就有這一段，且有插圖。但是我最近讀史，有專家考證，此詩為假，子虛烏有！

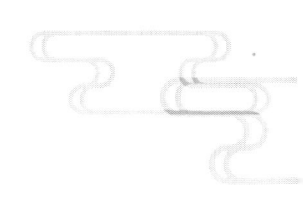

劉禪酒席宴上對答司馬昭一問一答記載得如此詳細，真偽亦難辨。但是阿斗似有冤情。

寫史不能添其譽，亦不能增其毀。

阿斗的悲劇

「龍種」不如「跳蚤」

◆ 一

　　中國歷史上第一位布衣皇帝是漢高祖劉邦，劉邦靠造反起家，從一個平民百姓當上皇帝。他當上皇帝以後第一項任務就是編造自己絕非凡人俗胎，更非流氓地痞，他乃真龍天子，他娘生他時就有神附體，與龍交媾，才生出「龍種」，育成真龍天子。司馬遷在《史記》中活靈活現地描述了劉邦這條真龍的來歷。他們是讓全天下的人、讓世世代代的人都相信，都認命，皇帝乃真龍天子，真龍下凡，是天之命也，概天下皆應順天應命，皇天后土只有一條龍，它的名字叫皇帝，其餘芸芸眾生切莫想入非非。

　　龍的傳人不是中國人的統稱。在漢統一中國之前，龍只不過是人想像中的一種「假託」，上天入地，呼風喚雨，騰雲駕霧，它是遠古巫術的一種「變法」，是巫師託夢，夢出來的一種做巫手段。沒有人自喻或喻託為龍的傳人，它就是一種巫術的圖騰。連天下一帝的秦始皇也從未自喻是龍。秦始皇說我是皇帝，傳之萬世。他的皇位不可動搖。他沒有必要把自己託生成世上本無此物，民間不見經傳的一種假想物。

　　劉邦不凡，堪稱偉大。自他以後，龍被皇室獨霸，皇帝天子，必然真龍。龍「播種」的自然是龍種。

　　有「文景之治」之稱的漢景帝劉啟是漢文帝劉恆的兒子，是最早稱自己為真龍天子的劉邦的嫡孫。純種的龍的傳人，真正的龍種。漢景帝一共

「龍種」不如「跳蚤」

「播種」下十三個「龍種」，不包括他所生的二十幾個公主。這十三位龍子都封為王，都有登基升龍的可能。

江都易王劉非，乃漢武帝劉徹同父異母之兄弟，自恃龍子，驕橫霸道，不可一世。他養下的「龍種」絕非善類，堪稱不齒於人類。其「龍種」劉建是十足的混世魔王，當他還在江都屬國跟其父易王劉非做諸侯王之世，太子是儲君時，邯鄲有人獻其父易王劉非一美女，劉建知之，聞其女美貌如天仙，急不可耐，急往查驗，果然漂亮，這小子竟然敢「搶」他爹的「行」。有人進言，易王之妃乃太子之母，輩不能亂。劉建根本無視人倫，據為己有，留己享用。劉非一死，更無法無天。他在為父親服喪期間，竟然把自己寵愛的十個美女叫到服喪的廬舍，晝夜洹淫，與她們群宿群姦，根本不管其父的靈柩就停在大堂內，美女淫蕩的歡笑聲和劉建放縱的歡笑聲把冷清的靈堂攪得烏煙瘴氣。當他的同父異母的親妹妹前來為父親弔喪時，身著重孝的劉建竟然就在靈堂前逼迫自己的妹妹與他通姦。劉建這位「龍種」還迫不及待地把他早就看上的他爹的寵妃淖姬連夜接到守靈的殿堂中，和淖姬顛鸞倒鳳，瘋狂無度。這位「龍種」，尋歡作樂，甚至不擇手段，他叫四位弱女子在水中掙扎以此取樂。如有宮女冒犯了他，令他不高興，他就令她脫得一絲不掛爬到樹上晒，有的宮女竟達三十多天不叫穿衣服。這傢伙邪火上來以後，想盡辦法折磨宮中的女人，有時竟然放出他養的大狼狗將宮女活活咬死，還逼著其他宮女圍觀叫好。更可恨的是，這位易王還慘無人道地讓人把宮女的衣服扒光，捆住手腳，強令和禽獸交配。這麼個連跳蚤都不如的畜性，還覺得當易王不滿足，當「龍種」不是龍，淮南王叛亂時他立即參加叛亂，想把皇帝拱下來，覺得自己有龍附體，妄想當真龍天子。

還有一位漢景帝的「龍種」，被封為膠西王的劉端，凶狠殘暴，肆無忌憚，看見誰不順眼，不需要半點理由，就推出去斬了。就是這個劉端，

患有陽痿病,沒有能力卻夜夜要女人,夜夜換女人,殘暴虐待女人。這傢伙心狠手辣。他非常寵愛一個年輕的郎官,眉清目秀的「小白臉」,這傢伙還有「孌男」之好。但不久就發現,這位漂亮的「小白臉」另有隱情,藉著自由出入劉端後宮之便,和其後宮的嬪妃「暗通款曲」。這位膠西王大怒,正戳在他的痛處,他把後宮的嬪妃嚴處了,雖然史料上查不出這傢伙是怎麼嚴處嬪妃的,但是可以斷定他絕不會讓那些被他活活囚禁在後宮,毫無生機亦毫無希望的女人們好死的。他不但把那位未留下姓名的郎官殘酷地弄死了,而且殺了他的家人。

這傢伙的狠毒還表現在對待中央朝廷派到膠西王封地的「朝官」,不是攆走,就是弄死。攆走的辦法是組織一個「寫作、告狀團隊」,捏造罪名,向朝廷詆毀誣陷他們,又設下一個又一個圈套,挖坑陷害。如果還不能得逞,就親自下手,用陰謀詭計下毒毒死他們。到膠西王封地的中央官員竟無一有好下場。

和膠西王劉端是同父異母親兄弟的趙王劉彭祖,不愧為一個龍下的種,其陰險程度不亞於劉端,橫行霸道,為所欲為,無法無天。把中央朝廷派到他封地做官的中央官員不是折騰得雞飛狗跳,揹著一身髒名、惡名滾蛋,就是找個理由活活害死。這傢伙放縱情慾,淫亂無度,縱情揮霍,後宮擁有很多姬妾,仍然下令徵召美女,肆意播種「龍種」。這位趙王為此還不惜辛苦,經常半夜夜闖民宅官府,悄悄摸到商家客棧,一是敲詐勒索,更重要的是「採花尋美」。後來他的爵位封號被削,還不是因為他胡作非為,而是「龍種」犯事,兒子株連到老子。原來,劉彭祖的太子名丹,做得比他爹還賴、還壞、還出格,姦淫婦女無數不說,擁有妻妾成群不說,這位「龍太子」、「龍種」竟然和自己的女兒、親姐姐通姦,鬧得滿城風雨,被告發到朝廷,事發被免。「真乃老子英雄兒好漢」,龍生龍也。

「龍種」不如「跳蚤」

◆ 二

　　拿劉邦的龍子龍孫說事，是因為劉邦是中國歷史上的第一條「龍」，龍自劉邦始，真龍天子自劉邦始。

　　劉邦的親孫子劉武，即歷史上著名的「文景之治」漢文帝劉恆的兒子，也是漢景帝劉啟的同胞兄弟。史料上沒有記載劉武好色寵美的豔事，但是卻記錄下這位被封為梁孝王的財產富可敵國。劉武是摟錢的高手，搜刮民財的「龍種」，到他死時，家中尚存「黃金」四十多萬斤，隨他下葬的金銀財寶無數，其中劉武死時還穿著一件世間珍寶──金縷玉衣。到東漢末年，曹操親自掛帥，設盜墓官為「發丘中郎將」，盜挖劉武的墓。史書上記載，所盜財寶養活曹操大軍三年。

　　劉邦建立的西漢王朝到漢元帝時已然是日薄西山，氣息奄奄。漢元帝不是一般的「龍種」，他是孵化出來的「龍種」，是變成天子的真龍。

　　這個「龍種」當真龍皇帝十六年，四十四歲撒手世界，一生可配上四個字──驕奢淫逸。

　　這位真龍天子在諸多真龍中，好色不是最突出的，但選美的招數卻是獨一無二的。漢元帝劉奭令人修一大水池，池中間有一玉馬，池中放滿水，他和眾美女共同洗浴，洗浴中間，劉奭即出一令，看池中赤裸美女誰能爬上玉馬，並騎在上面，他便同這位獨立騎玉馬者相配。於是眾裸女紛紛擁向玉馬，你爭我搶，醜態百出，元帝大喜。這傢伙真能獨出心裁。漢元帝在政治上渾渾噩噩，在治國安民上更是一事無成，也不想成事，他把心事本事都用在選美上，這是這條龍的真本事。

　　因為後宮嬪妃美人太多了，這位皇上又生出一個歪點子，讓畫家把後

宮的美人畫下來，讓他挑選。劉奭不愧是「龍種」出身，不同於後世的晉武帝司馬炎，司馬炎是坐著羊車走，由羊拉到哪兒他就「寵幸」到哪兒，後宮美女的命運由幾隻駕羊車的羊決定。於是晉武帝後宮的美女才想出在宅院前栽上翠竹，撒上細鹽，引導羊兒們去她家。漢元帝的辦法使後宮美女滋想出許多對策，其中之一就是後宮的美女為使畫師把自己畫得更美更漂亮，就向毛延壽那位御用畫師行賄。漢元帝選美的辦法，成就了中國歷史上四大美人之一，即王昭君。

　　王昭君叫王嬙，雖然十分美貌，出眾的漂亮，但是因為她拒絕向毛延壽行賄送禮，毛延壽就把她畫醜了，漢元帝根本看不上眼。因此她獨居後宮數年，連漢元帝的面都沒見過，形同坐牢。當時，漢元帝繼續奉行與匈奴的和親政策。要從後宮選一位美女作為漢元帝的公主，封昭君，遠嫁匈奴的呼韓邪單于。王嬙為改變人生，就堅決要求准許她嫁到匈奴去。時間是在西元前33年，那時的匈奴處在一片荒涼寒苦之地，交通不便，往來一趟要行數十天甚至一年半載。不但生活艱苦，習俗不同，且語言不通，但是王嬙堅決要去，她不願意把自己的青春乃至一生都「活葬」在後宮這個「天井」中。可笑的是漢元帝這位真龍天子，當王昭君打扮好，作為漢王朝的公主準備啟程上路時，與漢元帝告別一幕亦是載入中國戲劇中的一幕：漢元帝被眼前這位傾國傾城、沉魚落雁之貌的美人驚呆了。史書中有十六個字描述王昭君：「半容靚飾，光明漢宮，顧影徘徊，竦動左右。」、「帝見大驚，意欲留之，然難於失信，逆與匈奴。」一怒之下，漢元帝把氣都撒在毛延壽身上，斬了毛延壽。

　　漢元帝一生一事無成，只是他的選美制度成就了王昭君，西漢時男封侯，女封君，王嬙被封為昭君，她還肩負著民族和睦的大任。昭君出塞，讓邊境人民安居樂業，幾十年不再有戰爭。史書有證：「是時邊城晏閉，

「龍種」不如「跳蚤」

牛羊布野，三世無犬吠之警，黎庶亡干戈之役。」

昭君出塞為後世留下多少詩篇、圖畫、戲劇、傳說、精神，誰還記得那條龍？

劉驁是劉奭之子，百分之百的純種「龍種」，實踐證明不過是隻跳蚤，一隻蹦不多高的瘸跳蚤。劉驁是「龍種」，他完全承襲了「前龍」體內超強分泌的荷爾蒙，這位漢成帝十九歲即以太子嗣位，在位二十七年，竟然更換了八個年號，在西漢皇帝中僅次於漢武帝（漢武帝劉徹更換了十一個年號）。

漢成帝登上九五之尊的龍椅，什麼家事、國事、天下事，他是一點熱心皆無；他只關心美人、嬪妃、房中術；漢成帝對女色樂而不疲，對美人的癡心追逐和好色的程度也是西漢十四個皇帝中出類拔萃的。這傢伙首先創造了「龍馬精神」，每夜必和十二個美女同宿，想必那床是中國歷史上最大的床。漢成帝好色幾乎和三十八年後的王莽篡位一樣，路人皆知。知兒莫如其母，劉驁之母王政君四處收羅美女，送入宮中。上有所好，下必甚焉，四方進貢首要的是美女，官員的一項重要職責是選美。漢成帝正值青壯年，花心苗壯，即使周圍已有數不清的美女侍奉，他仍然不滿足，常常微服出行，四處尋歡作樂，尋鶯看柳。有一次漢成帝又是微服出巡，尋「野花野鶯」，路經阿陽公主家，竟然在酒後發現一位絕色天仙，這位歌妓叫趙飛燕，不但長得沉魚落雁、羞花閉月，而且舞姿絕美，輕盈優雅，如燕輕舞。漢成帝大喜，自喻微訪得玉，功夫不負有心人。三千寵愛在一身。當他又微訪到趙飛燕還有一妹妹趙合德時，立即召進宮來，漢成帝果然厲害。趙家的這個妹妹，比姐姐更上一層樓，史書上記載趙家妹妹之美只用了九個字，「左右見之，皆嘖嘖嗟賞」。左右皆見過美色千百之人，見之竟然情不自禁地讚賞，情不自禁地嘖嘖有聲，只見一面就征服了左右。

趙家姐妹徹底把漢成帝攬在了手心中，漢成帝徹底拜服在趙合德的石榴裙下。漢成帝是個「閱盡人間春色」的「花蜂」，能甘拜其下，足見趙家姐妹的招數。

那些後宮的陰謀詭計也波雲詭譎，趙家姐妹也興風起浪，核心是盡快為漢成帝生個「龍種」，以便名正言順地當皇后。但事與願違，漢成帝夜夜和趙家姐妹相寢卻不見龍種，時不時和其他美女「見縫插針」卻「無心插柳柳成蔭」，常有美女懷上「龍種」，又被趙家姐妹害死。民間稱之「燕啄皇孫」。為了早有「龍種」，趙合德將一種從術士手中找來的叫「慎恤膠」的壯陽性藥，數倍劑量讓漢成帝服下，一夜的狂交熱戀瘋狂之極，沒想到第二天早上，漢成帝下床，突然全身麻痺，隨即暴亡。這倒成全了漢成帝不愛江山不愛「龍體」，只愛美人獻身美人的「美名」。漢成帝真是個一個真龍天子也，創下一個「龍種」的第一，他是中國皇帝中唯一一位食性藥為愛美女而暴死床前的真龍天子。

三十八年後，王莽篡政，改立新政，殺了西漢小皇帝劉嬰，自己當皇帝。

王莽不愧是思想家、改革家，他知道自己就是一個皇帝的外戚，不是什麼真龍，充其量就是一隻蜥蜴、四腳蛇、變色龍；也不是什麼「龍種」，「龍種」是劉嬰，讓他親手滅了；他不過就是一個「雜種」。因此，王莽實事求是，遍查史料，他從來沒說自己是龍、龍種、龍的傳人。

◆ 三

遍查劉邦、劉秀東西兩漢的龍子龍孫，龍種和龍的傳人，不過是些跳蚤、臭蟲、蟑螂，即便如此，也並非劉邦的龍種皆如此，其他龍種皆真龍，非也！須治六年（西元 1644 年），滿清入關，在北京建立清王朝。這

「龍種」不如「跳蚤」

時在江南的明朝尚有半壁江山，以馬士英為首的宦官官僚集團，擁立萬曆皇帝的嫡孫，龍種福王朱由崧當皇帝，年號弘光。這位明太祖皇帝朱元璋的「龍種」也邪惡得出奇。朱由崧這傢伙一從龍種蛻變成真龍，就立刻開始享受龍的生活，哪管清兵大軍壓境、百姓民不聊生、朝內矛盾迭生、軍隊潛伏危機，這個龍種大興土木，大蓋宮殿，大修園林，公開標價，鬻爵成風。這位弘光皇帝留在皇帝史上的一頁是「蛤蟆天子」。朱由崧不愛國、不愛民、不愛朝野，只貪愛美女，他治國的所有政策幾乎都是圍繞著收羅美女出發，各級官員都為皇帝「梨園子弟」發愁、忙碌、工作。順治二年（西元1645年），農曆大年三十時，此時正值清軍進攻宿縣，史可法死守揚州，在前線浴血苦戰之時，朱由崧突然召開殿前會議，召群臣集聚，大臣還以為皇帝定有驅滿定邦之策，誰知道朱由崧卻說，都什麼時候，我哪有心考慮那些事，我現在主要考慮的是梨園子弟沒有一個美貌如仙的，你們要廣選良家美女，越多越好。這位弘光皇帝親自下令官民四下捉蛤蟆，用蛤蟆精配製房中性藥。白天捉蛤蟆，黑夜挑燈也要捉蛤蟆，「蛤蟆天子」應聲而出。最可惡的是這傢伙專事玩弄少女，姦淫少女，致使皇宮中每晚常常傳出少女悽慘的呼喊聲，讓人毛骨悚然，每天早晨都有太監把被姦淫致死的少女抬出皇宮。就是這麼一條惡龍，不被斬為兩截豈有他哉？「龍種」不如跳蚤。

如果說朱由崧還僅僅是隻瘋「龍種」的話，明朝十六個皇帝中，第十個皇帝朱厚照當為真正的，百分之百的純龍種！因為朱厚照不但是明孝宗朱祐堂的親生長子，而且是正宮皇后娘娘親生的，朱厚照從生下那天起，宮裡宮外，朝上朝下都認準他是明孝宗的傳人，「龍種」。

這位「龍種」尚在未成龍變天子時就為所欲為、胡作非為，雖然是「龍種」，但是舉國上下沒人不把他當真龍天子看待。這傢伙從小就「野」，愛

玩貪玩，常常玩出格，騎馬、角抵、蹴鞠、博戲幾乎樣樣精通。這個「龍種」還經常竄出皇宮，不論大臣百姓家，踏訪美女，經常出入妓院歌欄，吃喝嫖賭樣樣俱全。他當太子時酒量就大得出奇，豪飲數升酒不醉，他不喝醉就不讓周圍陪酒的人散席，常常一席一堂人都喝得痛苦得當場嘔吐翻滾，只有他還坐在席上繼續斟酒狂飲。這傢伙當上皇帝以後，不但培養和造就了一位中國歷史上臭名昭彰的大太監劉瑾，而且做皇帝也是為所欲為。這傢伙有後宮宮殿，有皇后嬪妃，但是他卻從不喜歡住在皇宮裡，從來不正眼看她們，更不要說是寵愛了。他喜歡打「野食」，熱衷於妓女、歌妓、舞女、寡婦、尼姑、有夫之婦，甚至喜歡懷孕的女子。鬧到最後，武宗皇帝索性另起爐灶，在皇宮外蓋起了所謂「豹房」。原來這位明武宗最追求「自由」，最喜歡「特別」，最不喜歡有人看管監督，我行我素。他躲到「豹房」算是進了安樂窩，周圍皆阿諛奉承，專門思索他心事的一大群宦官和佞幸小人，變著法地讓他興奮，整天花天酒地、縱情淫樂。樂不思宮，樂不思政，樂不思國，更不思民。他周圍的太監、佞臣就想方設法滿足他的慾望，他們蒐羅來十六個色目女子，即現在中亞、西亞一帶的少數民族女子放在「豹房」，這些女子皆能歌善舞，又都訓練得深通房中術，嬌媚有方，讓明武宗失魂落魄，忘乎所以，樂不思宮。

　　明武宗皇帝是中國歷朝歷代皇帝中玩得最出格的皇帝之一。這位純「龍種」出身的真龍天子，常常棄「龍袍」、「龍椅」、「龍殿」而不顧，著便衣，輕裝簡從，銷聲匿跡，夜出京城。弄得滿朝官員群龍失首，找不見皇帝，急得似熱鍋上的螞蟻。明武宗倒快活，他帶著太監佞臣十數人一跑就出昌平，過居庸關，走壩上，抵宣府。明武宗在宣府周遊於市井之中，遊玩於山水之間，忘情忘我。這位明武宗精力充沛，折騰不垮，白天狂玩、海喝、亂竄、神遊，到晚上精神頭更大，看見高門大宅必闖入其中，見其

「龍種」不如「跳蚤」

妻女漂亮，就在人家奸宿群宿。看見好東西即一掃而蕩，鬧得當地雞犬不寧。史書上記載，「每夜行見高屋大房即馳入，或索飲或取婦女」，「凡車駕所至，近侍先掠良家女以充幸御，至數十車」。朱厚照還親進尼姑庵，選漂亮尼姑納入帳下，進歌妓館選美，終於發現一位劉姓女子讓這位皇帝眼前一亮，即攬入懷中，再也不放手。經查，此劉女為人妻，不宜選入皇宮，朱厚照不論資歷地位婚否，且深愛之。有一次率軍出征時，行軍途中，不慎將劉美人送給他的一件作信物的玉簪丟失，這位皇帝立即下令，停止行軍，打什麼仗？全軍上下集體低頭沿來路往回走，數萬大軍像丟魂一樣都盯著路面草叢找那劉美人的信物。沒有信物劉美人不隨行到兵營見皇帝。朱厚照豈止「龍種」，真「情種」也，念美思美之心不可擋，竟然棄三軍於不顧，置戰爭生死於腦後，星夜狂奔回京城取美。厚照真敢愛敢為也！

北方玩膩了，一群宦官弄權的佞臣又慫恿他下江南「撒野」去。這下正中明武宗下懷，但是朝廷集體反對，竟有一百多位朝臣聯名上書反對，朱厚照大怒，竟然把那一百多位聯名反對的大臣集體趕到午門外罰跪，其罰跪的地方正是四百四十六年後午門外擺攤照相的留影點。這是史無前例的，一百多位朝臣，齊刷刷地跪了一片，而且一跪就是五天，這仍不解朱厚照心中之怨氣，吾乃皇帝，誰敢阻吾？無論老臣病夫，一概午門外處以杖刑，當場就打死十一位大臣，被打半死拖回去致死致殘的有數十人。朱厚照真是條惡龍，黑白不辨，忠惡不分。

朱厚照這個皇帝是位神奇天子。每每喝大酒後，一是和美女博，此尚在情理中，「朕無所好，獨愛美人」。另一個是常人匪所思也，搏虎，和老虎玩命，赤手空拳打猛虎，在中國歷朝歷代中這麼勇敢玩命的皇帝只此一位。

朱厚照這條真龍，時時出沒於雲天之上，藏頭匿尾。他經常把自己封

為統兵大將軍，發號施令，讓朝廷上下皆昏，不知何來指令。他帶兵出征邊境，向朝廷發旨意，卻以「總督軍務威武大將軍總兵官朱壽」的名義下達，搞得滿朝文武皆大傻，遍查文臣武將，卻無此人。是朱皇帝隨心所欲自封一個武將的頭銜。朱厚照玩的是「隱龍」。

朱厚照喜武，是其性格的一面，說起排兵布陣來興奮大增，常在宮內宮外演練，玩得興致勃勃，邊疆偶有戰事，常要御駕親征。有一次在和蒙右韃靼騎兵作戰中，這位「龍爺」竟然躍馬揮刀，在陣前衝鋒，甚至出現了「乘輿幾陷」的危急情況，但是朱厚照並不害怕，反而刺激得精神大振，親冒矢雨，親自督戰，親自衝鋒，親手殺敵。據他自己說：「朕曾親斬虜首一名！」雖然那場戰鬥僅斬敵首十六個，而明朝大軍卻死五十二人，重傷五百六十三人。但是朱厚照敢上戰場敢殺敵玩命，也不簡單。

最可悲的是朱厚照之死。這位皇帝自幼聰明，聰明的程度是無師自通。他為了迎接勝利之師，實際上就是歡迎自己，就給百官和歡迎的人群發了財帛，他不以皇帝自居，要以大將軍身分得勝回朝，因此儀式就不能像迎天子一樣，結果是彩排成類似數百年後的「團體操」，朱皇帝也有創新。

他愛玩又喜曲，自己創作，自己排演，樂隊陣容數百人，是大型「交響樂」的陣容，演奏得也是排山倒海一般。朱厚照還會駕鷹騎射，是位很不錯的獵手。他還會駕船搖櫓，撒網捕魚，且不要別人幫忙，更不是作秀。最後一次在淮安的清江浦時，武宗又突發興趣，獨自駕舟捕魚，結果船翻落水，左右見之，竟然高呼：「萬歲龍也！龍狎水！」

武宗得於龍，死於龍。在位十六年，三十一歲溺水受驚寒而死，「臨幸」女子何止千百，但竟然無遺一「龍種」，無嗣也。無兒無女，在明朝十六個皇帝中，他屬「孤龍」。

「龍種」不如「跳蚤」

◆ 四

明神宗朱翊鈞，按輩數當為武宗朱厚照的孫子。也是正宗的「龍種」蛻化成條懶龍、怪龍。他如何奢侈淫逸，如何荷爾蒙發作，後宮數以千計的美女如何邀寵爭幸不談，史書上說這位「龍」：「每夕必飲，每飲必醉，每醉必怒。左右一言稍違，輒斃杖下。」

現僅言神宗的腐朽昏庸。這傢伙每日豪餐，日漸發福，肚子大得幾乎墜地。無奈每欲行動，必有兩太監在前面替他捧著肚子。這傢伙在位四十八年，前期是張居正主政，等到他長大以後，主持二十多年愣生生泡在後宮不出朝不露面，不批奏章，不發聖旨。他既不管朝，更不問政，亦不理事，只論吃喝玩樂。這位皇帝也創下「真龍天子」之最。萬曆時期內閣大臣沈一貫輔政數十年，只見過神宗皇帝一面，真乃真龍，不露真容。朝中六卿及全國府州縣的朝廷命官，竟然聽任自生自滅，補員的奏章如泥牛入海，沒人敢管，沒人能管。按明朝官制，給事中應有五十多位，御史應有一百多位，其他朝代都是超員提拔，超額配備，官多如蜂，但是萬曆年間，由於皇帝不批示，不點頭，不朝見，不露面，到萬曆四十年（西元1612年），六卿只剩趙煥一人，戶部、禮部、工部只剩侍郎一人，甚至內閣也只有方從哲一人。各級「團隊」已不成其為「團隊」。

明朝這個朝代挺怪，出了這麼多「怪龍」，出了那麼多其實不如跳蚤的「龍種」，但是江山依舊，沒有看見像五代十國時期的軍閥權臣，動不動就改朝換代，自立為皇帝，自己當天子。究其原因，很重要的一條就是對「龍」、「龍種」、「皇權意識」的宣傳貫徹。皇帝皆「龍種」所變，「龍種」孵化以後就是「真龍」，「真龍」神聖不可侵犯。至明朝「龍」被徹徹底底地、完完全全地神話了，在人民乃至民族心理上、精神上已經被牢牢地

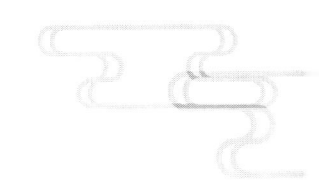

築起了神壇，皇帝就是瘸子、瞎子、瘋子、傻子，再凶、再壞、再花、再混，那也是龍種、真龍，不是凡夫俗子，想一想他們的不好都是越軌大逆不道。沒有人去懷疑龍種是不是跳蚤、臭蟲、蟑螂。直到陝北出了個李自成，這個亡命驛卒，不信「龍種」說，堅信造反有理。即使他舉起闖王大旗，他當時充其量也就是一個「土鱉」，但是這個「土鱉」卻殺龍屠種，終於拱倒了真龍天子，拱倒了大明二百七十六年的江山。李自成的「土鱉」哲學即鬥爭哲學，也告訴歷史，告訴後人，千萬別迷信什麼龍，什麼龍種，此地無龍，只有跳蚤焉有龍種？莫相信什麼龍有傳人。

後記：一億年前，世界正處於侏儸紀時代，那個世界上有真龍，是恐龍。侏羅紀時代正是恐龍時代。侏羅紀時代也已經有了跳蚤，小小的跳蚤，針尖那麼大，恐龍非低下頭自己慢瞧才看見那些小得像灰塵一樣的小東西。恐龍傲慢地說：「我一腳就能踩死一萬隻跳蚤！」跳蚤卑謙地說：「何止一萬只？恐怕十萬隻也不止。」恐龍說：「那你們還活著做什麼？滅亡了吧！」跳蚤十分自豪且自信地說：「一億年之後，恐怕只有跳蚤不見恐龍！」誰也沒想到，跳蚤之言竟然成了偉大的預言，六千五百萬年前，當最後一隻恐龍痛苦地閉上眼睛時，跳蚤勇敢地從它屍體上跳下來，驕傲地向恐龍宣布：跳蚤活得很自在，它的種類已經有一千多種。它的後代極其偶然地看到了的是一顆顆「龍種」，恐龍蛋的化石……

當然，現在這個世界上還有真龍，活著的真龍，科莫多龍。但有哪位中國人會認為它是龍呢？那就是一隻碩大無比的、極其醜陋的、極其凶殘的、靠吃腐肉為生的大蜥蜴，其實那才是「真龍」。

「龍種」不如「跳蚤」

「金盆狗屎」皇帝

◆ 一

何謂「金盆狗屎」？

大明王朝開國元勳，被封為魏國公的徐達，一生戎馬，半世征戰，南征北伐，攻無不克，戰無不勝，沒有徐達，朱元璋的帝國夢尚在半殘半圓之中。徐達死後，朱元璋當眾痛哭過，下詔書追封徐達為中山王，諡號「武寧」，贈其三代皆封王爵，賜葬於鐘山之北，朱皇帝還親撰徐達的碑文，讚其為「開國功臣第一」。

徐達的後代可謂掉進「蜜罐罐」，香車寶馬，輕裘美姬，琴棋書畫，天上人間。活脫脫世間神仙。

明亡爵盡，家產籍沒，落得「白茫茫大地真乾淨」。徐清君，徐達之嫡系子孫，掃地出門後，與丐傭為伍，與豬狗爭食，讓人不齒，譏諷為「狗屎」。他最終為自己尋覓到一個有飯吃的職業，「代人受杖」。別人打官司被判打多少板子，他去頂上，趴在當堂，褪下褲子，按挨多少板子結帳。此為「金盆狗屎」。

辛稼軒的〈京口北固亭懷古〉簡直就是一幅歷史長卷，其厚重如「牛腰」。「千古江山，英雄無覓，孫仲謀處。舞榭歌臺，風流總被雨打風吹去。斜陽草樹，尋常巷陌，人道寄奴曾住。想當年，金戈鐵馬，氣吞萬里如虎。」

「金盆狗屎」皇帝

寄奴當年何曾了得？統帥千軍萬馬，馳騁大江南北，指點江山，縱橫歷史。辛棄疾敬佩過誰？唯獨寄奴，仰天長嘯，不敬不恭不行，人家寄奴「氣吞萬里如虎！」但寄奴「金盆」之前，也就是一個土盆泥罐。

寄奴，實為劉宋開國皇帝劉裕之小名、草名。其實寄奴說名不是名，指無名為名，還不如一個土罐，它的意思就是寄養在人家的一個小孩，不是奴，又似奴，生的可憐，活得悽慘。其家貧如洗，缺慈少愛，飢一頓飽一頓。苦難的寄奴，實不如一隻小狗小貓。劉裕這個官名何時起的，史料中似無準確記載。但是寄奴當年無需大名。

寄奴赤條條來，活得艱辛困苦，和那些「生於後宮之內，長於婦人之手」的公子王孫相比，寄奴命硬，從小就不懼天地、不懼生死，敢豁出去，敢拚敢打。生命在寄奴眼中，不如一桌大魚大肉，為飽食一頓，他敢賭上生命，天下誰敢？在小小的寄奴眼中，生命就如一枚賭碼，他輕輕一擲就敢壓在生死門上。

如果在太平世道，寄奴這輩子掀不起三尺浪，鹹魚難翻身，充其量在當地做一個地頭蛇，混吃混喝，改邪歸正得快，說不定能混上個類似劉邦發跡之前的「亭長」做做。但其做順民的可能性不大，他不是盞省油的燈。

但是寄奴趕上他的「好時代」了，他正趕上東晉末年軍閥混戰，社會動盪、盜賊蜂起、民不聊生。東晉王朝內憂外患，危機四伏，各種政治軍事勢力都蠢蠢欲動。寄奴不想再做奴，他要做虎，虎嘯山林的百獸之王。那時候他窮小子一個，徹底的無產階級，改變他生命軌跡的源頭就是投軍當兵，寄奴當兵打仗上陣殺敵玩命是好棒。

晉安帝隆安三年（西元 399 年），東晉出了一隊造反大軍，其勢不可擋，一呼百應，幾乎縱橫江南數省，連克八郡，幾成燎原之勢。這股反民

皆出自信奉「五斗米道」的信徒。其情勢有如東漢末年黃巾軍起義信奉的「太平教」一般。東晉朝廷沒想到，這些被宗教武裝起來的饑民、流民幾乎在十幾天內竟然遍布全國，且具有一定的戰鬥力，極大的破壞力、摧毀力。凡被攻陷的城池、郡縣，不但當場大卸八塊俘虜的官吏，而且當眾用小耳朵煮屍，然後逼不信奉「五斗米道」的人吃掉。這股造反大軍手段殘忍，無所不用，讓人膽寒。東晉的軍隊雖然裝備占優勢，但和這群死都不怕的宗教造反信徒相拚，十仗九敗，東晉王朝處於風雨飄搖的困境中。

對於寄奴來說，真乃天賜良機。由於戰鬥頻繁殘酷，每打一仗，活下來的人都有所提拔任用。寄奴敢拚敢打，野性十足，兩軍陣前從不退縮，從不畏懼，很快被提升為軍官。此時寄奴再無人敢叫，大名劉裕不呼自出。劉裕當了劉宋王朝的皇帝以後，有後人寫史，硬要考證劉裕乃漢高祖劉邦的兄弟劉交之後，當皇帝是其命中注定。佞人無恥，劉裕會說，老子當寄奴時為何不來認親？

劉裕絕非「金盆」出身，乃道地瓦罐土盆也。他的功名是靠一刀一槍拚出來的，是拿性命賭出來的。

有一次，劉裕僅率十餘眾與數千「五斗米道」的武裝部隊遭遇。誰都沒想到，劉裕竟然絲毫不猶豫，就帶領他那幾十個部署出其不意地向叛軍突襲。刀光劍影，血濺四方，很快劉裕全軍覆滅，幾十個人皆被人家砍殺得支離破碎。劉裕也被刀槍逼殺到一處斷崖之下，但是劉裕並不絕望，更不氣餒，指東殺西，吼聲如雷。數千之眾焉怕一人乎？於是更多人擁上，跳下崖頭要剁碎劉裕。沒想到劉裕毫不害怕，勇力無窮，凡躍下斷崖者非死即傷。劉裕在重重包圍下，竟然殺得興起，孤身一人，大叫數聲，挺槍揮刀躍上崖頭，槍挑刀劈力殺百餘人，渾身濺滿鮮血，滿身滿臉的人血更激起他殺敵的狂熱，嚇得數千造反信徒鬨然而撤，以一人對數千人，且把

「金盆狗屎」皇帝

數千人殺敗，中國歷史上絕無僅有，劉裕真「氣吞萬里如虎」。

這股遍及東晉的造反信徒歷經數年才被徹底鎮壓下去，劉裕也因此由「土盆」變成「金盆」了，他已然是坐鎮一方的軍事統帥。

劉裕不糊塗，他不像一般軍閥一旦得勢便腐敗。劉裕虎也，他一方面對東晉虎視眈眈，對掌握天下的幾大集團時時保持警惕；另一方面，又積極擴充實力，整備軍事。他清楚，金戈鐵馬，叱吒風雲的日子還在後頭。

桓玄終於按捺不住，跳到了歷史舞臺的前臺。他似乎無所顧忌，他瞧不起在他身後看似默默無聞、老實本份的劉裕。這位弄權東晉的桓玄，逼著東晉朝廷封他相國、總百揆，封十郡，為楚王，加九錫，劍履上殿，入朝不趨，贊拜不名。夠猖狂的。

如巨石下山，桓玄當皇帝是沒人能擋得了了，這傢伙登基為帝樂得喜自心來，沒想到剛剛一坐上皇帝的龍椅，龍椅竟然散垮，朝臣皆倉皇驚愕。他手下的佞臣確有才氣，忙說：「陛下聖德深厚，地不能載也。」

桓玄終於篡權奪位，當上了皇帝。但他太不拿那個寄奴當一回事了，劉裕不再是寄奴。桓玄還不如他老婆，桓玄的皇后劉氏就不止一次地對他說：「劉裕龍行虎步，視瞻不凡，恐終不為人臣，不如早除之。」桓玄不聽。

劉裕手下雖然僅有數千人馬，但是他看準了桓玄根基不穩，內部矛盾百出，滅東晉自立為皇帝後不得人心，文武不服，郡府不服。劉裕當機立斷，起兵討伐桓玄。

劉裕打仗是把好手，也是把狠手。桓玄的軍隊雖然人數眾多，裝備優良，但是兵無鬥志，將無勇氣，被劉裕打得落花流水，桓玄兵敗被殺，皇帝一夢未醒，全家人頭落地。東晉王室恢復，劉裕幾乎已成復辟第一功

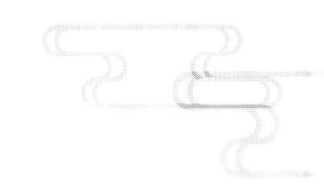

臣。軍事政治勢力急遽膨脹，儼然是東晉重臣，從皇帝到大臣，再也沒人敢小看寄奴了。

劉裕深知帶兵南征北戰，東討西征，在不斷的戰爭中擴大自己，侵吞別人，發展自己，排斥別人。這位曾經做過寄奴的窮小子不知血走何脈，竟然成長為一位老道毒辣的政治家。東晉政權已在他掌控之下了。他依然人不解甲，馬不卸鞍，又北上跨長江，滅了北方十六國之一後秦，一舉攻克許昌、洛陽，兵鋒直指黃河。

劉裕終於以勝利者、征服者的身分登上長安城頭，到處旌旗招展，戰鼓喧天，到處是向他歡呼的人群，向他跪拜的臣民。劉裕這才長長地舒了一口氣，霸業已成，壓在他心底的願望終於可以見昭於藍天白雲了。他一個曾經誰也瞧不起的寄奴也要當皇帝。

臣下搞宮廷政變篡權奪位彷彿都是有硬性規定的，步驟都一致。劉裕也被晉朝廷封為相國、總百揆、揚州牧，封十郡宋公，賜九錫，位在諸侯之上，劍履上殿，入朝不趨，贊拜不名，看見皇帝跟沒看見一樣。後又晉封為宋王。把人間能封、能賞、能賜的都封賞完了。走到最後一步就是受禪登基，改朝換代了。東晉王朝最後一個皇帝晉恭帝司馬德文慌忙禪讓，本來這位晉恭帝也是劉裕立的個傀儡皇帝，且只當了半年，晉恭帝對劉裕可謂畢恭畢敬，只許老老實實，不許亂說亂動。這位司馬氏的最後一個末代皇帝想表現好一些、乖一些，求得劉裕開心，放他一馬，讓他能像漢獻帝一樣老死他鄉。

但是劉裕沒那麼多君子氣、貴族氣，他一個寄奴出身，講什麼禮儀？雖然被廢的晉恭帝小心謹慎，不敢越雷池一步，甚至連飯都是自己燒，怕人家下毒害死他。他還是不了解劉裕，劉裕不必偷偷摸摸去下毒，索性派

「金盆狗屎」皇帝

士兵前去用一床大被把這位三十六歲的皇帝活活悶死。

劉裕不愧出身寄奴，典型的流氓的遺風，狡黠、無恥、無賴。劉裕殘酷地殺害了晉恭帝，然後又貓哭老鼠，哭得一把鼻涕一把淚的，「朝率百僚舉哀於朝堂」，真乃天下無人，竟讓一寄奴玩弄天下於股掌之中。

劉裕病倒了，沉痾一夢，他死不瞑目。從一寄奴終成天子，雖然他當皇帝不過一年有餘，但是終圓皇帝夢、強國夢。一生戎馬，南征北戰，平亂擒叛，又東滅前燕，西平後秦，北征北魏，驅逐匈奴，跨長江，渡黃河，兩次北伐，占洛陽，收長安，辛稼軒說得中肯啊，氣吞萬里如虎。劉裕不愧為南朝宋、齊、梁、陳四朝王國的英雄，再往前推，從東晉開始，似無一人能出其右。

從寄奴到皇帝，從土盆到金盆。

劉宋王朝歷時僅五十九年，和劉裕的陽壽差不多，卻搖來搖去換了八個皇帝，高祖武皇帝劉裕絕想不到，他的後代幾乎個個都是狗糞皇帝。

劉劭長得像誰不得而知。高鼻濃眉，大眼方腮，身高偉岸，果然相貌堂堂，一表人才。此人乃宋文帝之太子，劉裕之嫡孫，其貌不凡，再也不見寄奴之相。但是劉劭作為太子心黑手毒，無所顧忌，六親不認，連親爹都不認。當他聽說其父要廢他的皇太子地位時，二話不說，朱衣披在甲冑上，帶兵直闖皇宮，正在皇宮坐殿的宋文帝大驚，未及驚愕，已被亂刀剁碎於龍椅之上。當皇帝有時候就這麼簡單，這點像他爺爺的種。

但是這位改元為大初的皇帝舉目四望，覺得天不是他劉劭的天，地也不是他劉劭的地。王孫大臣文武重吏都似乎拿白眼翻他，弒父奪位是他的心病。他醫去心病的高招就是殺人，他覺得白眼刺眼，就紅眼地向宗室王孫及手握大權的前朝大臣開刀問斬。劉劭心黑就在此，即使是三朝老臣，

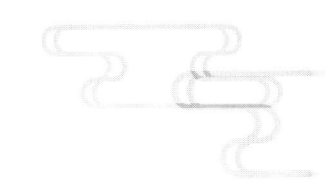

忠心耿耿，但是他覺得人家心中有異動，就棄首於市，且無論老幼，滿門抄斬。以致他的親兄弟長沙王劉瑾等皆以莫須有的罪名被斬於市。

宋文帝的第三個兒子，被封為武陵王的劉駿也危在旦夕，派去宣旨斬殺他的使臣突然「反叛」，劉駿別無選擇，逼上梁山，被逼造反。宋家天下大亂。

劉劭倒拿得起放得下。他哪管天下，整天享受宋文帝給他留下來的美姬嬌妾，擁綠抱翠，醉生夢死，都不知道何為晝，何為夜。我猜想這位酷男皇帝在後宮之中重帷閉戶，高燭亮燈，歌舞管絃，晝夜不停，達到這種程度也不容易。

劉劭終於被五花大綁到刑場上。殘酷的還在後面，他曾經把他的親皇叔的十二個兒子集體押解鬧市，然後排成一列由小及大，一個一個砍頭。這次輪上他了，他沒那麼多兒子，只有四個，劊子手們也是在這位皇帝面前把哭喊連天的四個小孩一一砍得人頭落地，兒子的鮮血濺了他一身一臉，最後才一刀一刀要了他的命。

劉駿是劉家的老三，殺了老大殺了皇帝，劉老三踏著劉家的鮮血一步一晃地登基當了皇帝了，史稱孝武帝。

宋國的百姓官吏都自忖該過幾天輕鬆日子了吧，誰也想不到這位孝武帝劉駿比他哥更壞。

孝武帝殺人成性，和其兄一脈相承，高興必殺人，鬱悶更殺人，沒事找事也殺人，嗜血成性。這種人當屠夫是好手，當皇帝絕對是國之難、民之災。劉駿還沒當皇帝時，正風雨飄搖，劉劭在追殺他，一直在其身邊照顧輔佐的大臣顏峻可謂忠心耿耿。劉駿當皇帝以後，翻臉不認人，不但因小怨把顏峻下大牢，還不讓他好死，活活剮下他的兩隻腳，讓他痛不欲

「金盆狗屎」皇帝

生，又把他的兒子都活活沉江。以斑可窺豹。

劉駿當上皇帝以後，色淫極度，放縱聲色，在皇帝方隊中亦不為奇。讓人不齒的是他「遍淫義宣諸女」，把表姐表妹甚至表姨表姑全部淫遍。劉駿可稱得上是頭上長瘡，腳下流膿，壞透了，什麼三綱五常，什麼倫理道德，什麼為人做事，他全不論。想怎麼折騰就怎麼折騰，想怎麼使壞就怎麼使壞。這位孝武皇帝竟然連自己的親生母親都不放過，和自己親生母親通姦稱為蒸母，遍查中國二十四史，縱橫數千年，除宋孝武帝劉駿外，別無他人。劉駿真人渣，真不如畜牲也。稱其為狗糞帽子似乎都小了。

劉家的狗糞還多呢！

三十五歲，正值當年，孝武帝終於把自己折騰得咽了氣。他兒子劉子業更是來勢洶洶，劉子業全面繼承了他爹骨子裡的人渣氣，且不斷放大發酵。他當上皇帝以後，最不放心的是怕有人覬覦他的皇位，他就排隊論親疏，把他的六個親叔父連帶他們的兒子，不論年長年幼全部殺死。幾乎把劉家的血脈全部殺死。然後就懷疑朝中大臣，人家是順其者昌，逆其者亡。他是順眼者昌，逆眼者亡。搞得朝不是朝，國將不國，人人自危，上下恐慌，朝綱大亂，無法無天。這傢伙自恃皇帝無所不為。淫性極大，色癮極強。晝夜酒色，不知疲勞。最為狗糞的是他還和自己的親姐姐同寢，和親姑姑交合。不知是一種什麼心理，又為他姐姐找了三十六個面首，這傢伙還立在一旁觀賞。更不知廉恥的是，他大開宴席時，讓自己後宮的王妃、嬪妾、公主們都要大開酒戒，都要往醉裡喝，而且都要脫光衣服，在酒席之間跳舞，讓侍從和她們集體縱淫，他也一絲不掛地跳在其中，半瘋半痴地縱情淫樂。更讓人難以理解，也難以啟齒的是，這位狗糞皇帝竟然讓人把公羊、公猴、公狗、公馬牽到大殿上，讓那些女人們和它們交媾，如有不從，立即拉出去砍頭。

這位被後人稱之為前廢帝的劉子業,被其手下侍衛官忍無可忍殺死時,年僅十七歲,按現在的法律,尚未成年,一個未成年人是從哪兒來的那麼多壞水?

前廢帝劉子業頭上的鮮血還在汩汩流淌,他的十一叔,湖東王劉彧就登基南面稱帝了。真乃鐵打的皇位流水的皇帝。

誰能想到,南朝劉宋王國的皇帝一個比一個「狗糞」。歷史上對宋明帝劉彧的評價概況為窮奢極欲、荒淫無恥、殘暴無比。

民間有句俗語:不知劉裕哪輩子缺下德了,怎麼傳下這麼缺德寡恥、少廉無義的後人?龍種不如跳蚤。

宋明帝當皇帝彷彿只有一個目的,為美人。於是廣招天下美女,然後不分晝夜,不分時辰,縱情淫慾,毫無止境。這位風流皇帝直到把自己徹底折騰垮了才多少放下手來。他「寵幸」了那麼多美女,卻無一人生育。放縱夠了,身體被掏空了,劉彧突然想到江山誰坐的重大問題。這個淫魔皇帝突然恨自己留不下龍種,將來他的皇位必然落於他姓。這位似乎是為女人而生的皇帝突然推開女人,嚴肅地思考起國家大事來。劉彧經過冥思苦想,終於想出一個萬全之計,他決定把自己一名喚作陳妙登的愛婦祕密賜給寵臣李道兒,這李道兒年輕力壯,也樂於為皇帝服務,默默奉獻,終於讓陳愛妃懷上了孕。陳妙登還真行,十個月後,為劉彧生下一男兒,即後來的太子劉昱。陳愛妃也因子而貴,成為貴妃、皇后。這在中國民間連老百姓都不齒於口的下三濫招數叫「借種」。一國之君竟能夠思索出這種高招,可見劉彧此人人品如何?

此時此刻的劉宋王朝已危機四伏、內憂外患、國運艱難,已快步入絕境。它的正北面,日益強大的北魏王國兵強馬壯,正準備大軍南下,揚言

「金盆狗屎」皇帝

要跨黃河收復河南河北，要飲馬長江蕩平江南劉宋。

國內諸侯皆有反意，朝內大臣都拭目以待，民不聊生，政治腐敗，皇帝昏庸，國家暗無天日。劉彧真敢做，不顧頭上頂著炸雷，腳下有山崩地裂之險，卻大肆增派徭役，廣加苛捐雜稅，大興土木，大蓋宮殿。一時天下怨沸，動盪不已，邊境困情，報危報急文書奏摺堆積如山，劉彧不但我行我素，反而變本加厲地折騰。

終於劉彧感受到了江山的不穩、龍椅的震盪。但這位宋明帝的思維是皇帝的邏輯。他堅定不移地認為威脅他江山的是他的皇族，順著這根主線導下去，劉彧有些後怕了，原來他們劉家能當皇帝的，能取而代之的還有那麼多人。他感到後背直發涼。

宋明帝玩女人放縱無度，殺親人肆無忌憚。泰始七年（西元471年），他一個月時間竟殺死自己二十七個兄弟，而且往絕裡殺，男女老幼一律處死，不留「隱患」，斬草除根也創造兄弟相殘的記錄。當時有民謠流傳：「遙望建康城，小江逆流縈。前見子殺父，後見弟殺兄。」宋明帝的神經處於極度緊張狀態，因為威脅到他的皇帝寶座。有一次，他做了一個夢，夢中看到豫章太守劉音謀反了，嚇得他一身冷汗，驚夢而醒。這位宋明帝一不做二不休，立即下令把豫章太守劉音殺了，他又開創了昏庸皇帝的一項專利，做夢殺大臣。

寄奴一刀一槍打下的天下，終於被他那些狗糞後人折騰得底朝天，走到盡頭了。寄奴建立的劉宋王朝，八位皇帝中竟有五位死於非命。

中國南北朝的南朝自寄奴劉裕始，宋、齊、梁、陳四個王朝一百六十九年攸然而逝。據說在陳王朝初年，有人在石頭城外遇見劉宋王室殘存的後裔，然讓人感慨的是竟然沿街乞討，又過上寄奴的生活。嗚呼——

想起我在當記者時，在澳洲採訪當地土著，看他們玩迴力鏢，那木製的小玩意兒真神奇，竟然遠遠飛過一大圈後又回到出發點。難道歷史也是這樣……

◆ 二

不愛江山也不愛美人

中國帝王如過江之鯽，亡國亡朝、人亡政息的也各有千秋。歸納這些國破家亡的皇帝卻也好分類。大致當有如下類型：

驕奢淫逸、荒淫無恥型；窮凶極惡、肆無忌憚型；好大喜功、窮兵黷武型；狂暴無度、走火入魔型；當然也有愛美人不愛江山型；信佞臣不信忠臣型；自毀長城型……

但是有位皇帝卻很難歸屬其類，當屬另類，在中國皇帝中別樹一幟。他就是南北朝時期南朝梁國皇帝 —— 梁武帝蕭衍。

看過梁武帝的畫像，高額細髯，長眉吊眼，其皇帝相不凶不惡、不陰不霸，的確看不出開國皇帝的「龍氣」，細看倒透出幾分面善書生氣。

梁武帝蕭衍自幼格外聰明，異常尊禮孝道。言其聰明達到過目不忘，提筆著文，立時可待。且寫得一手好字，「學齡前兒童」時，就被傳頌一時，高客名家府中也以掛他孩童時期的字覺得自豪。年少時已能和巨儒大家坐論儒教玄學，常常語出驚人，頗有獨特見解。

六歲時，獻皇太后崩，蕭衍憒「水漿不入口三日，哭泣哀苦，有過成人，內外親黨，咸加敬異」。此乃《南史》記載，想必不致有錯。一個六歲的黃牙小童，恐怕還不知道「作秀」，亦恐怕還不明白「陰謀」吧？贏得眾

115

「金盆狗屎」皇帝

人敬慕，實屬不易。但是我查遍中國開國皇帝的歷史，像梁武帝這樣六歲有此孝道，有如此深情的，他是獨此一人。眾多比他的經歷更神奇、更驚險、更曲折、更傳奇的開國皇帝中，在他這個年齡正渾渾噩噩、濛濛昧昧，正和世間一般小兒一樣玩得熱火朝天，淘得上房揭瓦，的確未見有此「大人」之舉。六歲的孩子，神童不及。有史在其當上梁朝開國皇帝以後吹捧他，說他是蕭何的後人，是嫡親。但是查閱蕭何的身世，六歲也是個混吃海喝的愣小子，沒有逃出七歲八歲狗討厭的成長規律，未見其有像蕭衍這樣的舉動。

開國皇帝各有千秋，各有自己的英雄史，但是「成龍」之前大都行走於江湖之上，成長與卒伍之中，或者是達官貴族中的佼佼者，陰謀詭計的集大成人，一般都心黑手狠、狼子野心，絕無半點道德、禮教底線，殺人如麻，伏屍百萬。但是唯獨梁武帝不同，這位高祖皇帝是一位卓有建樹的知識分子，著作等身。像他這樣的「大知識分子」做開國立朝的皇帝，在歷史上獨領風騷。

早在南齊時代，蕭衍在「圈裡圈外」已相當走紅了，堪稱「大家」。可謂「談笑有鴻儒，往來無白丁」。「文思欽明，能事畢究，少而篤學，洞達儒玄。」在那個動盪的年代，能像蕭衍那樣去讀書，能讀進書、讀懂書的人不多。他生活的年代文人追求「兩腳立櫥」式的學問，即博覽群書，通曉經典，開口如懸河，提筆如流水。蕭衍此人自幼乃讀書的坯子，又有過目不忘的聰慧，難得的是他善讀書、愛讀書。蕭衍不睡，挑燈夜讀達旦，以讀書為樂的皇帝在中國實為另類。《南史・文學傳》中說他「天情睿敏，下筆成章，千賦百詩，直疏便就」。學問做到這種份上，讀書讀到這種程度，恐全天下也不多。

蕭衍還是當時著名的「竟陵八友」之一。與沈約、謝朓、王融等膏腴

之士頡頏論道，吟詩談玄，大有「竹林七賢」之風，還開創了南朝一代典範「永明體」。

蕭衍學問好，口才亦好。講經論學，滔滔不絕，雄辯論理，雖百餘人無能問倒。言其才高八斗，學富五車恐怕不為過。尤其是其談玄學時，更是雲裡行霧，對《周易》、《老子》、《莊子》三玄思想的典籍別有見解，論起「有無本末」、「越名教而任自然」、「非湯武而薄周孔」旁徵博引，厚積薄發，盡情發揮。蕭衍不當皇帝，學問很可能可與嵇康相比。

蕭衍著書立說，教書傳學，已涉及唯心主義、虛無主義、理想主義，從形式論到詭辯論，從哲學到邏輯學，雖然都僅僅是觸及，還尚在萌芽狀態，但是在南北朝時期，思想萌芽到這種程度可謂思想大家。不能因為他皇帝當的不成功、沒有有始有終，就不提甚至忽視蕭衍做學問的大家風範。

最難得的是蕭衍在做了皇帝以後，仍然能一心一意地讀書，仍然能孜孜不倦地讀書，依然能刻苦讀書，幾乎心無旁騖，不為聲色所迷，不為奢華所惑，不為帝王生活所蠱，不為好大喜功所動。

《南史‧文學傳》恐不會虛言。它記載的蕭衍苦讀書的精神讓我深為感動。莫言皇帝，百姓之中，書生之眾，有第二人乎？即使有，也不多見。我周圍不少讀書人，但是從未見亦從未聽說有像蕭衍這樣愛讀書、苦讀書、真讀書的人。《南史‧文學傳》所載：「雖萬機多務，猶卷不輟手，燃燭側光，常至戍夜。造《制旨孝經義》、《周易講疏》及六十四卦二《系》、《文言》、《序卦》等義……凡二百餘卷，並正先儒之謎，開古聖之旨。王侯朝臣皆奉表質疑，高祖皆為解釋。」真乃中國千古第一讀書皇帝。像一位導師為王侯朝臣現場答疑，不但說明他書讀得多，博學廣見，且都暗藏

「金盆狗屎」皇帝

於心,更兼能本正清源,解疑答惑,有自己獨到的見解,讓人心服口服,唯南梁高祖皇帝蕭衍也!

《南史‧顧越傳》記載,梁武帝開設講座,親自開課,主講玄學和文學,涵蓋經學、史學、佛學、儒學,講述《老子》、《莊子》、《論語》時,如仙人靜居名山,如高山獨對流泉,文思敏捷,見解獨到,邊講邊釋,頃刻之間讓人耳目一清,疑雲盡釋,聽君一席講,勝讀十年書。史臣的評價:「藝能博學,罕或有焉。」我的評價:「學問博大精深,治學有方,堪稱嚴謹深入。」想起南唐後主李煜,他可能不是一個稱職的皇帝,但他絕對是一位詩詞高手。又想起北宋的徽宗趙佶,他絕對不是一位能治國安邦的皇帝,但是他除了治理國家不行、搞政治不行,其餘幾乎行行皆通,是位中國歷史上不可多得的書畫巨匠,且已為歷史證明,為後世公認。可悲的是,梁武帝的讀書卻未被後世所認可。《南史‧文學傳》中記載,說蕭衍當了皇帝以後,書生本色不變,對讀書仍然執著如初。我看了此段文字頗感難解,倒不是文字難釋,而是難以理解堂堂一位南梁開國皇帝,為何要那樣苛薄自己?為何要那樣痴迷追求?為何不愛江山,不愛美人,不愛聲色犬馬,偏偏痴情於書卷?

「每至冬月,四更竟,即敕把燭看事,執筆觸寒,手為皴裂。」這真是一位開朝立國的皇帝?中國數百位皇帝除蕭衍還能找出第二位來嗎?再往下看,更讓人覺得不可思議。身為皇帝的蕭衍竟然「日止一食,膳無鮮腴,唯豆羹糲食而已……身衣布衣,木綿皂帳,一冠三載,一被二年」。這難道真是一位皇帝的日常生活?貧下中農不過爾爾,其苦堪比現在的上班族!吃的是糙糧粗飯,且一天只吃一頓,穿的是最普通、最一般、最簡單的粗布衣服,鋪的蓋的掛的用的都是薪水階級的下等水平,一頂帽子要戴三年,一床被子要蓋二年。皇帝耳?侍從耳?農民乎?役工乎?有人曾

用「苦行僧」一帶而過，似乎不願正視蕭衍。錯矣，能以「苦行僧」的心態身姿去當一國之君，該讓天下人折服，絕非一般人所能為。這位南梁皇帝依然我行我素，「五十外便斷房室，後宮職司，貴妃以下……皆衣不曳地，傍無錦綺」。莫說皇帝，一般官吏、商賈，甚至大戶、百姓焉能做到？蕭衍篤信佛教，且是真心實意地去追求，去修煉自己，否則不會其然。「不飲酒，不聽音聲，非宗廟祭祀，大會饗宴及諸法事，未嘗作樂。性方正，雖居小殿暗室，恆理衣冠，小坐押褉，盛夏暑月，未嘗褰袒。」我十分贊同《南史》中的評贊，「歷觀古昔帝王人君，恭儉莊敬，藝能博學，罕見有焉」。換位思考，有人為皇為帝能如此嗎？

蕭衍當了皇帝以後，南梁的政治開始朝著理想化的方向發展，博學儒雅也成為時尚，締造了一個彬彬文雅的官僚群體，為官，首為雅，為雅，首博學，在社會上形成一種風氣。貴族文化的優雅、精緻、玄遠得到盡情展現，創造了一個又一個令後人企羨不已的文化典範，這無論在魏晉南北朝，還是在以後的朝代中也都是極為罕見的。「大修文教，盛飾禮容，鼓扇玄風，闡揚儒業。」創造了一個文化盛世。是不是也可以把南梁王朝出現的這種情況稱為「蕭衍現象」。從這個意義上講，南朝未白現，蕭衍未白來。

過去不知道梁武帝在武功方面有什麼才能，只知其滅南齊而立南梁，征戰是免不了的，但是無武功可言。史書上卻不是這樣記載的，稱蕭衍軍事上也好生了得，上馬可征戰，提槍可交鋒。連當時大名鼎鼎的北魏皇帝孝文帝都叮囑朝中文武大臣，「蕭衍善用兵，勿與爭鋒」。讓敵國的國君由衷地發出此言，蕭衍的軍事才能確實不可小覷。當然人是在改變的，皇帝亦然，縱觀蕭衍高祖武皇帝最大的改變就是在軍事上，晚年喪國與其在軍事上的判斷和指揮及糊塗昏聵有關，他非廉頗，的確老矣。正如蕭衍自己

「金盆狗屎」皇帝

悲嘆南梁「其出於我手，喪於我手」。嗚呼哀哉。

蕭衍讓後人指責的是他迷信佛教。皇帝信奉佛教似乎有些離經叛道。更何況高祖武皇帝是真信，已經信奉到迷信的程度。這也是他亡國滅政的原因之一，信佛不能到佞佛，一國之主走火入魔，頓入迷之佞之，國之焉安？民之焉安？

蕭衍信奉佛教始於何年我未查到。但是他對佛教經文的解讀和詮釋卻確有記載。他留下近數百冊佛教之專著，在中國佛教史上應該有其一筆。他在宮中開廷講演佛教，聽者如雲，據說有上萬人。我不記得還有哪位大和尚在說經念佛的講壇上講授佛教，聽者有如此規模。似乎只有鳩摩羅什在龜茲國講經時達到過數千人在兩廊聽講。也說明蕭衍對佛教的深讀深解，對佛教在南北朝時期在南朝的傳播有著重大影響。其〈斷酒肉文〉還使中國佛教形成了食素特色。佛門之內不再食葷，始於蕭衍，不知現在還有多少僧侶記得？杜牧的〈江南春〉說得形象逼真：「千里鶯啼綠映紅，水村山郭酒旗風。南朝四百八十寺，多少樓臺煙雨中。」據史料記載，南梁王朝時，僅國都建康就有「佛寺五百餘所，窮極宏麗，僧尼十餘萬，資產豐富，所在郡縣，不可勝言」。榜樣的力量是無窮的，皇帝的號召力是無限的。梁高祖武皇帝終於把他個人對宗教的痴迷轉化為社會的負擔和政治的毒瘤。

最要命的是，作為皇帝，蕭衍棄國家萬民於不顧，不愛江山也不愛美人，不愛社稷也不愛錢財，不愛權利也不愛奢華。他要青燈古寺，他要佛國世界。他先後三次捨身出家，立志做和尚，褪去龍袍著袈裟。但是大臣們不幹，前後共花了幾兆錢才把他贖回來。據說一次是一兆錢，我沒有考證南朝梁王朝時的幣值，猜想是個天文數字。這真是個歷史誤會，皇帝想一次次落髮為僧，足見其真情真願，但是他的朝臣不幹，一次又一次地

把他「贖」回來，扶上龍椅讓他繼續當皇帝。皇帝可以選擇天下，選擇一切，普天之下莫非王土，率土之濱莫非王臣，但是他選擇不了出家，選擇不了不當皇帝。我想如果蕭衍真的出家為僧，他一定會是一位高僧、大和尚，也不會因為當皇帝而喪國亡朝，被活活餓死。

蕭衍亡國還亡在貨幣改革上。金融改革牽一髮而動全身，更何況蕭皇帝講學、論經、作詩、著文皆大家高手，但貨幣政策是關係到國計民生，千家萬戶的。皇帝搞貨幣改革最成功的當為秦始皇，統一六國貨幣，發行圓形方孔錢，方便了流通，促進了經濟發展，體現了時代的進步和人民群眾的要求，這種圓形方孔制錢的形式幾乎和秦時改制的郡縣制一樣延續下來，成為歷朝歷代帝王錢幣的定製。秦始皇堪稱千古一帝，是外行管好、管住內行的典範。貨幣改革搞得最失敗的應數新莽政權的皇帝王莽，王莽搞的貨幣政策葬送了他親手建立的王朝。蕭衍的貨幣改革多少有些像王莽，不同的是王莽是主動要改，積極地去改；而蕭衍是擊鼓傳花，不改不行，改是找死，不改是等死。蕭衍在政治上再糊塗，這一點還是看得出來的，畢竟當了多年的皇帝。但是「花落其手」，焉能不動？作為繼起的第三個王朝，實事求是地講，梁王朝社會中存在著一些從前代延續下來的痼疾。貨幣問題就像一座攔在屋門前的大山。貨幣總量不足，無法適應日益活躍的商品流通，是南朝社會發展的一個通病，一個瓶頸。

在南朝劉宋王朝時代，君臣俱感到社會上貨幣流通不足、錢不夠花，曾先後三次提出朝議，但是都沒解決。原因是在當時的技術條件下，南朝社會開採銅礦已達到極限，無銅何以鑄錢？社會越發展，商品流通越發達，經濟越見繁榮，但是銅錢總量卻供不應求。大地龜裂，卻無水灌溉，其矛盾日益惡化。宋、齊相繼滅亡了，這個似乎無解的難題如擊鼓傳花落在了南梁皇帝蕭衍的手中，不改已經推不動社會發展，社會發展已經逼得

「金盆狗屎」皇帝

皇帝親自動手解這道前朝留下的難題。梁武帝不是解難題的高手。簡單地說，梁朝沒有能力增加銅的總產量，大量鑄造新銅錢是無源之水、無本之木，是不可能的。解題的唯一答案就是「雙軌制」，這也是蕭衍的最後選擇，銅錢繼續流通，繼續使用，造鐵錢以補其不足。看上去貨幣改革的死疙瘩似乎是解開了，實際上新貨幣又滋生出無數弊病，最終危及政權。原來鐵比銅便宜，又比銅容易獲得，於是私人鑄錢蜂起，這固然解決了貨幣供應總量不足的燃眉之急，但隨之而來的卻是私鑄錢大量上市，通貨膨脹急起，其勢竟如脫韁之馬。據《隋書》所記：「所在鐵錢，遂如丘山，物價騰貴。交易者以車載錢，不復計數，而唯論貫。商旅奸詐，因之以求利。」這最終導致了社會貧富差距愈大，社會矛盾驟增，南梁王朝開始風雨飄搖。

錢穆先生曾經評論過梁武帝蕭衍一生：「蓋梁武為人，其感染於當時門第風尚者至深，厥後雖踐帝祚，而夙習難忘。若就門第目光作衡量，彼實不失為一風流人物。然登上政治舞臺，則終不免演了一出悲劇收場。梁武一人之生平，正可作為此一整個時代之縮影。」梁武帝所處的時代不行。

梁武帝不是輸在文采上，也不是輸在風騷上，更不是輸在美人上，他是中國皇帝中難得一見的一位不愛江山也不愛美人的皇帝。他最後屋倒房塌也不完全是輸在政治上、政策上，他三十八歲登基改朝換代，當了整整四十八年皇帝，在南朝四代王朝中是當皇帝最長的一位。侯景推翻了梁朝，將他迫害致死，使他親手建立的梁朝毀滅在自己的手中。悲哉！侯景本來是一隻喪家犬，卻演出了一場希臘寓言故事──農夫與蛇。侯景史稱大奸大惡之人，恩將仇報、背信棄義，利用梁武帝政治上的糊塗和短見，在梁王朝的庇護和重用下，從陰溝中翻身而出，徹底顛覆了南梁王朝。

為侯景畫個速描臉譜。侯景原來是東魏的權臣，也是靠陰謀詭計和投機鑽營爬上權力頂峰的，但是其人品德行太差，以致高歡至死都不放心他，斷言其死後侯必反，故與其子高澄計劃除掉侯景。侯景狡詐成性，多疑殘暴，無德無義無情可言，一旦得知處境險惡，當即起兵反東魏。他深知東魏不可抗，反則必敗，但是魚死網破，尚有一搏。他向東魏的老對頭西魏開出的條件是「賣國求榮」，割讓土地，劃數州郡歸西魏，以求西魏能收留他。他還沒有五代時期後晉石敬瑭的氣概當「兒皇帝」，只想當個「兒大臣」。但是西魏的君臣不糊塗，虛應允但實不至。看著侯景表演，不發一兵相助，不發一糧相資。侯景終於忍耐不住了，東魏大兵壓境眼看就兵潰家亡，侯景又掉轉過頭去用同樣的「賣國求榮」的辦法乞求梁王朝。這傢伙好運，惡人走的狗屎運。梁武帝真心誠意地接納了他，由他而引發了和東魏的一場戰爭，侯景恰恰是在這場戰爭中轉危為安。他看透了梁武帝，看透了梁國的軍情民情，竟然敢冒天下之險，違天下之德，率八百部屬就起兵反梁。歷史就有那麼多的巧合和機遇，有那麼多不解和迷惑，侯景竟然成功了。八十六歲的南梁皇帝蕭衍被他囚禁，被他折磨的幾乎痛不欲生，竟被活活餓死。

　　順便交代一下侯景的下場，似有必要。

　　侯景奸惡之人得志，先害死蕭衍，又假立其三子蕭綱為簡文帝，卻霸占簡文帝女兒漂陽公主，後又派人用兩百多斤重的大土袋壓在簡文帝的頭上，將其治死，其狀慘不忍睹。侯景再也憋不住了，粉飾登場，自立為帝，讓我感到十分奇怪的是，梁朝帝王世系表中並沒有侯景這一號，這傢伙朝思暮想的改朝換代實現了，改國號為漢，改元太始，自稱漢帝，但是歷史上似乎並未把他列入南朝四朝（宋、齊、梁、陳）之內，更未列為四朝之外。他當皇帝不過百天，沒過一天安生日子，內憂外患一齊夾攻，侯

「金盆狗屎」皇帝

景焦頭爛額，最後被殺，未得好死，其況更慘，活生生被破腹，又被扯腸，侯景痛苦萬狀，最後被砍頭，又肢解，屍體被揉上鹽運至建康城，竟被民眾爭相食之，可見對其怨恨有多深。這尚且不算，侯景的五個兒子被東魏皇帝高澄捉住後，竟然都被虐殺，其慘況史上都少見。其長子先被活剝面皮，然後用油鍋慢慢炸成焦脆。其餘四個兒子先被閹割，又用油鍋烹死。正應了梁武帝生前所言，善惡必有所報。侯景惡貫滿盈，但其子遭此大難，讓人難免嘆息。

侯景死去，他的漢王朝早已煙消雲散，他可能都未被列入中國皇帝佇列之中，悲劇人物實可悲。梁武帝之七子蕭繹當了皇帝，但很快就被西魏攻破城池，國破家亡，誰也沒想到，這位也是文人、才子、讀書郎，和其父親蕭衍一脈相承的梁元帝竟然放火燒了梁朝珍藏的十四萬卷藏書，蕭繹是為讓世人明白，他父子乃博學優雅，矜行自律，不奢侈，不狂躁，不聲色，不享樂，卻亡國亡朝。他遺言：「讀書萬卷，猶有今日，故焚之！」

悲呼哉！

勝得輝煌，敗得悲壯

◆ 符堅當為大英雄

　　知道符堅的人不多，知道符堅留在歷史上的「惡名」的人不少；知道符堅兵敗淝水的人不少，但是知道符堅為什麼會淝水大敗的人不多；知道符堅狼狽逃竄的人不少，知道他統一中國北方，重視文化教育的人不多；知道符堅狂妄，「投鞭斷流」的人不少，知道符堅堪稱英雄的人就更少了。我稱符堅是位了不起的政治家，是位鐵血漢子，在帝王之中，堪稱英雄。

　　符堅名氣不小，上小學時都知道一句成語「八公山上，草木皆兵」。

　　符堅真夠「英雄」，他作為「負面教材」，「淝水之戰」不但在學習軍事時是必修必講之課，而且在美國軍校講古代中國軍事以少勝多的戰例時，也要講「淝水之戰」。

　　符堅猶如垓下之戰的項羽，都是悲劇的帝王，所不同的是項王兵敗垓下，自刎而亡，死得更悲壯，更慘烈；而為前秦皇帝的符堅兵敗淝水，喪師慘敗，敗回長安，整個已經統一的中國北方緊跟著就分崩離析，符堅死得也漢子，也壯烈，但也死得憋屈、窩囊，不如項王慷慨。

　　符堅是氐族人，西晉末年，「八王之亂」、「五胡亂華」，以致戰禍連綿，中國北方進入十六國的紛爭時代。這時候氐族即「五胡」之一，從符堅他爺爺那代開始，氐族進入空前也是絕後的強大時代，他爺爺符洪是個起於亂軍之中的「戰神」。那時候，幾乎每月必戰，說春秋無義戰，實則

125

勝得輝煌，敗得悲壯

「八王之亂」無義戰，「五胡亂華」更無義戰，戰爭硝煙不散，金鼓常鳴。戰死的屍首來不及掩埋，而「氐王」符洪卻亂中取勝，越戰越強，越戰越大，終於把西北的一方「星星之火」燒成整個中國北部的燎原烈火。他的三兒子符健嗣位後，終於於永和七年（西元351年）攻占關中，占據長安，建國大秦，建都長安。大秦國如冉冉升日，符健短命，三兒子符生即位，險些斷送了氐族打下的江山，斷送了符洪、符健建國圖強的希望。前秦皇帝屬王符生竟與兩百年後北齊「人渣」似的文宣皇帝高洋所作所為如出一轍。

這傢伙殘忍到喪心病狂，令人髮指，無以復加的地步。《資治通鑑》和《晉書》上記載，這傢伙的樂趣在於「生剝牛羊馬，活焰雞豚鵝」，看著那些被活活剝了皮的牲畜在痛苦地扭曲著，垂死地哀嚎著，看著被活活點燃燒得又蹦又跳無比痛苦的家禽家畜，這傢伙由衷地高興，感到一種發自內心的滿足。關鍵在於他是皇帝，因此就不僅僅滿足於牲畜、家畜、飛禽、家禽了，他更大的滿足和樂趣在於生剝人，「剝人面皮，使之歌舞」。讓人瘆得慌的是，他看著被剝了皮的男女血糊糊地歌舞，還讓朝中大臣和後宮佳麗陪著「欣賞」，如果誰露出不樂意來，讓他不高興了，立即被活剝皮推進去「使之歌舞」。這傢伙真沒有人性。

符生上朝議政時，頭腦是清醒的，但是他每每上朝必「彎弓露刃」、「錘鉗鋸鑿，備置左右」。一句話不對，一眼看上去不順眼，雖然身為當朝大臣但也有可能死於非命。符生殺人除了親自下手外，更讓人髮指的是「截脛、拉肋、鋸項、刳胎者，比比有之」（《資治通鑑》），完全拿人不當人，殘忍之極的是這位皇帝常常嫌血腥氣不足，刺激度不夠，往往要親自下手動刑，親自動手肢解。當皇帝不久，這傢伙就殺了公卿大臣以及宮女奴僕達五百多人。

符生晚上做夢，夢見有大魚吃蒲草，原來他們符家本姓蒲，他認為大魚吃蒲草焉不是夢，在暗示有姓魚的會「吃」我們姓蒲的。這傢伙二話不說，對著魚姓拿人，不審不問滿堂宰，當朝太師姓魚，也是三朝元老，但因為姓魚，於是全家殺光，魚太師至死不知犯了什麼罪。左光祿大夫壯著膽子勸諫符生「緩刑崇德」，這有什麼錯？聽不聽在你，但是一句話沒說到符生的心坎上，這位皇帝竟然親自下手「鑿其頂而殺之」。此人真畜牲不如！當皇帝沒多久，這位皇帝竟然把「勳舊親戚，誅之殆盡」，「群臣得保一日，如度十年」。過去說伴君如伴虎皆為比喻誇張，只有到了大秦國皇帝符生時才是寫實，符生比老虎還厲害，套用孔子一句名言：苛政猛於虎也！

　　天下苦符生甚矣，符生實行的恐怖統治讓他那些大臣恨之入骨，又怕之入骨，但他是皇帝，誰能奈何了他？這傢伙牢牢掌握著軍隊，打起仗來，勇猛無比，敢賭命，敢玩命，凶殘過人，力勇亦過人，兩臂力舉千鈞，雄勇嗜殺，喜徒手搏殺猛獸，喜一人格殺數十人，且長期征戰使其有一身功夫，飛跑能追上駿馬。戰爭中常常單騎獨鬥，一個人敢衝入敵陣，曾十幾次斬將搴旗，可以說勇冠三軍，有萬夫之勇。符生上朝入宮都有鐵甲力士佩刀箭相隨，他自己也刀槍不離手，說宰誰話音未落，早已取其首級擲於庭前，他屠殺數人也僅在眨眼之際。符生就是一個魔鬼。前秦王朝興旺，符生家族出了個符堅。符堅和符生是叔伯親兄弟，符洪是他們的親爺爺。所不同的是符生小時便「眇一目」，有一次他爺爺跟他開玩笑，說我聽說瞎眼的孩子只是一隻眼流淚，是真的嗎？符生才十歲左右，竟然拔出刀往自己臉上猛刺一刀，讓鮮血噴湧，然後憤憤地說：這也是眼淚！而符堅小時候除了習武之外，還主動要求請老師教習自己儒學，那年小符堅才八歲。

勝得輝煌，敗得悲壯

在那個戰爭環境中，幾乎天天打仗，月月打大仗，作戰不勇猛，不「瘋狂」，是難以在軍中立足的。符堅是在戰爭中成長的，善於打仗是其天分，作戰勇敢是本性。符家兄弟都是喝「狼血」長大的，符堅亦有萬夫勇，勇冠三軍。因此，符生的父親，符健做了皇帝以後，就封符堅為龍驤將軍。據說符堅自小聰穎好學，且「目有紫光」，胸有大志，做事不凡，他不混，和其兄弟符生完全是兩條道路上跑的車，同宗同脈不同人。且其周圍有一批像王猛之類的謀臣猛將，帝王之相已顯現。故在符生準備加害於符堅之際，符堅搶先動手，誅除昏君，自己登臺為主，這就是歷史上著名的前秦宣昭皇帝。只舉兩個例子：當上皇帝以後，符堅的感覺也是妙極了，一次登龍門遠眺，發感慨：「美哉山河之固！」正得意之時，有大臣勸諫：「山河之固不足恃，仁德之君王應效法古代仁君，懷遠以德，統治之道在德不在險。」聽到這種勸諫，符堅絕不像符生一樣拿鑿子把人家的天靈蓋鑿碎，而是「大悅」，偃旗息兵，勵之農耕，金玉財寶賜予將士，與民休養生息。國之上下皆出一口氣，漸恢復生氣。符堅在取得一系列成就後，也沾沾自喜，也想放鬆一下，一次去鄴城的西山遊獵，這時候一位伶人竟然敢攔住他的馬勸諫，說你身為天子，是百姓的衣食父母，怎麼可以遊獵無度呢？並且毫不留情面地說：「若禍起須臾，變在不測者，其如宇宙何？」這麼直言勸諫，在前朝是想也不敢想的，符生只因一句話覺得不中聽就夷人家三族，或當場拿鋸子把人家脖子鋸斷，把肋骨抽出來，而符堅當政連伶人都敢擋在馬前上諫，可見其政治環境和政治氛圍，果然符堅不但聽，而且聽進去了，「自是遂不復獵」，作為一代皇帝，聞過則改委實不易，符堅大氣，政治高人！

符堅的「英雄氣概」還表現在能用人，會用人，用人不疑，這一點確實比項王高，項羽有一范增而不能用。符堅重用王猛，把王猛看成自己

成大業的支柱、左右手，一年內連升王猛五級官職。「歲中五遷，權傾內外。」符堅成為傳奇式的英雄與重用、信任王猛分不開。後人評論：前秦之強盛始於符堅之韜略，則得益於王猛。非猛相佐，堅不能平天下，治國家。

王猛何許人？有兩句話恰如其分：「觀眾良相唯王猛，天下蒼生望謝安。」《晉書》中說王猛「瑰姿俊偉」、「氣概雄遠」、「細事不干其慮」，縱觀王猛一生，堪稱亂世中的良相、豪傑，卓爾不群、足智多謀，確有「運籌帷幄，決勝千里」的智慧，且膽略、魄力過人，敢當機立斷，是「五胡十六國」時期難得的一位「天才」，我言之王猛「長有前後眼」。符堅信用王猛，真如虎添翼。

王猛留在歷史上的「背影」也是獨一無二的，創造過歷史之最。其飄逸瀟脫，無畏無所謂，古之唯他。當年東晉大將桓溫北伐進關，正乃春風得意馬蹄輕，大軍在握，征伐正酣，志在必得，聽說王猛之賢名，在見王猛時，王猛竟然「捫蝨而言，旁若無人」，一邊和桓溫說著天下事，一邊從懷裡往外捉蝨子，旁若無人，真王猛也。好在王猛沒有遇見符生！否則鑿子、鋸子、錐子、鉋子伺候。

王猛深藏不露，放浪形骸，是為蓄勢待發。《晉書》中說他「懷佐世之志，希龍顏之王」。就在這時候，他遇見了符堅，二人一見「便若平生」，從那時起，符堅便認準，前秦帝國要想強大，要想統一中國，非重用王猛不可，他認為是天送王猛佐我。符堅把他和王猛之相遇比作是「玄德之遇孔明」。

當時符堅接手的前秦可以說是內憂外患，國內讓符生搞得民不聊生，人心惶惶，國力羸弱；周圍一片狼煙，四周皆敵，各個國家都野心勃勃，磨刀霍霍，都恨不得一口把它吞下去。符堅重用王猛後，一切由王猛做

勝得輝煌，敗得悲壯

主，君臣二人同心協力治理國政，實行了一系列改革措施，擴大生產、穩定民心、增強國力，另一方面倡導開明政治，提倡國事公開，國家大事當庭公議，同時狠狠打壓邪惡作亂勢力，王猛主張「寧國以禮，治亂以法」，很快使前秦政治開明，人心穩定，生產發展，國家開始富強。符堅的「為政之體，德化為先」得以貫徹。

國內安定以後，王猛又親自帶兵征伐四方，開疆擴土，以圖統一。尤其在建元六年（西元370年），王猛率領六萬大軍前去伐燕，把曾經虎視眈眈，多次侵犯前秦國土，隨時準備滅前秦的燕王朝打得丟盔卸甲，望風披靡，一路上斬將奪關，直撲燕都鄴城。符堅又率十萬鐵騎御駕親征，最後一舉破城，俘虜燕王，滅了十六國中比較強大彪悍的燕國。借伐燕的巨大勝利，王猛又以符堅的名義，不發一兵一卒，說服了涼州割地自尊的大軍閥奉表稱藩。接著，符堅和王猛又趁勢而下，攻取了梁州、益州，西北、西南之地，使之皆歸附於前秦。建元十二年（西元376年），前秦又滅掉前涼，基本上統一了中國北方，天下十分，符堅之前秦已取其七。從西晉「八王之亂」到「五胡十六國」，到符堅的前秦，中國北方剛剛喘一口氣。

符堅的功德中還有值得一提的是提倡佛教。當時著名的大和尚鳩摩羅什在西域的龜茲國講佛立說。符堅得知後，想請鳩摩羅什到中原講佛法，但是龜茲國不答應。軟的不行來硬的，建元十八年（西元382年），符堅派軍隊滅掉龜茲，把鳩摩羅什連同他的弟子們禮請帶回內地。不幸的是，當鳩摩羅什帶著他的五萬多名信徒走到甘肅武威時，符堅已被殺死。符堅的這個願望直到西元400年才實現，鳩摩羅什終於被請回長安，大大加快了佛教在中國的傳播。據記載，鳩摩羅什和他的弟子們一共翻譯了佛經達七十四部，計三百八十四卷。符堅功不可忘。

符堅統一中國的步伐在大大加快，但是老天不讓符堅辦成大事，由於

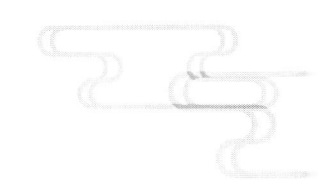

積勞成疾，王猛一病不起。王猛之死，似乎預示著先秦王國已從頂峰滑下來，它的事業不再陽光。這一點符堅心中最清楚。王猛臨死前，還掙扎著上表符堅，明確提出自己對今後時局的看法，提醒符堅該做什麼、不該做什麼，特別提到讓符堅「勿以晉為圖」、「鮮卑、西羌……終為人患，宜漸除之」。八年後，符堅沒有執行王猛的這個治國良策才有淝水一敗，才有國崩人亡之禍，當時符堅看到王猛臨終的上表，涕淚不止。王猛對前秦也像諸葛亮對蜀漢一樣真正做到了「鞠躬盡瘁，死而後已」。王猛入殮時，符堅連續三次前去哭弔，符堅由衷地向天發問：「天不欲使吾平一六合邪！何奪吾景略之速也！」又下令舉行國葬，「朝野巷哭三日」。符堅之哭的確動之真情，也對得起王猛了，君臣一場，堪稱情義。

符堅留在歷史上的最大「汙點」是不該忘了王猛臨終的交代，「勿以晉為圖」，以致有淝水大敗，「焦點」在於：該不該打這仗？該不該伐東晉統一中國？淝水之仗是怎麼敗的？八十七萬大軍怎麼就讓八萬人馬打得望風披靡，真如秋風掃落葉、摧枯拉朽一般？符堅是馬上皇帝，一生征戰不斷，領兵打仗是家常便飯。他之所以能夠統一北方，滅掉那些自封自建的國家，關鍵原因是他懂得打仗。他手下的以氐族士兵為基礎的軍隊是能打硬仗、惡仗，也打過不少勝仗的軍隊。為什麼和東晉的部隊稍一接觸就兵敗如山倒，以至於連符堅這種打了半輩子仗的統帥竟然也「八公山上，草木皆兵」呢？

談時局，談政治，談改朝換代，談分崩離析，有句政治術語「大小環境」，一切發展變化離不開國內國外與朝內朝外的大小環境。西元四世紀時，中國尚無「環境」一詞，但從西元前五世紀，中國就講「勢」、講「道」，「勢」、「道」乃「大小環境」之源也。

符堅面臨的「大小環境」是西晉「八王之亂」以及後來的「五胡亂

華」，中國北方陷入中國歷史上最分裂、最內戰、最殘酷、最無序、最黑暗的時期，人民苦亂甚矣、久矣，統一中國是民之所願，勢之所迫；符堅之前秦統一北方，五胡基本上不太亂，都暫時偃旗息鼓，老老實實，規規矩矩。前秦國力已經達到空前的強大，國富民強，軍隊也達到空前的壯大，沒有辜負符堅二十多年的苦心經營。

符堅的不凡還在於他的「民族政策」和對內對外的儒風仁義策略。五胡之中，氐為小族，始為弱族，十六國中前秦非大亦非強，尤其輪到符生當政折騰得內外失和，內外危機，吏不安寧，民不聊生。符堅堅持恩威並重，仁義至上，團結能團結的，收羅能收羅的，招撫能招撫的，安頓能安頓的，才能在十幾年期間對外拉攏五胡為己效力，讓十六國統一在自己麾下；對內吏敢言，民能生，國得治，帝生威；每臨大事必議，每臨大戰必親，何其功大？何其能耐？符堅是中國歷史上少有的賢能帝王。不是淝水一戰，中國的歷史真要改寫，符堅很可能和千古一帝的秦始皇有得比拚。

符堅為什麼狼一樣地把目光盯在了東晉政權上？臥榻之側豈容他人鼾睡？難道符堅真的忘了王猛臨死前的叮囑？聽聽陳寅恪的論述。陳先生說，當時中原衣冠多隨東晉渡江，漢人正統在南方，如果不攻取東晉南朝，就不能自居於漢人正統的地位，也就不能降服鮮卑族，且漢人也有離心的傾向。只有攻取東晉，推行漢化，方可統一胡漢。符堅所以堅持南伐，原因在此。南伐前符融對符堅所言前秦政權內部尚存在不少隱患，符堅豈能不知？符堅之所以必欲南進，正是因為他了解民族問題未解決，只有南伐，取東晉而伐之，才可以解決這個棘手的問題。

陳先生是大家，講得透澈！

東晉該伐，東晉必伐，不伐中國不可能統一，不伐中國北方也不會長久安定。

符堅為什麼兵敗淝水？而且敗得那麼慘呢？

符堅征伐東晉，動用騎兵二十七萬，步兵六十多萬，用符堅一句極形象的話說叫「投鞭斷流」。其軍威威，其勢浩浩。果然，大軍所指，攻必克，戰必勝，斬將奪城，勢不可擋。前秦大軍攻陷襄陽俘虜東晉襄陽守將朱序，符堅以仁義釋之，為使之感動，封官晉級，留在身邊重用。以符堅之心，以為朱序陣前之俘將，當斬不赦，但是臨斬赦之，又共圖大業，朱序就是塊石頭也得捂熱，石頭上也能開出花來。但是朱序是塊生鐵，也算是條漢子，捂不熱，他自詡生為晉人，死為漢鬼，視胡人為異類，視「前秦」為胡亂。他對符堅實行的是韜晦辦法、「潛伏」辦法，先蟄伏下來，將來從內部反，在窩裡鬥。符堅淝水之敗，也敗在此人身上。

符堅信任朱序，大軍屯於淝水之畔，奉行的是「先禮後兵」，下書相請，請東晉君臣認清形勢，歸統於秦，就是白皮書，勸降書。讓朱序這位東晉的舊臣持書前去。符堅的用意是讓朱序以現身的說法說服江東。但是朱序乃「潛伏」者也。他一跑到東晉大營，立即把符堅的軍士部署原汁原味地搬出來，把符堅軍隊的內部詳情知根知底說出來，並指出秦軍的要命點在哪裡。果然，東晉集中兵力，派出猛將「龍驤將軍」劉牢之率勁卒五千，夜襲梁成壘，克之，斬成壘及王顯、王詠等十將，士卒死者一萬五千人。而梁成所率正是符堅的核心之一，在淝水戰役展開之前，其主力部隊之一已被消滅，親隨軍官十人已被斬殺。而且開戰之後符堅很可能還不知道。

歷史上我們讀過晉軍讓秦軍從淝水邊後退讓出一塊地方，然後兩軍決戰，符堅信以為真，指揮軍隊後撤，誰知大軍後撤就制止不住了，有人在陣後高呼秦軍大敗，故秦軍兵敗如山倒。歷史是這樣，但亦非如此簡單，符堅不是阿斗，亦非後唐李煜。問題是內部有「潛伏」。朱序渡江勸降時

勝得輝煌，敗得悲壯

就對東晉前線指揮謝石說，集中力量，挫其前鋒，定可成功，如待秦之百萬大軍陸續而到，晉軍不存矣。

兩軍對陣，中間相隔淝水。晉將謝石既能打，也十分懂戰術，又有朱序策應，故遣人告秦軍前線總指揮符堅的兄弟符融，言之：秦大軍深入，臨水布陣，非持久之策，上良之略在速戰速決，請你把布陣的軍隊稍稍後撤，騰出空地，雙方格鬥，你我立刻觀戰，豈不樂乎？

我們現在的文字上都是說符堅大傻子似的一撤軍隊，秦國軍隊本來就心存異志，不願打仗，稍稍向後撤退，頃刻便變成大潰退，如雪崩一般。實際前線指揮軍隊的乃是符堅之兄弟符融也。歷史上有宋襄公，被後人稱其為蠢豬似的仁義，想必符融不會不知道。符融也是戎馬一生，征戰不已，且此人十分有政治眼光，在對待南征東晉問題和對待胡族投降一事上的見解和王猛所見竟然出奇的一致。符融不是宋襄公，也不是蠢豬，也不白給。符融的主意是等到東晉的部隊渡淝水之時，「半渡而擊之」。在報皇帝符堅同意後，部隊按計劃開始後撤，正在這關鍵時刻，如「半渡而擊之」，東晉的部隊必然全軍覆滅，「潛伏」在秦軍陣營後方的朱序十分清楚這一點，同時他了解這支龐大的組合軍隊是烏合之眾，想儲存實力。因此朱序在陣後大叫「秦軍敗矣！」一呼百呼，百呼群呼，不敗也變成大敗，大敗則成大潰。兩軍之中「堅中流矢，臨陣斬融。堅眾奔潰，自相蹈藉投水死者不可勝計，淝水為之不流，重以飢凍，死者十八七」。符融死得也慘，馬革裹屍：「融馳騎略陣，馬倒被殺，軍遂大敗，堅為流矢所中，單騎遁還於淮北。」淝水之戰秦軍之敗如轟然而倒的巨人，又如雪球入沸水，率百萬之眾的符堅竟然帶箭單騎逃至淮北。

英雄命艱，霸業難成。

當初始自王猛，後繼符融都對符堅的「招降政策」提出相反的意思，王猛臨終的一條忠言即是「鮮卑、西羌……終為人患，宜漸除之」。王猛有遠見，符堅養虎傷身。前秦帝國分崩離析，眾叛親離。符堅落到羌族首領姚萇手中，姚萇也是在符堅「俘虜政策」下招降納叛的，符堅信之為知己，委之以重任，把自己曾擔任過的龍驤將軍委任於他，但是眼下符堅已是亡國之君，前秦帝國已不復存在，姚萇既有狼子野心，也是狼心狗肺。他看符堅已為其階下囚，就向符堅索要傳國玉璽，遭到符堅大罵，繼而又讓符堅把皇帝之位禪讓給自己，又遭到符堅痛罵。符堅痛斥姚萇忘恩負義，痛罵其為叛賊，未服一句軟，至死皆凜凜正氣，不正眼視群賊。姚萇羞憤交加，把符堅活活縊死。

　　可惜符堅霸業未成，終於慘死。

　　此文作完恰逢我從徐州返回，在徐州曾有一緬懷楚霸王的詩，權且作為本文的結尾：

> 霸王頸前噴血花，
> 英雄至死未還家。
> 虞姬揮劍殉情去，
> 長使後人熱淚發。

勝得輝煌，敗得悲壯

陳後主跳進胭脂井

名字叫得鮮亮。

一口井以胭脂命名，古今唯此。考證其名來由，竟然真是因為此井曾塗染過女人的胭脂而得名。這個把胭脂留在井沿上的女人乃南朝四個王朝中最後的南陳王朝中，亡國皇帝的寵妃張麗華。似乎歷史上古今皆有定論，正是因為張麗華的胭脂，才讓南陳王朝毀滅，才讓陳後主束手被擒，使其成為中國歷史上著名的昏君。唐代大詩人劉禹錫曾有感而詩：

臺城六代竟繁華，結綺臨春事最奢。

萬戶千門成野草，只緣一曲後庭花。

但是這卻成全了這口井，胭脂井，讓它史上有名。慕名來看胭脂井會令人失望，胭脂井就是一口青石井沿的普通小井。要不是它旁邊立著一塊青石碑，上書四個大字：古胭脂井，你走到它跟前都不會留意它。

胭脂井是口石頭枯井，井沿上亦有累累井繩磨礪出的深溝，彷彿在評說著著名胭脂井所在的景陽宮的繁華熱鬧，金碧輝煌。撫沿望井，井不深卻似乎深邃無底。窺井底，竟彷彿在窺視一千多年前的歷史；側耳細聽，井中幽幽然，有風從井底來，嗚嗚咽咽竟然似泣似訴。恍惚之間，竟有管絃之聲似從井底升起，陰陰然如冥冥之聲。那就是歷史上有名的亡國之曲〈後庭花〉？記起陳孚先生曾寫有一首〈胭脂井〉：「淚痕滴透綠苔香，回首宮中已夕陽。萬裡河山天不管，只留一井屬君王。」然陳孚先生亦元朝人

士,細算至今已八百多年。胭脂井豈能忘?

胭脂井的創始人當屬陳後主。

陳後主是南朝陳王朝的亡國之君。有些像三百多年後南唐後主李煜。多才多藝,多情多愛。用後人評論北宋亡國之君宋徽宗趙佶的一句話放在陳後主頭上,亦不過分:宋徽宗什麼都可以做,唯獨不能做天子。

唐朝的魏徵曾在《陳書》中評論陳後主,有幾句話說得透澈,入木三分:「後主生深宮之中,長婦人之手,既屬邦國殄瘁,不知稼穡艱難。」

按說陳後主也經歷過腥風血雨,應該知道這政權得之不易。

陳王朝的老皇帝陳宣帝陳頊於陳太建十四年(西元582年)正月,剛剛過完春節,陳頊就「駕崩」。陳後主那時還是太子,在父皇棺前哭得死去話來,哀慟不已的陳叔寶做夢都沒想到,剛剛穿上的潔白孝衣喪服上就遭到自己鮮血的噴濺。

宮廷政變,血濺宮闈。這場以其兄弟陳叔陵為首的政變一方,企圖在陳宣帝葬禮上殺了太子陳叔寶,自己登基做皇帝。政變雖然被撲滅了,但是陳叔寶險些喪命,被砍成重傷,有了這場生死搏鬥,有了這次血腥的奪權,常理推論,應該為陳叔寶的政治生活留下深刻的印象,對他從政治國應該打下不可磨滅的印痕。未當皇帝,先為這位皇太子上了一堂生動具體血腥的政權課、政治課,不知為什麼這麼大的政治事件,陳叔寶絲毫不為所動,依然我行我素做太平天子,驕奢淫逸、昏庸荒唐、追求享樂、盡情聲色、放縱所欲、為所欲為。

終於,陳叔寶親手葬送了江南陳家王朝的錦繡河山;在他手上將他曾祖父陳霸先開創的南陳王朝執行了三十二年後,就劃上了終結號;他的八年帝王夢也徹底破滅。後人把他亡國之過相當程度上歸罪於那個女子,那

個叫張麗華的女人。亡於女禍，敗於妖女，似乎已成鐵案。

壁月庭花夜夜重，隋兵已斷曲河衝。

麗華膝上能多記，偏忘床前告急封。

胭脂井竟然是張麗華的歸宿，胭脂井竟然因為張麗華而名。

據史記載，張麗華家境貧寒，其父兄皆以編織草蓆為生，十歲被選入宮，侍奉當時的龔貴嬪，後被當時還是太子的陳叔寶看中，一見傾心，一遇得寵。陳叔寶酒色之徒，可謂「閱盡人間春色」，一見鍾情於張，足見張之傾城傾國，史書上描述其娉婷嫋娜，端莊秀麗，風流妖豔，光彩照人。與歷史上其他美人不同，張麗華生就長髮七尺，黑亮如漆，閃閃發光。據說其憑軒遠眺，比若仙姝。更讓陳後主愛得發瘋發狂的是，此女不但俊美如仙，且聰慧異常，善於察言觀色，工於心計。張麗華還天生的聰明強記，陳後主近侍都記不清的事情，此女都能一一背誦。尤其是陳後主耽於酒色，溺於娛樂，怠於國事、政事，而張麗華竟然能代後主處理國之大事，讓陳後主好歡喜，於是每每升朝處理朝廷事項，「後主置張貴妃於膝上共決之」。查閱中國歷史，皇帝在處理國家大事上把自己寵愛的女人抱在膝上辦公，似還未見，陳後主真夠大膽的，張麗華真夠妄為的。

這還不夠，陳後主又修起臨春、結綺、望仙三大樓閣，這三大樓閣「各高數十丈，連延數十里，其建築皆為沉、檀為之，飾以金玉，間以珠翠，外施珠簾，內有寶林、寶帳，其服玩瑰麗，近古所未有。每微風暫至，香聞數里，其以積石為山，引水為池，雜植奇花異卉」。

三大樓閣建成後，陳後主居中居臨春閣，張麗華居結綺閣，其他最寵愛的龔、孔二位貴嬪居望仙閣。陳後主又把三大樓閣中間修上覆道，真有秦始皇阿房宮的味道，但是秦始皇的阿房宮並未修成，而陳後主的三大樓

陳後主跳進胭脂井

閣他是享受上了,於是經常歡宴通宵達旦,吟詩作樂,飲酒歌舞。他還把被後世稱為亡國之曲的〈玉樹後庭花〉譜成新曲,組織千餘名宮女排練。

陳後主亡國在即。

正像三百七十年後的北宋開國皇帝趙匡胤那句穿透歷史的名言所道:「臥榻之側,豈容他人鼾睡?」

隋文帝大軍壓境,南陳王朝眾叛親離,江防城防一擊即潰,無奈之中,陳後主帶著張貴妃、孔貴妃一起逃到景陽殿後的枯石井前。陳後主也可謂有情有義,不愛江山愛美人,江山可棄,美人不棄,對愛情的執著可能是陳後主殘存的一點美德,誰都想不到這位國君竟然把自己和兩位美女捆在一起,一起吊放到枯井之中。

陳後主於國於民是罪孽之主,喪國亡家罪責難逃,但是他對自己心中的愛情是至死不渝的。他可以沒有一切,但不能沒有他寵愛的女人。文學中的一個跨越時間地域的主題,愛情高於一切,陳後主當如是也!陳叔寶不惜國,不惜民,甚至不惜己;不貪權,不貪財,不貪宏圖大業,陳叔寶只愛張麗華。翻閱歷史皆恨陳、罵陳、責陳、訓陳之詞,因為他亡了國,因為他滅了朝,而他又是因為荒淫無度誤國亡國,因為貪圖女色亡朝亡國。陳亡近一千五百年了,每當翻開中國亡朝亡國史,無不把陳叔寶揪出來鞭笞、痛斥一番,把他一次一次掛在歷史的恥辱柱上。宋代大家王安石就曾有一詩詠胭脂井:「結綺臨春草一丘,尚殘宮井戒千秋。奢淫自是前王恥,不到龍沉亦可羞。」

胭脂井可以做證,當年搜城的隋兵因為井口有一片片胭脂色才發現枯井下有人,發現陳後主藏匿在枯井下。當隋兵用井繩繫著筐把井下的人拉上來時才發現,筐沉不是因為筐中有皇帝,而是陳皇帝還緊緊抱著他的張、孔

兩位寵妃，大有生死與共的悲涼。

　　生死之際見真情。陳叔寶是真愛張麗華，他可以不要一切，但是他要美人，卻不愛江山。陳叔寶是個情種，在愛情上算得上個漢子，生死關口，不拋棄美人。張學良也堪稱是條漢子，他就敢坦言：「平生無所愛，唯有愛美人！」別人誰敢這麼剖心亮膽？

　　胭脂井作證：陳王朝也不是亡在美人手中，張麗華背黑鍋就因為寵愛她的皇帝是亡國之君，如果是開國之君，何罪之有？想起三百八十年以後的後蜀國的亡國皇帝孟昶有位寵妃叫花蕊夫人，在城破國亡之際曾痛心對蒼天哭道：「君王城上豎降旗，妾在深宮哪得知？二十萬人齊解甲，也無一人是男兒。」不知張麗華是否在胭脂井前哭泣？張麗華因美得福受寵顯貴，也因美招禍招罵招罪。

　　陳叔寶苟延殘喘地被押送走了，而張麗華竟然被斬於景陽宮中，血濺胭脂井。

　　胭脂井沿上片片的胭脂紅中，還有滴滴鮮血紅。

　　有說此胭脂井非彼胭脂井，但是胭脂井的情，胭脂井的意，胭脂井的歷史當如是一。

　　胭脂井無語。

　　細雨之中，彷彿胭脂井也流淚。

陳後主跳進胭脂井

隋文帝的革命

隋文帝的革命，非吾之言也，《資治通鑑》中稱隋文帝「革命數年，天下稱平」，評價不低。史學家稱：「當為公允之說，洵非虛飾之辭。」

隋文帝是讓其子隋煬帝反襯得似乎黯淡無光。隋煬帝是中國歷史上最著名、最出色、最能折騰，也最有能耐的昏君，窮兵黷武、驕奢淫逸、好大喜功、揮霍無盡，以致民不聊生，終於讓他把一個勃勃生機正待發展的大一統中國折騰得分崩離析、烽煙四起、土崩瓦解。創立大隋王朝基業曾讓百姓看到光明、讓官吏看到希望的隋文帝，他的光芒被隋煬帝這位歷史公認的「反面教員」遮擋得模糊起來。

隋隨隋煬帝而亡。秦始皇劣跡斑斑，卻儼然以千古一帝高矗在中國歷史上；而隋文帝一統江山、重整河山，革命不乏大手筆，治國比秦始皇有方有術，有德有績，卻因他兒子隋煬帝而亡、而無光。

檢閱中國皇帝的方隊，隋文帝肯定不是庸君，更不是昏君、暴君，堪稱明君，就其治國、治吏、為民、為國的「革命」來論，他當為中國皇帝方隊中走在最前列最高處的皇帝，還歷史以真實。

隋文帝楊堅具有中國傑出皇帝都具備的兩面性，他是靠玩弄陰謀詭計、宮廷政變上臺的。在歷史上，篡位奪權，改朝換代的陰謀家皇帝中，儼然有隋文帝楊堅。在後人看來極不光彩的皇帝中，魏文帝曹丕、晉武帝司馬炎、唐太宗李世民、宋太祖趙匡胤等，夾在這行帝王之內的就有隋

隋文帝的革命

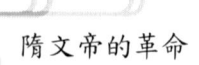

文帝楊堅，連奴隸出身的草莽皇帝石勒都說：「朕終不效曹孟德、司馬仲達父子，欺他孤兒寡母，狐媚以取天下也。」石勒還不是一位老辣的政治家，幸虧他比楊堅大二百六十七歲，否則這位隋文帝也必列其中，他較之曹丕、司馬炎更甚。

為了達到政治目的，楊堅夠陰險、夠毒辣。楊堅少年得志，十五六歲就飛黃騰達。《隨書·文帝紀》中說：「生高祖（即楊堅）時，紫氣充庭……皇妣曾抱高祖，忽見頭上角出，遍身鱗起。」編得如見其人，有鼻子有眼的。但是楊堅長得的確相貌堂堂、端莊威嚴、氣宇軒昂，且「沉深嚴重」、「雖至親不敢狎也」，小小的年紀就有一股不怒自威、不言自尊的氣場，言其少年天才恐不過分。

楊堅是道地官二代。因其父楊忠有大功於西魏、北周，官至上椿國、大司空、隋國公，承父陰德，十二歲就做官，十五歲就獲封成紀縣公，十六歲任驃騎大將軍，又世襲其父為隋國公。少年得志。未及成年卻已上朝議政，帶甲議兵，且能把國家的政治、軍事、民事、官吏都管理得井然有序，處理得頭頭是道，難怪當時西魏的權臣宇文泰見到楊堅後，竟然情不自禁地感嘆：「此兒風骨，不似代間人。」宇文泰感到了楊堅身上有一股無形的逼人氣場。

楊堅所處的年代正是北魏分裂為東、西兩魏之際，而宇文泰掌握的政權史稱西魏。西魏的建立，楊堅之父楊忠也立下汗馬功勞，成為西魏的重臣。這個時期的西魏政權風雨飄搖，形勢極為不穩。宇文泰隻手把控一朝大政，先把西魏皇帝毒死，又扶持絲毫不敢「亂說亂動」，只會老老實實的小皇帝孝文帝上臺當傀儡。

宇文泰會篡權、掌權、弄權，他一手廢過西魏三個皇帝，又一手立過三個傀儡，到西元556年，宇文泰病死，西魏的帝黨認為這下可以鬆口

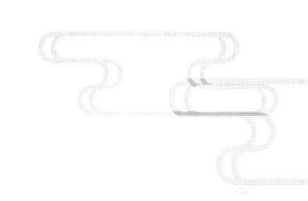

氣，稍得喘息了吧。誰知道宇文家一代比一代凶惡，宇文泰的姪子乾脆擁立宇文泰的兒子當上了皇帝，徹底扔掉西魏傀儡皇帝，自己當家做皇帝，改朝換代，建立新王朝，史稱北周。

西魏在走馬燈似的換皇帝換大臣，到北周以後，朝廷內部仍然是爭權奪利、打打殺殺、陰謀詭計、兄弟相殘，北周依然動盪不已，依然風雨飄搖。但是楊家卻風雨不動，楊堅的勢力隨著天子的改變而不斷壯大，不斷發展。楊堅的政治手腕和政治目光，使他在西魏、北周那般複雜多變的政治組合和政權淘汰中穩坐釣魚船，成為兩朝的不倒翁。

楊家在西魏時期還僅僅是王朝的一支潛力股，發展到北周時已經成為幾乎和皇族宇文家族相提並論的政治集團，成為宇文天下楊家「黨」。楊家勢力遍北周，連這位北周王朝最有作為的皇帝也不敢無視楊家的存在，他利用婚姻把宇文氏和楊堅兩大政治、軍事集團聯合起來。他聘楊堅的長女楊麗華為太子妃，這樣楊堅這位權勢熏天的隋國公又變成顯赫的國戚，望著北周的天，踩踩北周的地，楊堅撫摸著北周皇宮前的大石獅子，猙獰可怖的獅子在楊堅手下猶如諂媚的貓。楊堅從不笑，也絕不怒，史稱其喜怒不形於色，但是他肚子裡有本「變天帳」。

也不是沒人看出楊堅的「狼子野心」，秦王宇文憲是個精明強幹之人，他對周武帝說：「普六茹堅相貌非常，臣每見之，不覺自失。恐非人下，請早除之。」他的近臣王軌也密奏：「皇太子非社稷主，普六茹堅貌有反相。」歷史真乃相似。往後推三百八十六年，北宋的開國皇帝趙匡胤還在後周皇帝郭威帳下做將軍時，就有人向郭威建議，除掉趙匡胤，因為其相貌不凡，高大魁梧，有君王之氣。郭威幾次看趙匡胤也感到氣場不凡，有天子五彩氣；其氣質不俗，有臨朝為君之威。如果那時候郭威一聲令下，斬趙匡胤於殿前，就不會有「陳橋兵變」、「黃袍加身」了，大宋王朝將不

隋文帝的革命

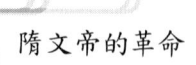

復有。就像周武帝如聽從密奏,殺楊堅,歷史上就不會有隋朝,那就不知道中國歷史將演向何處?但是歷史不會假設,更不會重演。

周武帝沒有斬殺楊堅。而楊堅耳目眾多,已得知密奏,就更加韜光養晦,收斂氣場,顯得畢恭畢敬,溫良恭儉讓了。

「將飛者翼伏,將噬者爪縮,將陰者陽和,將官者先偽。」楊堅都做到了。

楊堅終於熬到了周武帝病死。他的女婿周宣帝即位。周宣帝在政治上還是一棵嫩芽,楊堅是老薑。這位周宣帝登基的第一件大事,就是封自己的老丈人楊堅為大司馬,拜上柱國,而且周宣帝「每巡幸,恆委居守」。周宣帝像相信自己一樣信任自己的國丈,把國家都通通託付給楊堅。但是皇權臣權,兩權相爭,必有一得。周宣帝漸漸不滿楊堅權力過大,權侵朝野,尤其是身兼國丈的楊堅甚至要把皇帝發昭實施的法令廢除,便有殺國丈去隋公大司馬之心。有一次,他已埋伏下衛士,讓人去請楊堅,發旨:如果楊堅入宮後神色驚惶,立即殺掉勿疑。但是楊堅老奸巨猾,入宮後行禮趨拜,一如平常,神色自如,老薑也!

等到楊堅的外孫周靜帝即位後,楊堅已是朝中輔佐重臣,已然一人之下,萬人之上。大權在握,幼主在朝,又幾經波瀾,楊堅終於牢牢把握了朝中大權,真正把皇帝變成傀儡。朝中大小事皆由楊堅一人說了算,他的「變天帳」終於開始翻開頁了。

楊堅是陰謀家、野心家,也心毒手黑,把權力看得重於親情。下狠手、下黑手、下毒手在中國皇帝之中也是名列前茅。楊堅是玩陰謀詭計的,是搞宮廷政變的,他生怕周朝皇家不服、鬧事、政變,索性徹底解決問題,開殺!把列在「黑名單」上的皇室殺光,免得後患。可能他想起當年周武帝沒殺他,他絕不會再犯周武帝、周宣帝那樣簡單幼稚而又致命的錯誤。

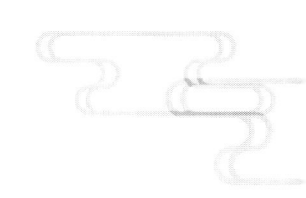

楊堅在歷史上留下惡名，據說他的兒子隋煬帝最後死在宇文後代的手中即為報應。如楊堅有知，他不會後悔殺無辜，只會悔恨自己當初沒有斬盡殺絕。

據史記載，楊堅共計殺害周朝文帝子孫二十五家，孝閔帝子孫及明帝子孫六家，武帝子孫十二家。荒唐皇帝宇文贇的兒子宇文闡繼位後即被殺，時年僅九歲，九歲的小皇帝剛剛當上皇帝，還不知皇帝為何物，就被楊堅派人活活勒死，宇文贇另外兩個幼子還在懷抱中，也被斬草除根，細論起來他們還都和楊堅有血緣關係，都是他的親外孫子。

楊堅終於完成了他第一階段的「革命」，他以周靜帝的名義，有條不紊地為自己一步步加封，「受相國、百揆、九錫、建臺置官」，最後終於瓜熟蒂落，上演「禪讓」大戲，自立為帝，改元為開皇。他現在可以仰天朗聲大笑了，他不必再偽裝喬扮，把自己包裝在虛偽和陰謀之中。二十年終成帝業夢，他登上九龍寶位，成為大隋王朝的開國皇帝，中國歷史將由他掀開嶄新的一頁，隋文帝的帝王革命又開始了。

隋文帝前後革命的色彩完全不同。隋文帝一項偉大的革命成果是統一中國。在此之前，中國已分裂二百六十多年，百姓急盼和睦統一，和平繁榮。隋文帝對他的朝臣講了一句既有氣魄又有感情的話：「我乃天下百姓之皇，豈能限一衣帶水而不拯之乎？」這就是聖旨。

開皇八年（西元588年），隋文帝發兵三十萬，戰船千艘，又印發三十萬份討陳詔書，列舉陳後主十二大惡事，遍致江南各地。陳後主也是作惡多端，中國歷史上著名的亡國亡朝的昏君之一，他是一位站在受審席上的「負面教材」。

隋朝討伐大軍水陸兼程，其勢如摧枯拉朽，所向披靡，「門外韓擒虎，樓頭張麗華」，實應為枯井張麗華。「在期一舉，永清吳越。」是隋文帝把

隋文帝的革命

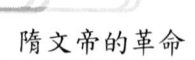

　　分裂了二百多年支離破碎的中國重新統一起來。隋文帝該歌頌！但是隋文帝卻偏偏扭過頭去，王顧左右而言他。他是搞陰謀詭計的高手，他深知那些諂媚奉承的背後往往是陰謀和別有用心。吹捧得越肉麻的人可能內心越齷齪，恭維他「德配天地，再造太平盛世」，鼓動他「封禪泰山」，樹碑立傳。隋文帝皆不為所動，他不簡單。我沒有想到，作為歷史上靠陰謀起家的陰險者，竟然會是治國安邦的帝王。

　　治國先從吏治改革始，隋文帝確立了「三省六部」制，即尚書省、門下省、內史省，三省的長官都是宰相，此外，還有祕書省、內侍省，與尚書、門下、內史並稱五史。五省中前二省權力最大，二省中又屬尚書最為重要，它是國家的最高行政機關，其下設六部。六部的設定也可以說是科學的分工，責任明確，即兵部、刑部、工部、吏部、禮部、民部，這六部的分工，一直延續到清朝，經過一千多年的洗禮，幾朝幾代的運用，六部未倒。我每天走路鍛鍊都要經過六部衙門口，清王朝的六部離紫禁城走著也不過十幾分鐘就到了，可見六部之重要。直到隋文帝時廢除北周的六官制度，徹底改革了現有的政治制度，最終確定了「三省六部」制。隋文帝不愧是官場上的老吏，明確規定官職的設定和作用，「三省六部」一律一正兩副，不得超職數配備，更不允許高配。隋文帝老辣，他看出來的問題一千多年以後也未能很好地解決。

　　隋文帝的另一項近乎偉大的革命就是廢除「九品中正制」，實行開科考試，憑能力、憑考試成績當官。在之前的九品中正制體系中，上品無寒門，下品無士族。「龍生龍，鳳生鳳，老鼠的兒子會打洞」，讓社會看不到光明，讓人民看不見希望，「肉食者」雖鄙但是終生受用。科舉制度又近乎是一項偉大的發明，它造就了多少代讀書人的成功事業，成就了多少寒士的成功夢。

科舉制度一直延續到清光緒年間，後被慈禧太后發令廢止。隋文帝的發明堪稱是世界最有影響力的發明之一，楊堅革命有內容！

以前，我只知道秦始皇統一貨幣，沒想到到西晉「八王之亂」、「十六國」為政時期，各自為政、各自鑄錢、各自設定私房錢。隋文帝果斷進行金融革命，改鑄「新五銖錢」，全國統一貨幣。隋文帝不簡單，雖然史書上並未詳細記載其如何策劃、如何推動金融革命，但是有一點可以肯定，楊堅在金融改革方面是成功者，統一貨幣後，市場繁榮，商賈雲集，國泰民安。比西漢新政的王莽不知要高明多少。王莽改革貨幣，結果颳倒了皇位，刮翻了「新政」。

隋文帝和秦始皇不同，他們都統一了中國，秦統一中國後，苛捐雜稅，賦稅徭役倍增，家家出差，戶戶出役，人民苦不堪言。而隋文帝卻截然相反，他統一中國後實行均田制，公布類似土地法的制度，限制豪強兼併土地，鼓勵流民變成農民，鼓勵農民開荒種地，誰開荒誰擁有。隋王朝時期全國耕地激增，全國人口急增，據專家考證，皆為中國數百年未有過。

隋文帝有辦法。他還實行「兵民合一」政策。另外，隋文帝在全國推行一種叫「大索貌閱」的辦法，所謂「貌閱」故名思義，就是查閱你的身分，上面詳細記載著國民的性別、年齡、容貌特徵。

更讓我敬佩的是隋文帝的革命直指法律，要「以法治國」，公布並實行《開皇律》，律法明晰，寬嚴有度，明文廢除梟首、車裂等酷刑。隋亡唐興制定的《唐律》基本上脫胎於《開皇律》，可惜隋是二世三十多年之國，隋文帝這些近乎英明的革命創舉被隋煬帝塗上一層失敗的陰影。

隋文帝有和秦始皇一樣的地方，那就是勤政不懈。秦始皇每天要批閱重一百二十多斤的竹簡，隋文帝更甚，不知楊堅的理念是什麼？他幾乎和以前所有的皇帝都不一樣，人家是為得天下，享天下之福而奮鬥，他彷彿

隋文帝的革命

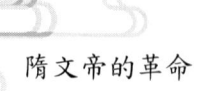

是當上皇帝就為自尋苦受，自找苦吃，以苦為樂。我之言並非虛語、憑空表揚他。史載隋文帝「每日臨朝，日昃不倦」、「日旰忘食，夜分未寢」，簡直達到了廢寢忘食的地步，天不亮就開始工作，夜至深仍然孜孜不倦。更讓人大感意外的是，隋文帝竟然不尚奢華，儉樸自律，不慕虛名，不放縱享受。不是有意美化他，據《貞觀政要》記載，唐太宗曾向大臣房玄齡、蕭瑀詢問：「隋文帝如何主也？」回答：「文帝勤於為治，臨朝或至日昃。五品以上引坐論事。衛士傳餐而食。雖性非仁厚，亦是勵精之主也。」後朝之臣評議前朝亡君，恐不必有阿諛之詞，應該實事求是。一個剛剛統一了全中國的皇帝能做到這一點，堪稱是中國歷代帝王之中勤勉於政的典範。我不知道中國皇帝中還有哪一位在辛勤工作中竟然吃工作速食充飢？稱隋文帝之美德恐怕不是諂媚之辭。

隋文帝是靠搞陰謀篡位上臺的，他治吏也延續這個辦法，對他忠不忠？貪不貪？腐不腐？他除了依靠人員辦案，還親自下手，暗中派員悄然深入地方，查摸情況，偵察動向，傾聽民意。更有「毒招」，楊堅也熱衷於用陰謀破獲陰謀，派人引誘官吏、向官吏行賄、給官吏下套，一旦官吏「上鉤」，必嚴懲不貸，極刑伺候，「無所寬貸」。楊堅這招也見效，隋開皇年間官員腐敗之風大加收斂，更未見有結黨營私，圖謀不軌者。

《隋書‧高祖紀下》中是這樣記述的：「躬節儉，平徭賦，倉廩實，法令行，君子咸樂其生，小人各安其業，強無凌弱，眾不暴寡，人物殷阜，朝野歡娛。二十年間，天下無事，區宇之內晏如也。考之前王，足以參蹤盛烈。」那社會堪為人羨慕，小康社會彷彿已然，這其中可能有讚譽成分，但是從一個戰火連天、殺戮不斷、生靈塗炭、民不聊生的社會，步入此社會，二十年天下無事，人民安居樂業，隋文帝當為一代良主，應為中國皇帝中的傑出者。

隋文帝的革命也滋生出不少惡果。隋文帝的革命使國力大增，國之富是前所未有的，而隋文帝本人卻十分節儉，節儉得近乎刻薄自己，是中國皇帝中最窮的天子之一，捨不得吃、捨不得喝、捨不得玩、捨不得花，一心一意地攢，累積財富近乎貪婪。

開皇十四年（西元594年）大旱，人多飢乏。是時倉庫盈溢，竟不許賑給，乃令百姓逐糧。隋文帝不憐百姓而惜倉庫，比至末年，計天下儲積可供五六十年。煬帝恃此富饒，所以奢華無道，遂致滅亡。煬帝失國，亦此之由。

嗚呼，僅僅過去開皇年間，一場卷地而來的革命真的要革到他們楊家的頭上了⋯⋯

隋文帝的革命

武則天的「祕事」

在中國皇帝的佇列中，最突出搶眼、最具有特色、最獨樹一幟的當屬中國歷史上唯一的女皇帝武則天。

武則天可謂空前絕後。

武則天活著的時候讓天下人莫敢仰視，武則天死後一千多年又讓人品頭論足，誰讓她是一位開天闢地、威鎮華夏的女皇帝？

套用章士釗老先生的一副名對，言此女皇帝，雖不很貼切，但是也道出女皇帝的「一鱗半爪」：生為皇帝，死為皇帝，平生真具傳奇色彩，功罪蓋棺也難定；譽滿天下，謗滿天下，盛唐險些滅於纖手，是非留待後人評。

◆ 一

武則天是十四歲入宮的，十四歲按現在人的年齡看尚未成年，屬青少年，但是一千多年前的唐朝，十三歲的女孩出嫁是很正常的事。何以然？我未曾考證過，但是一位十四歲，從未出門的閨女遠嫁，且要遠嫁到皇宮之中，這一去，福禍無人能知，何日再重逢亦無人能料。母牽女手，悲從心來，淚自情出，難以自抑，人間常情，母愛使然，母女恩愛使然。

中國千百年的嫁女風俗，女出門時，母必哭，女亦哭，有的還要大哭，哭得難解難分，即使是門當戶對，男才女貌，就算是美滿婚姻，也要

武則天的「祕事」

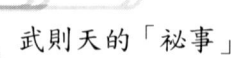

執手痛哭。據說此哭一是母女之情，母捨不得女，女捨不得母，養育之情焉能不動情？二是幾千年的中國風俗，幾百輩的國人情，決定你要哭，母女都必須哭。

　　唐貞觀十二年（西元 638 年）的深冬，那年冬天，一冬無雪，大寒將逝，突降大雪，紛紛揚揚飄飄落落。就在這一天，武則天要入選進宮，送行的人結隊而別，女人沒有不掉淚的，其母應國夫人楊氏更是淚水不斷，嗚咽難言。誰都沒想到，年僅十四歲的武則天竟然十分淡定，望著滿天飛雪對其母，似乎亦像對送別的親戚們言：「見天子庸知非福，何兒女悲乎？」這豈是一位即刻離開娘家，出嫁入宮的十四歲女子所言？雪中人群皆凝靜，哭泣的人群皆無聲無淚。楊氏猛然想起了那件往事，她已逝去的丈夫荊州都督、應國公武士彠讓她牢記心中的往事，武則天的「祕事」。

　　那當是貞觀二年，即西元 628 年的事。那時候武士彠還活著，官做得風生水起。唐初，堪輿大師、占星術大師袁天罡如日中天，「照到哪裡哪裡亮」，關於袁天罡的正說、邪說、傳說已然神乎其神，史料上有，野史上亦有，傳說中有，文學中亦有。不知何故，亦不明何因，武士彠請袁天罡「臨家小坐」。也有一說是袁天罡看武士彠，那時他已是荊州都督、應國公了，言其官運正旺，如紫氣東來，但是陽壽有待，如日暮西山。武士彠苦悶了若干日，他深信袁天罡的陰陽術、堪輿術，因此他要請這位相面大師到家中為幾個兒女看看相，他閉眼時也好心安理得地上路。當然這只是野史中的一種傳聞。袁天罡先看了武家的兩位男兒，袁天罡說兩位公子將來都是棟梁之才，官職都在刺史之上。武士彠心中自然高興。他知道，袁天罡為帝王看相都從不諱言，亦不恭維，袁指出他陽壽不長，他既又急又怕，也又恨又忌，但是袁不改口，相面所在，氣場昭然。此番武士彠懸著的一顆心穩穩地放下。他武家不會因為他死而衰敗。父死看兒，中國古

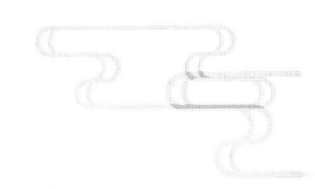

理，上至帝王、下到百姓亦然。武家又抱出尚在懷中的武則天，男尊女卑，武家想讓袁天罡過過眼，看這女娃嫁個什麼人家？沒想到一見武則天，袁天罡大驚，袁天罡閱人無數，使其大驚者必有異相，又仔細觀看後說，此子龍睛鳳頸，乃大貴之相。因孩子年幼尚抱在懷中，未看是男是女，便留下一句「若為女，當為天下主！」

另一種說法，袁天罡在武家先看兩位公子相，武家又以長幼把兩女兒請袁天罡相面。看完大女兒武順後說，當大貴，然夫婿不沾光。武順後來成人嫁給賀蘭越石，被封為韓國夫人，果然大貴，但是賀蘭越石真的沒沾上一點光。然後又請袁天罡為武則天相面，當時武則天年僅四歲，光頭圓腦，男孩打扮。袁天罡相面後說，面相為人中極貴，又讓人把抱在懷中的武則天放到地上，讓武則天走幾步看看。袁天罡看後說，可惜是個男孩，若為女，當為天下主。後被告之為女時，袁天罡大驚，言之：「亂唐者，華姑也。」

袁天罡走後，武士彠對楊氏說，此乃武家之祕，絕不能洩漏半分，否則可能遭到殺身滅門之禍，但此女，他一指武則天，既然富貴不可言，就由她去。想不到武家光宗耀祖竟指靠此女。

武則天出嫁，進宮，嫁天子，嫁皇帝難道應了袁天罡的預言？楊氏緊閉著嘴一言不發，淚不再流，望著瑞雪中漸漸遠去的車轎，她禁不住一遍一遍想著武則天這段「祕事」，一遍又一遍地在飛雪之中為武則天祝福。

◆ 二

武則天實際上嫁給了李世民、李治父子二人。

按照中國的民族習俗和傳統道德，此謂大逆不道、亂倫無道，這是進

武則天的「祕事」

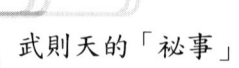

不了祠堂、入不了墓地的。武則天的確嫁給了他們李家父子兩代，且都嫁得光明正大，明媒正娶。

李世民取天下，登基做了大唐的皇帝，唐太宗是也。他自表為老子李耳的後代，其先人則為西漢名將李廣。取天下為帝王理所當然，李氏並非燕雀。歷史是檢驗謊言的唯一標準，李世民並非中原漢人，實為匈奴後裔，至少有相當一部分匈奴、契丹、鮮卑族血統。李世民的祖父李昞娶的是鮮卑族獨孤信的女兒，而就是這獨孤在後來成為中國歷史上獨一無二的「一門三皇后」的家族。獨孤信的兒子史上不見其名，但是其女卻「名垂青史」，這位西魏王朝的八柱國之一，大司馬獨孤信長女嫁給宇文泰的長子，即北周明帝宇文毓；七女嫁給了楊忠的兒子楊堅，即隋文帝；四女嫁給了李虎的兒子李昞，她生下了李淵，武德初年，李唐皇帝追尊李昞為元皇帝，李淵的母親自然就被追封為皇后。獨孤信真是慧眼識珠，伯樂相馬，把女兒都嫁成皇后，史無其他。但是這位「一門三皇后」的父親，據專家考證即非漢人，而是鮮卑族人。

對李淵身世的考證史上多有論著。陳寅恪先生考證說，李家不過是趙郡李氏之「破落戶」，家庭並不顯赫，更非名門，絕不是李耳之後，皆子虛烏有。

武則天十四歲嫁給李世民，被冊封為才人，史書上明載李世民曾經賜名武則天「武媚」，由此判斷，李世民和武媚娘有過一段情意纏綿、花前月下的愛情生活。但是從史書上看，並未見有武則天和李世民情愛如何深、愛情如何綿、如何如膠似漆。因此武則天在唐太宗的貞觀年間並未能被專寵，亦未能染指權力，更未顯示出她的才能。

武則天是個權力欲極強極旺的女人，她在十四歲到二十七歲之間肯定

做過很多次努力，其沒有成功的原因是她遇上的是一位馬上得天下的皇帝，不是開國皇帝勝似開國皇帝。唐太宗是打出來的，真刀真槍拼出來的，是戰場上走下來的，且親自布置籌劃了殺兄滅弟逼父的宮廷政變，其血腥氣、殘忍性、卑鄙性在中國歷史上都是數得上的。因此，李世民對權力的執著和對權力的敏感是那些「生於後宮之中，長於婦人之手」，嬌嫩得如同桃花一樣的皇帝所不能比擬的。晚年圍繞政權的繼承，幾個親生兒子鬥得死去活來，恨不能和他白刀進紅刀出，不惜搞宮廷政變，企圖殺父奪權，這些都時時刻刻在警示他。晚年親率大軍遠伐高麗，大敗而回，使他耿耿於懷，處心積慮地想再起兵報征伐失敗之仇，但是至死都未能如願。武則天的溫情柔意沒有得到她想要的回報。因為她遇見了唐太宗李世民，李世民僅僅把男女之愛作為發洩性愛的一種生活方式，把女人看作是帝王的專屬品。他絕不會把權力與性愛做交易，更不會因為性愛讓出權力，削弱自己對權力的控制。武則天的溫情在李世民面前無功而返，僅僅受封為「武媚」，但是這並不是武則天要得到的全部，她對男人感興趣，但是她對權力更感興趣。她時時嚮往權力，時時準備著不惜一切代價去染指權力，此乃武則天也！

「軟」的不行，武則天決定動「硬」的一手。她思考要征服像唐太宗這樣的皇帝，不可能像征服世界上其他男人一樣，李世民和其他男人不一樣。

她要讓李世民看到她剛烈的一面、能夠替他分憂的一面、能夠幫助他平衡過渡權力的一面、能夠駕馭權力應對複雜局面的一面。

李世民一生愛馬，尤其是烈馬、快馬、好馬，死前叮囑把他一生征戰騎過的六匹駿馬雕成石像，隨他而去。他有一匹西域進貢的良駒寶馬，其名呼獅子驄，是唐太宗親自起的名，可見愛其之深。但此馬悍烈，無人能

武則天的「祕事」

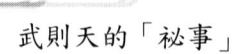

馴。武則天「毛遂自薦」，言臣妾可以駕馭，上下皆驚，無人相信，唐太宗亦大吃一驚。他愛一輩子馬，騎了一輩子馬，見過無數的馬，從未見過一位纖纖女子敢去馴如此烈馬。唐太宗自以為他了解女人如同了解馬，他不信，也不解眼前這位嬌媚的女人。武則天不慌不忙胸有成竹地說：只要陛下給臣妾三樣東西，管保叫這匹烈馬服服帖帖。一條鐵鞭，一把鐵錘，一柄匕首。臣妾先以鐵鞭馴，不馴服則施以鐵錘，若再不服，則用匕首割斷它的咽喉。

世上可能沒有這麼馴馬的，唐太宗亦見未所見，聞所未聞，足見武則天心狠手辣。

武則天雖然得到唐太宗的稱讚，卻沒有實現自己的願望。武則天進宮嫁給唐太宗十一年，一手軟一手硬，軟硬兼施都未能拿住唐太宗。唐太宗不死，決定她終生默默無聞，但是經過征伐高麗的「滑鐵盧」失敗後，唐太宗大病，武則天看清楚了，唐太宗不久於人世，她要尋找新的依靠，並且要從現在就做起。她將使用女人的優勢，她要走向政治舞臺的中心，她不願意，也絕不能平庸一生。

◆ 三

講李世民祖籍為匈奴突厥，是武則天的心事，也是其「祕事」。

武則天要追求新的愛情、新的彼岸。老夫未走，已看中新夫。武則天對愛情的追求從一開始就和政治上的抱負緊緊連在一起。她肯定下功夫研究過李氏的來由。因為她十四歲嫁的老夫是父，而她以後要嫁的新夫卻是兒，能不能再嫁天子？一女嫁雙皇？且是父子皇帝？如果這個有著數千年的民俗習規頂不住、破不了，她的一切努力都是徒勞的，充其量不過是兒

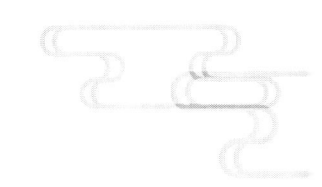

皇帝的一個上不得檯面的姘頭情人罷了。這種父死從子的習俗在少數民族是有的，唐朝對這個不是那麼看重。

武則天熟知漢史，她熟悉當年王昭君出塞的歷史真實。王嬙為愛情首先是為自由，為了自由捨去了一切，心甘情願地遠嫁匈奴。為了自由，寧可犧牲愛情、犧牲婚姻，遠嫁給匈奴的可汗，一個七十多歲的老漢，且語言不通、信仰不同、追求不同、生活習慣不同，這一切，王嬙都認了，那是她的選擇。她並不是為了民族和睦、為了使匈奴不再和漢人廝殺，那俱為後人的粉飾，王嬙沒那麼「政治」。武則天也佩服王昭君這種精神，這種敢「賭一把」的勁頭，認準了就不回頭。最關鍵的，也是人們往往最容易疏忽的，是王昭君嫁給了父子可汗，嫁給了三代皇帝。雖然當時王昭君受了天大的委屈，她不能接受這樣的現實，「匈奴父死，妻其後母」，她已同老皇帝生了兩個女兒，再嫁給兒皇帝，在悲憂愁苦中寫信給漢皇帝，要求回來。武則天不關心王昭君王嬙婚姻是否幸福美滿，但是她十分了解王昭君婚姻的內容。最後王昭君又嫁給匈奴可汗，也就是她過去的兒子。王昭君行，武媚娘焉能不行？「匈奴父死，妻其後母。」武則天在後宮中研究李氏家譜的目的終於真相大白，她搞清楚了李氏不但不是李耳的後裔，甚至不是李氏的後裔，唐太宗的真源老根是匈奴突厥人，李姓不過是賜姓乃耳，還有比這發現更讓武則天興奮的嗎？透過婚姻走向政治舞臺，再沒有歷史的死結。

貞觀二十二年（西元648年），唐太宗病倒了，武則天幾乎日夜相守。她對唐太宗的愛還沒有愛到這種程度。武則天乃天下奇人，這回她明白，唐太宗是步步走向黃泉路。她看見年齡僅比她小四歲的太子皇儲李治也日夜守護著唐太宗。

無論對愛情、對政治，無論對國事、對家事，武則天和李治都不是一

武則天的「祕事」

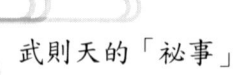

個等量級的對手，用中國圍棋的術語說專業九段對業餘五段。勝負何言？

也是老天作美，老皇帝奄奄一息了，新皇帝躍躍欲試了，武則天真厲害，在老皇帝尚在病榻之時，竟然一舉把未來的新皇帝搞定。武家的政治大幕在悄然拉開。想起希臘神話故事中的潘朵拉魔盒，難道武則天就是東方的秀女潘朵拉？

◆ 四

武則天心黑手毒是歷史公認的，沒有絲毫「祕事」可言，常為後人鞭笞。這女人也確實心硬如鐵。為了洩其怨恨，竟將曾有恩於她的王皇后和蕭淑妃砍去手腳浸泡在酒缸裡，名曰「醉骨」；她先毒殺了自己的親生兒子李宏，又誅殺了另一位李治的兒子李賢，當然李賢和她仍然是母子關係；她還能把自己孫子輩的三個孩子關在宮中十八年不許出門；她還親眼目睹其情人被活活杖死而不動聲色。武則天所作所為為常人髮指，令人不齒，但是她不是常人，她是中國唯一的女皇帝。

武則天一生經歷了四朝皇帝，唐太宗、唐高宗、唐中宗、唐睿宗，其中給兩代皇帝當老婆，給兩朝皇帝當老媽。載初元年（西元690年），武則天見時機已經成熟，索性廢掉睿宗，自稱聖神皇帝，改朝換代，去大唐國號，改國號為周，定都洛陽，「武周」王朝重打鼓，另開張。

武則天的政治手段和她政治家的謀略到底是怎麼形成的，是唯物論的反映論，還是唯心論的先驗論？這的確是個難解的祕密。

在中國幾千年來，一個女人能當上皇后、國母已經是登峰造極了，但是武則天微微一笑，後宮那一畝三分地容不下她。她不僅要把皇帝握在手

中，她還要把天下玩於股掌之中。武則天有野心，她亦有信心，更有決心。她進寺做尼數載，修行得慈面佛眼，笑容可掬，她能把佛家的一些修行自覺地運用到政治較量中，佛教中言人生在世，煩惱就那麼幾行字：放不下，看不透，想不開，忘不了。武則天在政治角鬥場上反其道而行之，拿得起，放得下，想得開，忘得了。這是武則天的「祕訣」。

在政治權力角逐中，武則天和唐太宗一樣絕不手軟，該殺時血濺眉尖不眨眼，唐太宗「玄武門之變」，不但親手殺了親兄嫡弟，而且還把兄弟倆的十個兒子全都斬盡殺絕。那都是他的親姪兒。在清除政敵上，武則天比唐太宗更高、更絕、更狠、更黑、更無情、更乾淨徹底。

長孫無忌是兩朝元老、功勳，曾掌握著唐朝的大權，是唐太宗的左右手，被封為大唐建朝二十四位功臣之首，是「玄武門之變」的幕後推手，是受唐太宗之託，輔佐唐高宗的顧命大臣。武則天與長孫無忌的較量中，武則天比長孫無忌陰險，長孫無忌確實是玩政治陰謀的老手，但是武則天比他棋高三招。武則天用的是她一生慣用的製造冤假錯案，無中生有，卻罪證確鑿、鐵證如山。長孫無忌被一整到底，削職免爵，逐出京城，流放黔州，被逼自縊。長孫案僅僅是開頭，她要徹底折斷長孫集團的枝枝杈杈，把長孫無忌的「關隴士族」連根拔除。這也僅是武則天「去唐去李」化的第一步。

拔除了「關隴士族」一大批關鍵職位上的重要大臣，武則天又不失時機地提拔了一批她認為忠心耿耿且年輕有為的「新幹部」，唐朝政治上執行的舵把開始攥在武則天手中了，「自是政歸中宮」，唐高宗漸成擺設。

朝中還有一位重臣──宰相上官儀，也是唐太宗提拔的老臣，對李氏皇族忠心不二，對武則天恨之入骨。武則天的祕招還是變被動為主動，

武則天的「祕事」

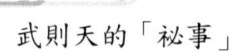

見招拆招。上官儀本接到宮內祕報，言武則天在宮中行巫術，宰相便激怒李治，共同前去治罪，上官儀仍寫好廢后之旨，就等著入宮宣讀。沒想到武則天當面批駁了上官儀的證言，緊跟著轉守為攻，和皇帝李治鬧得不可開交，邊哭邊訴，涕淚交加，彷彿冤深似海、苦大仇深。終於把唐高宗徹底拿下，李治真無可奈何，無計可施，無法脫身，只得出賣宰相：「我初無此心，皆上官儀教我。」

武則天整起上官儀來就輕鬆順手得多了，她只是重複一下整長孫無忌的過程，但是下手更黑、更狠、更絕，因為此時不是當時，此時此刻唐朝大權已握在她纖纖五指之中，殺宰相也得殺出名堂。宰相上官儀與被廢太子李忠謀反篡政，古今論之再無比這更重、更大、更凶、更惡的罪名了。殺宰相要殺在明處，這才是武則天政治上老道的象徵。最後由唐高宗親自下詔，誅殺反逆上官儀父子及同黨，賜李忠自盡，和宰相有關聯的人一律扳倒。武則天還把上官儀和李忠反逆篡政的罪惡交朝中大臣群議，形成共識，宰相不除，國之大患；上官儀不殺，朝中必亂。在武則天之前未見有此做法。武則天置政治敵手於死地，叫人死無葬身之地，至死背黑鍋。

武則天對高宗的鬥爭也堅決，也果斷，絕不兒女情長，更不談夫妻情分。

唐高宗眼睜睜地看著江山變色、朝廷易幟，也急得火燒火燎。但是身體不行，本事也不行。他冥思苦想，終於想出一個穩妥的辦法，把皇帝的權力移交給太子李弘，李弘乃武則天親生兒子，繼承皇帝，名正言順，又是武則天的至親骨肉，一舉兩得，唐家天下不會落入他人之手。

唐高宗也有得意之時，他逐漸把手中的權力平移給太子，有意識地讓太子執政，看到武則天並未反對，李治以為武則天是動了母子之情，娘倆個誰掌權不是掌？於是決定名正言順地把皇位禪讓給太子。誰也沒想到，這年四月，年僅二十三歲的太子李弘，在即將登基做大唐皇帝之前，突然

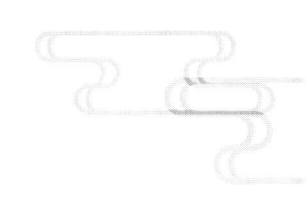

暴卒於宮中，因為什麼死？死自什麼？沒人知道，更無人敢深究，連高宗都噤若寒蟬，只能悲憤異常，特下詔為太子加諡號「孝敬皇帝」，但那頂個屁！武則天也傷心異常，哭得似乎死去活來，太子畢竟是她身上掉下來的一塊肉。但是很多人，包括唐高宗李治心知肚明：「天后方圖臨朝，乃鴆殺孝敬。」武則天做得天衣無縫。這也警告唐高宗，此位是我坐，非我莫登此。武則天祕決在此，皇權是她的追求目標，也是她所作所為的底線。誰要想衝破這個底線，「孝敬皇帝」便是前例。順我者昌，逆我者亡，這個道理滿朝文武焉能不識？大唐皇帝焉能不知？

武則天言必信，行必果。政治鬥爭，政權相爭正應了那句：「樹欲靜而風不止。」果然有後轍，二十二歲繼立為太子的李賢，博學多才，風華正茂，揮斥方遒，指點江山，正欲有大作為，何懼皇后的警示？何畏前車之鑑？

李賢太嫩，他以為憑藉他的真才實學、憑藉皇帝對他的信任、憑藉眾大臣對他的期望，他就可以放馬政壇了。他的確沒有正視武則天、沒有大看武則天。一個女人，榮位皇后已經登峰造極，再何求於世？太子這是拿自己的生命開玩笑呢。

既不知己，又不知彼，何勝算之有？武則天真夠陰險的，她靜靜地等，睜大眼睛看。她一直等了五年，她終於等來風流太子的風流事，演齣「斷背山」。其實這在中國帝王中屢見不鮮，春秋時代的衛靈公與彌子的「分桃」典故、魏昭王與龍陽君的「龍陽之好」、漢代漢哀帝與董賢的「斷袖」之風、陳文帝與韓子高的「男后奇談」。李賢太不了解武則天了，他認為皇太后能把他怎麼樣？不過是風流一下，帝王將相有同性戀、戀童癖的何其多也，但他是遇上武則天了。武則天等的就是這個，她立即著人上告，告得有根有據，武則天親自接案，她立即讓中書、門下兩省會同御史大夫

武則天的「祕事」

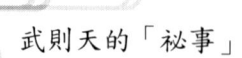

三堂會審，成為天下第一大案。李賢本來沒怎麼當回事，不過是生活小節。他真的太小看武則天了，一審二審再審，首先在李賢的情人趙道生身上下功夫，大刑沒用完，這位小白臉就讓招什麼招什麼，竟然招認太子李賢唆使他刺殺武則天的心腹，又不知用什麼辦法，竟然從太子東宮的馬坊中搜出幾百副嶄新的盔甲，案件的性質一變再變，又從太子教唆殺人案變成太子謀反大案。案件的結論宣稱太子謀逆，其罪當誅！一件小小的風月案終於搞成了通天大案、謀反大案。武則天辦案堪稱心黑手辣。最後太子被廢為庶人，被押幽禁，又流放到離京師兩千多裡的巴州，慘死在悲風苦雨之中。

李家的公子真夠執著的，頭撞南牆不回頭，掉進黃河不死心。一波又一波地衝擊著武則天築起的權力高地。太子李哲終於沒折在太子位上，他爹高宗於永淳二年（西元683年）駕崩，兩眼大睜著嚥氣，那年李哲二十八歲，正是出思想、出政績、出光彩的年歲。按照唐高宗的遺囑，太子李哲是在皇帝靈柩前即皇帝位的，這在中國歷史上，在皇帝隊伍中還未多見，是高宗李治不放心，怕李哲繼位不成，李氏皇權改他姓。

但是令李哲心中大怒的，是當他登基臨朝時才發現，滿朝的文武大臣「一水」的都是武則天提拔安排的心腹，都是不知有皇帝，只知有太后。李哲的聖旨連皇宮都出不了，他這個皇帝名副其實的是聾子的耳朵。

李哲不想當擺設就幼稚地發飆，幾乎等同於三國時期魏國皇帝曹髦，政治上幼稚，必然導致骨牌的崩塌。

中宗皇帝李哲看自己無人可用，就當廷宣布提拔自己的岳父，提拔自己乳母的兒子。李哲把政治上的事情想得太簡單太容易了，他的旨意幾乎寸步難行。當朝宰相裴炎毫不客氣，也絲毫不給這位新皇帝面子，當場就

把皇帝的聖旨頂回去，這引起李哲皇帝的勃然大怒，羞惱難抑。他指著裴炎的鼻子大吼：我是皇帝，我把天下送給韋玄貞（即他岳父，皇國丈）又有何不可？何況僅僅是提拔一個官職？

皇帝發脾氣乃龍顏不悅，何罪之有？古今未聞，但是在武則天的權力場上不行，不但有罪，其罪大焉。沒幾天，武則天即命宰相裴炎會同禁軍將領帶全副武裝的禁軍直趨上殿，當著滿朝文武大臣，宣布廢黜唐中宗皇帝李哲，禁軍士兵不由分說粗野地把李哲從御榻上拽拖下來。李哲一邊掙扎一邊扭頭大喊：「我有何罪？」帷簾之後傳來武則天冷酷而不容置疑的聲音，聲音不高卻如同霹靂：「汝欲以天下與韋玄貞，何得無罪？」

在歷史上，因皇帝一言不當而被黜的，絕無僅有！武則天真厲害，不僅大臣不能亂說一句，就是皇帝講一句氣話也不行，代價就是趕下龍椅，雖然你剛剛即位不到六十天。據史料記載，那驚心動魄的一幕，廢黜皇帝竟如同兒戲，彈指一揮，何論大臣？文武百官面面相覷，整座乾元殿鴉雀無聲。

◆ 五

武則天的魄力中國歷史上無人可比。

她親自發動了一場全國範圍內，聲勢浩大，自下而上的告密運動。其範圍之廣、波及面之大、參加人數之多，組織得如此嚴密，進行得如此有條不紊，在中國歷史上不曾有過。

歷史上的告密之事古已有之，但都是潛藏不公開的，甚至見不得人的。武則天把這麼一項一直隱藏在背後的「小動作」變為全國上下一場波

武則天的「祕事」

瀾壯闊的群眾運動,歷史上絕無人能比。

從垂拱二年(西元 686 年)春始,武則天開始了一場驚世駭俗的政治大運動。她釋出詔書,明令所有州縣,凡有告密者,各級官員皆不得過問,更不得阻攔,而且要為告密者提供車輛驛馬;在告密者進京告密途中,各地官府一律按五品官的禮遇接待告密者,並且要負責將其安全送抵京城。出現告密難的情況概由各地官員負責,告密者無法告密的,要追究各地官員的職責。至於告密者告誰、告什麼,無任何框框,亦無任何禁區。武則天詔令鑄造四個銅匭,塗上青、白、丹、黑四色,分別立於朝堂之上,青匭名曰「招恩」,丹匭名曰「招諫」,白匭名曰「伸冠」,黑匭名曰「通玄」,告密者不分貴賤,不分官民,也不分男女老幼,有密皆可告。武則天都要一一聽取告密者,得到武則天認可的,隨即破例升官,即使是捕風捉影查無實據,也不追究不問罪,鼓勵全國官民都奮起告密,叫全國官吏富商無密可保。於是四方告密者蜂起,人竟奔走相告,相約結伴,爭先恐後,通往洛陽的道路上,竟然人相擠、車相逐,告密者絡繹不絕,以致通往京城的每一個驛站告密者都人滿為患。沒有官方統計全國一共湧現出多少告密者,但是有史料記載,僅武則天親自接見聽告密者就達萬人。

六十多歲的老太太革命精神真強,甚至不知疲倦,廢寢忘食。最關鍵的是武則天不但在告密者告發中尋找有利的線索,扳倒掀翻那些政治上的障礙,清理了一批貪官汙吏;而且還慧眼識珠地選拔了一批充當打手、殺手的酷吏,以致成為她執政的「損德」之一。不可否認,武則天這一點真厲害,她讓天下所有官吏、所有貴族、所有富豪頭上都懸著一把「達摩克里斯之劍」,沒聽說武則天時期出現過大貪官、大惡霸、大官僚、大軍閥。武則天的告密者運動確實厲害,因為告密後邊就是嚴查,而且是酷吏查案,而這些酷吏中有相當一批都是武則天從告密者中發掘的,每個酷吏

都夢想著升官發財，每個酷吏都在使勁揣摩武則天的心思，每個酷吏都冥思苦想創造發明人絕對受不了的酷刑，以便擴大案情，擴大戰果，創造佳績。小案做大，假案做真，冤案做實。

據史記載，當時最著名的酷吏有二十七位，皆為讓人聞風喪膽的「閻王」。其中最「名垂青史」的是周興、來俊臣等。他們在當時讓除武則天以外的所有天下人，無論是皇儲還是宰相，無論是大臣還是平民，聞風喪膽，肝膽俱裂。他們製造過不止一件皇族的冤假大案，在他們手上冤殺、屈死的唐朝李氏宗室都不下數十人，何論朝中大臣？凡是在政治上不死心塌地追隨武則天的大臣，無論是朝中的還是封侯封王的，一經他們這些酷吏接手審案，一案往往要牽連數百人，非死即殘。《資治通鑑》中記述道：「唐之宗室，於是殆盡矣！」在他們每個人手中，都有成千上萬條人命。國人怕他們甚於見閻王。

酷吏們的殘酷程度遠非我們所能想像。來俊臣不僅為武則天剷除了大量異己，「前後坐族千餘家」，還會同他的黨羽精心創作了人類歷史上第一部系統性闡述冤獄製造過程的經典著作——《羅織經》，酷吏來俊臣是個喪失人性的敗類、人渣，但是這傢伙也的確有些歪門邪道。他是中國歷史上第一個把對人類實施酷刑上升到理論上的人。武則天重用的酷吏不是凶手不是打手，也不是殺手劊子手，是道道地地吃人不吐骨頭的凶神惡煞，落入這批魔鬼之手猶如跌入十八層地獄。據說在《羅織經》中把對人嚴刑拷打昇華成一種摧殘藝術、暴力美學，看過來俊臣大刑的人，沒有人不魂飛魄散，嚇得屎尿失控，渾身如抽筋扒皮、剔骨剜肉。不用動刑，人便「顫慄流汗，望風自誣」。

載入「青史」的「請君入甕」便是酷吏之間的「藝術」對話。

武則天的「祕事」

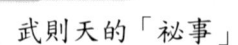

　　周興是武則天啟用的第一批酷吏,「酷」得讓人鬼俱怕。他曾經冤死唐之猛將黑齒常之,這位縱橫於敵前的威猛將軍「長七尺餘,驍毅有謀略」,敢打敢殺敢打拚,隻身入敵陣,赴湯蹈火,在所不辭,立過大功,被封為將軍。落到周興手中,竟然未等周興上「真傢伙」,已然嚇破苦膽,自誣、自供、自招後,上吊而死。周興和他的後繼人來俊臣趁雪夜飲酒賞月品梅花,一派詩情畫意,雅興十足。不知當時吟詩否,但來俊臣謙虛好學地請教周興,如何能使不肯招供的犯人招供?周興邊品梅花邊酌酒,自信自得又輕巧隨意地說,此易耳,尋一大甕,四周慢火燒烤,置犯人於其中,沒有人不招供的。來俊臣果然聽話,果然照辦,待大甕燒熱,才宣布要置周興於死地,令其招供反叛陰謀,否則請君入甕。

　　酷吏真「酷」。

　　武則天使用酷吏,讓唐之朝野無論王、吏、民人人自危,朝不保夕,再無人敢抱團結夥,再無人敢擁權自重,再無人敢反對武後,無人不小心翼翼,唯武則天馬首是瞻。武則天政治道路上的障礙一一清除,唐太宗、唐高宗時期士族權力集團土崩瓦解,冤殺的皇家宗室、貴族、大臣、將軍等功勳成千上萬。唐之宗室竟然幾乎被殺絕。老百姓看得明白,言之王侯將相不如犬馬。史稱,被封為許王的李世民的親兒子李素節被武則天召見,臨行見有人送葬哀哭,許王爺動情地說:「想病死是一件多麼不容易的事,怎麼還如此哀哭呢?」果然,許王京城一去如入地府,不但自己冤死,而且其九個兒子,無一人倖免。武則天真夠手黑的,斬盡殺絕。不知為何,不滅李氏宗室心不甘,其仇何其深也。但是武則天有底線,她是政治大家,運作的是政治大手筆。她要改朝換代,她要登基為千古一帝,不動殺機、不搞點驚心動魄的運動,焉能名正言順當皇帝?她十分清楚,只讓酷吏們「執法」,絕不讓酷吏們執政,酷吏們的下場無一有好果子吃,

無一不是兔死狗烹,不得好死,抄家、滅門。武則天讓天下人皆恨酷吏,然後她又親手處置了恨滿朝野的酷吏,做天下好人。酷吏運動帶來一個意想不到的社會現象,唐初武則天時,佛教格外興旺,從朝廷到民間佛家信徒倍增。因為武則天以彌勒佛自比,宮內整日佛香氤氳,佛音裊裊。據說酷吏也不敢加罪於佛門,於是寺院內外皆信男善女。武則天這下放心了,滿意了,她不想當皇帝朝廷百官都不答應,她不想改朝換代天下人都不答應,何況老太太正朝思暮想呢!

◆ 六

武則天的私房祕事讓後人議論紛紛。武皇帝好色,且十分好色,不是「斷背山」,是十分喜好男色。

有些野史白話甚至說武則天性慾極強,這些傳聞的製造者幸虧沒生在武則天時代,否則直接交送來俊臣處,恐怕其悔之晚矣。

一個人做了皇帝,為己建一個數千甚至數萬人的女兒國似乎是順理成章的,也是皇權建設的必設機構。而武則天做了皇帝卻似乎不能「三宮六院七十二妃」,因為她是女皇帝,皇帝怎麼做都行,女皇帝不行,中國講男尊女卑。如武則天破不了,天下則無人能破。女人難當,孔子下的結論。千萬別遇上周興、來俊臣之流,那才叫秀才遇見兵,有理說不清了。

用現在的政治術語說,武則天的大局意識、政治意識、政權觀念極強,凡在此框之內,女皇帝倒十分有政治家的氣度,男皇帝要做到也不容易。武則天當皇帝君臨天下對於政治對手,哪怕是潛在的較量對手,絕不留情,心黑手辣,趕盡殺絕,睚眥必報;但是對於政治建設政權鞏固,又有大度寬懷的一面。這女人真不愧是千古一帝。坦率地說,在武則天執政

武則天的「祕事」

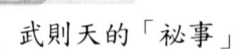

長達十六年期間，不似貞觀之治，勝似貞觀之治。歷史學家都因武則天的種種苛政，不願也不敢正面評價武周王朝。武周王朝安定團結、政通人和、社會穩定、繁榮發展，從現在發現的唐代歷史資料上看，武周王朝時的政治、經濟和對外交流水平應高於唐貞觀年代。

武則天的政治手腕實在高明。武周時期，朝中有位大臣其名曰朱敬則，此兄耿直，天不畏地不懼，竟敢當眾揭發武皇帝的隱私，其膽真大如天，連周興、來俊臣都敢拋到九霄雲外。朱敬則的批評可謂絲毫不留情面，根本不講君臣情分。一指頭捅在武皇帝的軟肋上，把一個女人的隱私揭露得無遮無攔、身無布絲，猜想是繼唐初魏徵第二。朱敬則說，陛下內寵不少，更有張易之、張昌宗二兄弟，應該可以了。但是近期以來，我聽說還有人在大庭廣眾之下炫耀自己在宮中受寵的經過，簡直是不知羞恥，簡直是無法無天、無禮無儀，侮謾朝廷，臣不得不奏。在滿朝大臣看來，武皇帝的老虎屁股是摸不得的，莫說殺一個大臣，就是宰殺唐李皇氏宗室也從未手軟。現在朱敬則竟敢當廷把武則天的隱私揭開、曬起來，叫一個女皇帝，她首先是一個女人，如何能忍？朱敬則是活到大限了。誰都沒有想到，武皇帝竟然心平氣和地對他說，你不了解情況，事情並非像你說的那樣。朱敬則不但沒有被推出去斬首，反而因為勇於指責皇帝，被武皇帝當眾賜給彩錦百段。

駱賓王是位才子，和王勃、楊炯、盧照鄰合稱唐初四傑。我上小學時就跟著老師念：鵝，鵝，鵝，曲項向天歌，白毛浮綠水，紅掌撥清波。是他七歲時寫的詩，該稱神童。但是其在政治上的智商卻不高。西元684年，即嗣聖元年九月，李敬業在揚州起兵反武，駱賓王為李府祕書，代李起草了史上有名的〈討武曌檄〉。駱賓王的文章寫得果然好，據說武則天讀時曾激動得周身顫抖，嘖嘖之聲不絕於口。當讀到「以此制敵，何敵不

摧，以此圖功，何功不克。請看今日之域中，竟是誰家之天下！」武則天置檄於案上，仰天感嘆：「宰相安得失此人？」

　　武則天從唐高宗時期攝政到自己登基皇帝，前後共達五十年，整整半個世紀，武皇帝整天在政治的漩渦中較量，在政權的刀刃上行走，每天都費盡心機、絞盡腦筋、殫精竭慮地生活，但是女皇帝卻不老，六十六歲登基為帝時，其面容卻如中年婦女，且老太太長壽，一千三百多年前能活到八十多歲。她有什麼祕方？

　　我考證，首先武皇帝不服丹。中國的男皇帝除去孩童皇帝外，其餘的皇帝有一多半都服丹，其中很多皇帝皆死於丹中毒，更多的皇帝短壽是因為追求長生不老、青春永駐，服丹後慢性中毒所致。武則天的兩位丈夫皆是服用金丹的迷信者。李世民因為大量吞服金丹導致水銀、汞、鉛等還有許多重金屬中毒，雖然才五十一歲正值壯年，卻一命嗚呼。唐高宗因長期服用含有大量毒素的金丹，導致慢性中毒，三十一歲就得了怪病，「苦風眩頭重，目不能視」。十幾年半癱在床，五十六歲就命歸西天，至死都認為金丹能救命、能長壽，以致毒上加毒，病上加病。武則天追求美顏，追求長生，但終生不服丹，這可能和她對自己兩任男人因服丹沒有長生、沒能留住青春有關。但更重要的一點是武則天信佛，應該說武則天是位虔誠的佛教徒，信佛不通道，因為佛門不服丹，她自諭為彌勒佛轉世，更遠離金丹，這使她不至於慢性重金屬中毒。

　　武則天的信仰和她的所為有所悖，她一生殺人無數，黑暗中會有成千上萬的冤魂、屈死鬼來索命索債，按道理武則天不該也不能長壽，喜怒無常、喜怒無度、喜怒無節制，都是要她命的「小鬼」，但是武則天竟然長壽，幾乎和孟子齊肩，當稱人間奇蹟。我考證，其能拿得起放得下，舉重若輕，能放下屠刀，立地成佛，是武則天早年出家為尼，青燈佛寺修煉了

武則天的「祕事」

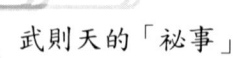

她的佛性，以後自諭為佛之轉世，與其為改朝換代做輿論準備有關。武則天是雙面人生，當她玩掌政治的時候，她是檻外人，是政客、陰謀家、劊子手，是沒有人性的怪異動物；但她一旦邁進佛堂，開啟佛卷，燃起佛香，捻起佛珠，她就是一佛門善徒，佛門高僧，這種佛家的修養達到前時放下屠刀，後時立地成佛，像她能做女皇帝一樣，可能千千萬萬人中難有一個。有其在佛性感悟之下做的一首佛偈，四句竟然傳之千年，雖然曾有不少佛門高僧也想再做一首，甚至想取而代之，因為武則天的這四句偈已是八十卷《華嚴經》的開經偈。一位高僧言，至少有數億人唸誦過武則天的這首偈：

無上甚深微妙法，百千萬劫難遭遇；
我今見聞得受持，願解如來真實義。

◆ 七

武則天一生最後一件最大的祕事就是修陵。

據專家介紹，宋以前的大墓（指皇帝陵）大部分都被盜過，即使是秦始皇陵現在也有專家懷疑被盜，只有唐乾陵，葬著兩位皇帝，夫妻皇帝，一位是唐高宗李治，一位便是中國歷史上唯一的女皇帝武則天，武則天的乾陵為什麼能逃過一次又一次的劫難？

為武則天尋找陵址的正是前文中提到的那位曾經在她三四歲時為她看過相的袁天罡。據說袁天罡曾經為唐太宗李世民的昭陵選定過陵址。當年要定乾陵，武則天並非只找一位大師，一位風水大師是有些神化的袁天罡；還找了另一位唐初時的風水大師李淳風，這位李淳風好生了得，經天

緯地，陰陽八卦，他相中的正是位於今乾縣城北六公里的梁山上，遠望似婦人的雙乳挺起。袁天罡來到關中後，一日於子時觀天象，發現山間有一團紫氣升起，直衝北斗。袁天罡找準了這地方，並在地裡埋了一枚銅錢作記。而李淳風是以身影取子午，以碎石擺八卦，選準陵址後，將定針插入選中的地方做記號。

唐高宗李治和皇后武則天得知後仍不甚放心，就讓長孫無忌前去檢視，不可思議的事情出現了，長孫無忌帶人尋到袁天罡和李淳風做下記號的地方，被驚得目瞪口呆，原來李淳風的定針正好插在袁天罡的方形銅錢眼中。乾陵實際上是李治死後才開工修建的，李治是死在洛陽的，他臨死留下遺囑要葬在洛陽，他活著的時候都當不了家，遑論死後？武則天不答應，還是要葬回長安附近的祖地，即袁天罡測定的陵地，她從骨子裡信這位袁大師。動用二十多萬勞力，作為國家首項重點工程，日夜加速修建。

武則天的祕事在下面。她向袁天罡大師請教如何防止盜墓，因為以前教訓太深刻了，那情景太悽慘了，哪個帝王不修陵？哪個王陵不被盜？武則天請袁大師講解陵墓如何防盜？袁天罡講得專業，也深入淺出。武則天聽得認真，不斷點頭稱道。但是武則天畢竟是千古一帝，她聽完袁天罡的設計後，一針見血地提出，所有反盜措施都要用上，但最最重要的是皇陵不被發現，皇陵盜不開，不可盜，不能盜。要求袁天罡設計一座打不開，盜不了的皇陵。這可是天字第一號工程。

乾陵修得確實偉大，堪稱中國帝王陵中最堅固的。它經受住了數次大規模的盜墓，因為天下人都知在中國帝王陵中，乾陵可能是陪葬品最豐富的，武則天統治天下半個世紀，又接手「貞觀之治」，集藏天下財寶於一身，其墓中陪葬品可能超過秦始皇陵。

武則天的「祕事」

　　盜墓最凶、最明目張膽的是黃巢,就是那位自諭「滿城盡戴黃金甲」的農民起義軍將領,他曾率領農民起義軍掘開漢武帝劉徹的茂陵,著實發了一筆橫財。這次他又攻下長安,其勢正瘋。據說這傢伙果然瘋狂,果然大手筆,他堅信唐乾陵要比漢茂陵「肥」得多。因此他不惜出動四十萬起義大軍在梁山西側挖山不止,差不多整整挖了半座梁山,農民起義軍真有愚公移山的精神,每個人都夢想著第一個開啟乾陵,第一個衝進乾陵,一舉暴富,富可敵國。但是乾陵安然無恙,現在留在梁山西側還有一條深四十公尺的「黃巢溝」。可以設想,如果當年黃巢的農民起義軍開啟了乾陵,武則天的下場可能比一千多年後孫殿英的國民革命軍開啟清東陵後慈禧太后的下場更慘。武皇帝躺在地宮裡僅僅是受到一些震動,一切如故。原來袁天罡設計的陵墓的確十分了得,他把墓室整個放到深山之中,是在石頭上硬開鑿出一條墓道,然後再開鑿出墓室。據說乾陵內反盜裝置極神祕,極鬼祟,極複雜,一旦有盜墓者進入,必死無疑。有流沙陣、碎石陣、弩箭陣、亂劍陣、巨石陣、暗溝陣、毒氣陣,袁大師可謂絞盡腦汁,挖空心思,無所不用。但是武皇帝並不滿意,她明示那些都是後發治賊,關鍵是賊不得入。袁大師終於設計出「絕路門」,在墓道上全部用石條填塞,每條石條之間又鑿有凹槽,石條之間的凹槽用燕尾形細腰鐵栓板嵌固,上下之間的鑿洞,全部用鐵棍貫穿,把石條牢牢固定死,石條就是幾個人都搬不動的大石板。石板與石板之相疊死、相銜接,再用熔化後的鐵汁澆灌進去,遂與梁山大石渾然一體。袁天罡的設計是如果盜墓者找不見墓道,除非他把整座梁山翻過來,即使找見墓道,也休想進入墓室,因為堵塞墓道的建設已經堪比梁山的花崗岩,把墓道開啟,比當年西行蜀道要難萬倍。這使我想起 1960 年代以郭沫若、吳晗為首的一幫知識文人,三番五次打報告遊說,終於得到批准,要挖掘朱棣皇帝的長陵,但是動用現代科學儀

器，竟找不到長陵的墓道，打不開長陵才不得不挖開萬曆的定陵，造成中國考古史上無法挽回的重大損失。我又想起河北滿城中山王陵，那是漢代三座沒有被盜過的諸侯王陵之一。發現後怎麼也打不開墓道的大門，我實地考察過，那座墓道大門是兩扇整體的巨石鑿立為門，關鍵是中間竟然澆鑄上鐵水，那鑄鐵竟然厚達七八寸，和石門融為一體，真乃堅如鐵石，當年也是郭沫若親自去的，老先生也打不開墓門，不知為什麼，郭沫若竟然讓工程兵使用黃色 TNT 炸開，我曾用手托著被炸爛的西漢鑄鐵的殘渣仰頭問青天，難道我們就沒有比盜墓賊更文明些的手段嗎？可以想像，從西漢到唐，這種像中山靖王陵防盜的手段不知又提高了多少？袁天罡乾脆就不讓你走進墓道、走到墓門之前。但是袁天罡也擔心，幾十萬人、幾千官吏大規模施工，即便設計得再科學、再完善、再合理，施工品質不能保證，哪怕一個施工環節出半點問題，一蟻穴潰千里長堤的事並非紙上談兵。

　　武則天微笑，笑得很自信，她彷彿早已料到。武則天什麼也沒說，她下旨讓周興帶著一行著名的酷吏，讓唐人聞風喪膽的酷吏時不時地去工地巡視一下，結果那工程品質真乃銅牆鐵壁，固若金湯，沒有任何一個民工、一員工匠、一位官吏膽敢疏忽細如髮絲的問題。誰不怕周興的老鼠眼？酷吏們到工地巡視就是挑毛病，一旦挑出來，後果那真叫不堪設想。武則天不愧是政治大家，微笑著就解決了千古難題。

　　陵前立碑，尤其是皇帝陵，但是武則天只為自己留下了一座無字碑，引得後人評說。據說當年建碑並非無字，陵前建碑按祖制都是歌功頌德的，武則天看後不滿意，於是重寫，一遍又一遍，有的碑文頌辭已達到登峰造極的程度了，但是武則天仍不滿意。最後由她定下無字碑，後人言之其意為是非成敗由後人評說。其實不然，武則天深知，她一生得罪人多矣，李氏皇族讓她殺得幾近殆矣，死後評說由人。如果樹一個歌功頌德之

武則天的「祕事」

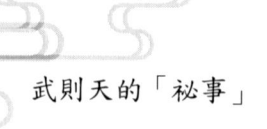

碑,其死後碑必被推倒、必被砸斷、必被塗汙,不如一字皆無,這才是無字碑的真實所在。武則天知生前身後事,不愧是一代千古未有過的女皇帝。

缺德皇帝朱溫

中國歷史上，有朱溫這一號。是他親手扼死了大唐王朝，猙獰凶惡地結束了曾經光輝燦爛，影響中國歷史發展的大唐帝國。他是劊子手。他又是五代之亂的禍首，也是後梁王朝的開國皇帝。中國有案可查的四十九個王朝的開國皇帝，或多或少都做過一點利國利民順乎民意的好事，唯獨後梁皇帝朱溫禍國殃民，是一個徹頭徹尾的「頭上長瘡，腳下流膿」的壞種。

朱溫出身貧苦，其父早喪，兄弟三人皆由其母含辛茹苦拉扯撫養。一家人飢寒交迫，吃了上頓愁下頓。無奈之中，其母王氏離開老家（朱家老家在碭山），去蕭縣地主劉崇家當上床老媽子。王氏活得也不易，既當傭人，又要上床伺候劉崇。那時朱溫尚小，只好由王氏帶到劉家。

朱溫這小子從小就不是個「善茬」，仇恨周圍、仇恨鄉里、仇恨社會。從小生就叛逆性格，好事不做，專做壞事，打架鬥毆，無端生事。加之這小子遺傳有因，和同歲小孩相比，身高體壯，常恃強凌弱，能生出許多壞主意，鬧得鄉里鄉親怨言極大，常常告到劉崇家門上。劉既收了王氏，又憎惡拖來的「小混蛋」、「小油瓶」。於是家法伺候，朱小三（朱溫排行數三），被打得皮開肉綻。朱小三狼哭鬼嚎，求饒裝服，痛苦流淚，表示痛改前非，但那是他的「韜晦」之術。求饒過後，依然我行我素，甚至變本加厲。小小年紀，十里八鄉也小有惡名。

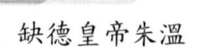

朱溫趕上亂世，趕上滄海橫流，趕上泥沙俱下的時代。他等來了黃巢起義軍。那年代，鹽販出身的黃巢帶著起義軍運用游擊戰，正攻城略地，招兵買馬，聲勢浩大。本來就好鬧事滋事的朱溫，在家是貧農，當地一青皮混混，無以為業，遊手好閒，手下無賴已成群，正想革命，想當官發財，作威作福。一陣東風吹來了一哨人馬，黃巢的起義軍來了。朱溫的革命性爆發，他毫不猶豫，立刻輕裝上陣，帶著一群地痞無賴、青皮混混參加了農民起義軍。

朱溫自此如魚得水，他身強力壯，諳熟打架，勇於捨命相拚，又一肚子壞水。他的才能在東征西戰中得到了充分發揮，他在農民起義軍的革命隊伍中步步高升，終於遂願，成為帶兵的將軍，成為黃巢手下一員重要的將領。手下有精兵數萬、戰將百餘，朱溫的羽翼豐滿了。朱溫的欲望無止，他的政治投機的本事開始顯現。

黃巢攻陷長安，滿城盡帶黃金甲，朱溫也忙得正緊，擴充實力、拉攏人心、收集財富，更重要的是朱溫這傢伙時時注意窺測方向，分析形勢，尋找自己發展的突破口。

機會來了，黃巢的農民起義軍兵敗連連，大勢將去。朱溫雖然平時不止一次在多種場合向黃巢表過忠心，但是眼前的形勢刻不容緩，朱溫絕不會陪著黃巢一塊沉下去，雖然黃巢對他有知遇之恩、救命之恩、領路之恩，但是朱溫參加革命的目的很明確，為了自己改換門庭，升官發財。

黃巢無防，黃巢信任朱溫。朱溫毅然決然地背叛黃巢，背叛農民起義軍，成為「叛徒中的叛徒」，搖身一變，成為大唐王朝的副節度使，帶領他的部隊毫不留情地進攻黃巢的農民起義軍，從背後、腹下狠狠捅了黃巢一刀。

黃巢的失敗原因是多方面的，主要一條就是朱溫率大軍叛變，在背後

和腹下捅了他致命的一刀。

唐中和二年（西元882年），反戈一擊，被唐王朝封為右金吾大將軍，賜名全忠，封他為中行營副招討使。因朱溫對黃巢作戰有力，戰功不斷，唐王朝又升任他為宣武節度使。朱溫心中有計謀，在征伐黃巢起義軍時，他一方面下死力，不遺餘力，另一方面仍然在招兵買馬、招降納叛，不斷擴充實力，不斷擴大地盤。這傢伙不但對黃巢，對他過去的主子下狠手，也對妨礙他發展的唐地方勢力下黑手，藉著戰爭戰亂，不失時機地併吞周圍的唐朝藩鎮，消滅擁兵自立的軍閥。短短的三年內戰，朱溫已經變成晚唐舉足輕重的大軍閥，身兼四個節度使。他的胃口也大了，他想要知道咀嚼唐王朝的滋味。

機會來了，天上真掉餡餅，並且掉到朱溫嘴裡。

唐昭宗活得窩囊，他雖然相貌堂堂、身高體大、魁梧過人，在中國皇帝中算有皇帝之相的皇帝。但是卻一點自由都沒有，完全為宦官所把持，凡事都要聽命於宦官。宮廷內亂，加上藩鎮用兵，唐昭宗如坐針氈，後來宦官們勾結地方軍閥，乾脆把唐昭宗掠到鳳翔。朱溫，那時已叫朱全忠了，此時的朱全忠什麼都有了，兵強馬壯，就是沒有忠，更不要說像唐僖宗封他時要求的全忠了。

朱全忠立即打起全忠的幌子，豎起「勤王」的招牌，把皇帝劫回到長安。朱全忠果然果斷，回到長安，二話不說，把長安大明宮中的所有宦官全部殺掉，甚至連已出宮回家養老的太監也不放過。為害百年的唐太監只有到了真正的劊子手面前，才徹底根除。朱溫看見朝中弄權的大宦官可不像唐文宗時期的宰相李訓、大將軍韓約，見了大太監仇士良竟然嚇得面如白紙、渾身顫抖冷汗不止。朱溫是靠殺戮起家的，他看那些不生鬍鬚的宦官就如一盤端上桌的豆芽菜。朱溫最大的罪孽在於他不但結束了唐王朝的

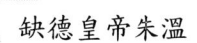

命運，可惡的是他為了掌控天下、把握朝政，要從長安遷都洛陽。這回朱溫再也不說他忠不忠，更不提全忠了。他下令把長安城全部拆毀，這對建都千年、經十三個王朝，用舉國之力經營的長安城是一次徹底的毀滅，多少文明的結晶、歷史的積澱、財富的累積、人類的經典，全讓朱溫給毀了！長安從此變成一座廢墟，之後再也沒有任何王朝再在長安建都，長安毀在朱溫手中。

朱溫手黑，先把唐昭宗身邊的大臣、少年侍衛全部勒死，等第二天，唐昭宗一睜眼，周圍全是朱溫的嫡系，他的一舉一動都被監控，這個皇帝充其量只是個木偶。

朱溫和司馬昭在想當皇帝上如出一轍，司馬昭之心，路人皆知，朱溫之心，路人更知。只是司馬昭比朱溫早七百年，走在了他前面，但是其手段卑鄙、毒辣、凶狠，後者超過前者。

朱溫毒辣，那麼個紙糊的皇帝也不能在那兒立著，派人一刀一個，不但把唐昭宗殺了，而且把皇后、妃子、昭儀通通殺了。關鍵是朱溫這小子比司馬昭還能演戲。當年司馬昭派人去殺了曹文帝曹髦，他又趕過去撫屍痛哭，痛哭得死去活來；而朱溫殺了唐昭宗後，假裝大驚失色，嚎啕大哭，以頭搶地，竟然心痛得當場癱倒在地，昏死過去。據說昏死過去還不止一回。剛一清醒，則言：「奴輩負我，令我受惡名萬代。」徹底醒過來以後，也像司馬昭殺成濟一樣，痛下決心，嚴令追查凶手，把他指派的義子朱有恭和大將氏叔琮，都砍了頭。據《舊五代史》記載，朱有恭臨受刑前大叫：「賣我以塞天下之謗，如鬼神何！行事和此，望有後乎！」

朱溫只陰笑著，連眼皮都沒跳一下。

朱溫可不是菩薩心腸，他接受趙氏孤兒的教訓，下令把唐昭宗的九個

兒子，皆封為王的王子叫來，名曰宴請，先喝酒，然後伏於庭下的軍士一擁而上，把九位王子通通用弓弦活活勒死，挖個大坑，埋了了事。

開平元年（西元 907 年），朱溫終於滅了唐朝，建立了大梁王朝，但他忘不了唐朝最後一個皇帝，他立的哀帝李祝，一杯毒酒又殺了一個唐皇帝，李祝才十七歲。

在中國歷史上，一個人殺兩位皇帝的人恐怕不多，朱溫被記錄在案。

據有諷刺意義的是，當年唐王朝還賜朱溫「全忠」之名，朱溫感激得五體投地，誓死盡忠。

朱溫的壞還在於他的無恥、卑鄙、亂倫、放縱。中國有一句俗語：兔子不吃窩邊草。當了皇帝的朱溫專吃窩邊草。這小子只要看上手下人的老婆、閨女、兒媳婦，就住到人家家「享用」。他手下有一大臣叫張全義，對朱溫可謂忠心耿耿，全忠也。沒想到朱溫乾脆住在他家，以示「恩賜」，把張的夫人、女兒，幾個兒媳都一一「受用」。

朱溫有八個兒子，除老大早死，他當皇帝後，後宮佳麗成千上萬亦不足為奇。說朱溫壞，壞在他就喜歡「扒灰」。他讓他的兒子出差打仗巡邊，他在皇宮內召見兒媳婦，讓諸兒媳婦進宮「入侍」，而且樂此不疲。翻看中國歷史上「扒灰」的皇帝，像朱溫這麼「扒」，這麼公開、放肆、以醜為樂的真乃蠍子拉屎——獨一份！

朱溫就因為寵愛自己的二兒媳婦，這才引得父子之間勢同水火。老三怕老二因媳婦長得漂亮，得寵做了皇帝，乾脆一不做二不休，帶領屬下，提刀入宮，殺了朱溫。據記載，老三手下的僕從提刀直插朱溫的腹部，「刃出於背」，朱溫一命嗚呼哉！

朱溫死有餘辜！

缺德皇帝朱溫

從奴隸到皇帝

中國開國皇帝的出身可謂五花八門，有平民百姓、市井流氓、綠林好漢、和尚道士、行伍小吏、賭徒混混、討吃要飯者，也有封疆大吏、外戚顯貴、官數代富數代者、四世三公者。但當過奴隸的、被三番五次賣來擄去的，可能只有後趙皇帝高祖石勒，他是中國皇帝方陣中唯一一位從奴隸到皇帝的。

石勒是位極富有傳奇色彩的開國皇帝。

從一名羯族奴隸成長為後趙建朝立國的皇帝，石勒僅僅用了三十五年，便從一個一無所有的奴隸，蛻變成擁有幾乎整個北方的帝王，石勒值得炫耀。

石勒所處的時代，是中國歷史上最黑暗、最血腥、最無序、最輕視人的生命的年代。先是八王亂政，後是十六國紛爭，幾乎無時無刻沒有戰爭，無處無地不在流血，無城無鄉不在廝殺。史言：春秋無義戰。石勒生長的年代也可謂無義戰。沒有人知道為什麼打仗，也沒有人知道為了什麼打仗，一夜之間戰爭風起，烽火連天，生命不如秋風中的落葉。「夢裡依稀慈母淚，城頭變幻大王旗。」石勒就是在這種腥風血雨中成長起來的，但是如果沒有那個時代的軍閥混戰，石勒再努力奮鬥，充其量也不過是山西武鄉縣的一個土財主的奴隸。石勒是和著時代的節拍，順著戰亂的臺階，踏著汩汩的血水和四濺的腦漿，踩著一層層屍體和堆積如丘的頭顱走

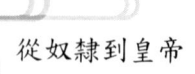

過來的，民間有一句俗語，說得直白卻也深奧：大難不死，必有後福。石勒幾次和死神擦肩而過。

石勒，羯族，上黨武鄉人，史書上都這麼記載。

上黨武鄉我很熟悉，做記者時常跑武鄉，古稱上黨，今名長治。武鄉今天仍歸長治管轄。

但是武鄉人說，我們這裡沒有羯族，也可能我問的老人沒問對。但是有一點可以肯定，即使是研究武鄉歷史、研究羯族歷史的，也說不清楚羯族到底是哪朝哪代、何年何月遷入武鄉的。武鄉不是羯族的發源地，石勒的祖籍何在？作為匈奴的一支，羯族又是在何朝何代逐漸從上黨、從武鄉消逝了？或是與當地漢族融合了？但是有一個現象卻是很明顯，現在上黨、武鄉一帶還能看見高鼻、深目、寬額、凸顴的人，據說他們都和羯族有血緣關係。

上黨武鄉人都以武鄉出了個石勒而自豪，畢竟他們那兒出了一位皇帝，而且是出自武鄉的唯一一位皇帝。

石勒的青少年時期，雖然艱苦，但也磨練人。他種過地、放過羊、牧過馬、做過雜役，那時候，他還沒有一個正式名字，當奴隸要什麼名字。他在羯族群中按照羯族人的習慣是隨口叫的名字，就像漢族窮人家的孩子，應口叫個狗蛋、石娃、愣小子什麼的。但是石勒自幼聰慧，無師自通，比如他牧馬期間就學會相馬，且相馬有術，能讓周圍的人敬佩，對於一個十來歲的孩子來說，委實不易。

艱苦環境磨練人，窮人的孩子早當家。石勒「出道」早，十四歲就顯出勃勃生機，身高體壯，膀大腰圓，膽大敢搏，力氣過人。身為羯族後代的他有一副讓人一看就難忘的面容。典型的匈奴後裔，闊面深目，高鼻方

腮,長臉大額,一眼看上去有些凶狠的絡腮鬍子。據說有一次石勒吃飽喝足了,在一個高坡上放聲「長嘯」,像狼一樣呼嘯,竟然被偶爾路過的西晉尚書左僕射王衍聽見,可見其嘯聲能呼叫山林。王衍是位老官僚,閱人無數,懂得些相術,史書上記載,衍「神情明秀,風姿詳雅」。少年時曾去慕名拜訪魏晉時代竹七士賢之一的山濤,山濤送他走時,望其背影曾感而慨之:「何物老嫗,生寧馨兒;然誤天下蒼生者,未必非此人也!」王衍亦非等閒之輩,從遠遠傳來的男人粗獷高亢長嘯聲中,能聽出名堂來,他靜聽後對手下人說,把那個對空而嘯的人捉來,殺掉,他是一個亂世之人,有此人在世恐難安寧,老官僚還是挺有眼光的。但是石勒高興完了就走了,鬼使神差他躲過了生死一難。

翻看《晉書》,發現在西晉至少在「八王之亂」時期,北方,尤其在晉、冀一帶,擄奪羯人、販賣羯人、轉賣人口、擄人為奴的現象普遍,而且是光天化日之下就搶擄人口,變奴出賣,有些十七世紀歐洲殖民主義者到非洲掠奪黑人、販賣黑人的味道。石勒就曾幾次以被販賣的奴隸的身分被交易過,好在他憑藉著機智都逃脫了。有一次,他甚至被當地的軍隊五花大綁,捆成一團準備拉到河北賣為奴隸,以資補軍費不足。最後被他曾經為人家當過佃戶的好心人寧驅藏起來才躲過一難。由此可見,當時販羯人為奴的交易似乎「合理合法」,至少政府無力干涉。石勒也曾數次為躲避被販賣為奴隸而東藏西躲。

在藏藏躲躲的日子裡,石勒碰見了他以前打工扛活的東家郭敬,「泣拜言飢寒」,苦不堪言,生活把石勒折磨得飢寒交迫,慘不忍睹。郭敬還挺念舊,挺豪氣,就地便宜拋售手中販賣的貨物,把石勒救出苦海,再謀出路。剛剛從餓殍中緩過勁來的石勒,竟然為郭敬出了這麼一個發橫財的高招:現并州一帶饑荒嚴重,饑民四起,胡人更無物可食,可以哄騙他

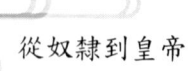

們，說帶領他們去冀州找飯吃，趁機賣掉他們！由此可見石勒心狠手毒的一面，石勒清楚社會底層情況、了解當時的社會狀況。

西晉後期，「八王之亂」致使社會動盪，民不聊生，已近崩潰邊緣，沒等到石勒、郭敬去販賣人口，石勒就被八王之一司馬騰的軍隊像抓小雞似的活捉，像販牲口一樣捆綁結實，一串一行，軍隊押送到冀州販賣為奴隸。「兩胡一枷」，即一塊木板套兩個胡人脖子上，據說一次販賣可多達數千人。

石勒從奴隸到奴隸被賣來販去，在生死線上掙扎，做著牛馬活，吃著豬狗食。他終於看清楚這個世界，與其把命交給人家，讓人家像販豬賣羊一樣捆著綁著，被賣來賣去、做牛做馬做順奴，到頭來累死餓死，一抔黃土蓋臉，不如反了，至少痛快一天是一天。石勒在胡人奴隸中很有號召力，暗中聯繫，振臂一呼，連偷帶搶，拉竿子當好漢，他們聚起十八人，號稱「飛天十八騎」，他們呼嘯鄉間，來去無定，搶劫富戶，打劫旅客。石勒完成了從奴隸到土匪的蛻變。

到此時，石勒才有了這個名字。為什麼從石姓，又為什麼名勒，史書上都無記載。這個好像從石頭縫裡蹦出來的石勒將在今後十數年裡主宰整個中國北方。

石勒絕不會滿足於當土匪山大王，他瞅準時機，帶領他的土匪部隊投靠西晉八王之一司馬穎，東殺西砍，軍閥混戰，三天一小戰，五天一大戰，屍橫遍野，血流成河，一將成名萬骨枯。石勒作戰勇敢，何謂勇敢？以命相搏也！做過奴隸，並幾次在生死線上掙扎過，懂得生命的珍貴。石勒敢賭上命，敢以十餘騎就衝擊敵之數百乃至上千軍隊。且其身壯力大，心黑手辣，殺人如麻，在戰場很快完成了由土匪到將軍的轉變。

永嘉元年（西元 307 年），三十三歲的石勒投來投去，戰來戰去，當時自封為漢王的劉淵封石勒為輔漢將軍，封平晉王。從奴隸到王爺，出道僅僅十數載的石勒的確了不得！

石勒和當時的軍閥不同，他胸有大志。曾率三萬軍隊進攻西晉魏郡、汲群、頓丘等地。當地人都知道這位「胡子」出身的軍爺厲害，紛紛望風而降。石勒不但優待俘虜，而且毫不吝嗇地把將軍、都尉的大印封授給他們，讓他們嘗到跟隨石大將軍的甜頭，然後又從當地老百姓中挑選五萬名強壯者充軍。至今武鄉仍有流傳，言當年石勒挑兵不問話，讓你擔上一百五十斤重的挑子走兩圈，走下來當兵吃糧，走不下來回家逃荒。石勒又安置好老弱病殘，沒地的劃地，沒糧的貸糧，沒房的修房，「軍不私掠，百姓懷之」。說實在的，土匪出身，草莽之人，靠燒殺劫掠起家的漢子，能懂得安撫人心、穩定地方、擴大軍隊，其志不小。

石勒軍隊的勢力迎風就長，且軍紀嚴明，戰鬥力不弱，因此連戰連勝，鋒芒直指冀豫內地。

石勒打仗勇猛，軍隊也越戰越勇。常常在臨敵之陣，石勒身先士卒，衝鋒拚殺在前，使軍隊士氣大漲，在當時的軍閥中，沒有一支像石勒指揮的軍隊嗷嗷怪叫著求戰，一上戰場，一沾人血，整支軍隊從兵到將都興奮異常。最可怕的是敵眾我寡亦不懼不畏。石勒曾率一百五十鐵騎直接衝擊數千持戈待戰的敵營。

石勒也是一頭凶殘的餓狼，兩軍陣前嗜血為樂，殺人為戲，心冷手黑。武德一戰，曾坑殺晉朝降卒一萬多人。更有甚者，石勒親率鐵騎圍攻西晉大軍，二十多萬西晉軍民被包圍後，石勒殘酷地命令他的軍隊向已經繳械投降的西晉軍民「圍而射之」、「將士十餘萬人相踐如山，無一人得免者」，這還不算，石勒竟然縱兵搶劫、活吃降兵降將，將成百上千名俘虜

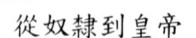

當成軍糧大餐，讓人毛骨悚然。連當年那位西晉尚書左僕射王衍也被石勒擒住，石勒對當年差點要了他命的這位「官老爺」，尚還客氣禮貌，關鍵是這位丞相爺嚇破了膽，在石勒面前一副太監相，讓石勒從內心瞧不起。王衍這位受恩於西晉的高官竟然當眾勸石勒立即稱帝，讓石勒反感之極，像輾死一隻垂死的臭蟲一樣，「使人夜排牆殺之」，沒讓王衍身首分離挨一刀。石勒也夠陰謀的，以前只知道他心黑手毒，沒想到他還玩虛偽的。他說，這些人都是奇人，可保全屍，不可以加以鋒也。推倒牆把他們活活壓死。叫你死，還讓你感謝他給你留下全屍。石勒不可小覷，他不再是一個奴隸、土匪，也不再是一個簡單的屠夫；不再是一個滿足於割地稱霸的軍閥、混世魔王，他開始懂得政治陰謀，懂得虛偽；他開始有權利欲，開始有野心，而且是狼子野心。

石勒本人未讀過書，但是他知道讀書人的價值，他把從各地收攏來的讀書人都集中到他的大營內，稱「君子營」，專門為他出謀劃策，幫助他行規建制。這在當時「八王之亂」的軍閥混戰中是絕無僅有的，特別是石勒是從土匪起家的，能這樣任用讀書人建立「參謀部」、「智囊團隊」，足見石勒的政治眼光。

石勒不粗，尤其在他遇見謀士張賓以後。張賓在西晉末期是位人物，飽讀兵書戰策，對天下之事有觀察有分析，頭腦清楚，眼光敏銳，自比西漢張良。他曾斷言，天下這些戰將，無人能比這位胡人將軍，可以和他一起成就大業。張賓也夠時代派的，竟然一拋讀書人的文質相，提劍到軍營，大聲高喊讓石勒接見，但石勒也是個很狡猾的人，戰爭教育了他，他留住張賓，但是並不像劉邦對張良那樣信任他。他要在實踐中考驗這位自詡是西漢張良的讀書人是否有真才實學。張賓不是夜郎，無論石勒軍隊是勝是敗、是進是退，對事態的分析，如抬頭望月；對戰事的預料，如昂首迎風。

石勒徹底折服了。張賓沒有看錯，石勒一旦認準了他，絕不會猶豫，更不會虛假。自此，軍中之事無論大事小事、朝中政事，石勒都要先靜心聽張賓的看法，甚至一舉一動都要去徵求張賓的意見。從此石勒不再盲目、莽撞，他行動的目的性和前瞻性都得到了極大的提高，石勒要「成氣候」，要「舉大事」。歷史上將會有這個人物的一席之地。

　　歷史上有多次「鴻門宴」，石勒策劃的一次「鴻門宴」可能是最成功的。

　　元熙元年（西元304年），匈奴人劉淵稱帝，史稱前趙。劉淵建國自稱為漢，隨著「八王之亂」和軍閥混戰的更新，全國都捲入了一場空前的大流血、大廝殺，石勒和一名叫王彌的戰亂英雄都歸集在劉淵旗下。這位王彌堪稱是位亂世英雄，史載，當年王彌起事，兵微將寡，糧少械乏，被西晉大司徒（就是曾經差點要了石勒命的那個尚書左僕射王衍）派去鎮壓的晉軍殺得大敗，王彌帶著殘兵敗將落魄而逃，投奔剛剛建立漢國的劉淵，劉淵是西晉末十六國中第一個建立國家的皇帝，在刀光劍影中九死一生，從一兵一卒造反，終成一國之君，劉淵有過人之處。王彌沒想到，他實如「喪家之犬」帶著丟盔卸甲的數百心魂未定的敗軍去投劉淵，劉淵卻如獲至寶，親自迎接，高規格接待，竟然得一敗將猶如魚得水一般，甚至以手扶王彌稱其為「孤之孔明也」。足見王彌絕非一般軍閥。隨著晉朝戰爭的擴大和加劇，石勒和王彌都各自發展成漢國最大、最有實力的武裝集團。誰都看得明白，一山難容二虎。此形勢石勒帳下大謀士張賓看得更明白。所以當王彌和石勒各自帶領自己的軍隊分東西兩線和晉軍血戰時，陰險毒辣的張賓就開始籌劃「鴻門宴」。石勒沒有看錯張賓，張賓獻策：「與石勒對陣的晉軍不足慮，要除掉王彌卻是天賜良機。」石勒按張賓之計，置敵於當前而不顧，親率主力，從側翼襲擊和王彌對陣的晉軍，當時王彌和晉軍統領劉瑞正「頂牛」，勝負未知，石勒的大軍突然從側翼掩殺過來，其

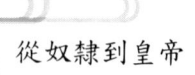

凶其狠，其猛其勇，勢不可擋，把晉軍殺得大敗。石勒軍隊皆劊子手也，軍糧不足時，竟然敢把俘虜和劫掠來的百姓殺了當軍糧，數萬大軍全軍上下都吃人肉，且把吃剩下的人肉裝在麻袋裡隨軍而行，作為「戰備糧」。這樣的軍隊何來人性？豺狼虎豹也！斬殺晉軍無數，把戰爭變成屠殺是石勒軍隊的軍風。

石勒把劉瑞血淋淋的頭顱獻給王彌，之後又按照張賓的策劃，把戰利品中的珍寶一併獻給王彌，讓王彌感到喜從天降。一下子就把過去貌合神離、各懷鬼胎的兩個人拉近了，拉成親兄弟了。

王彌還是簡單了些，他只知道石勒是位吃人肉的「睜眼瞎」，卻不了解石勒背後的智囊，張賓比他要陰險複雜得多。按照張賓的布置，石勒極隆重地派人持厚禮，極隆重地請王彌赴宴，此宴即張賓劃策良久的「鴻門宴」。

王彌被石勒的同袍情深深迷惑。他認為他們畢竟在一條戰線並肩作戰，一個漢國的同朝臣子、一條戰壕裡的同袍。晉朝大敵當前，且石勒的情誼不容懷疑，他剛剛幫助自己消除掉最大的敵人，晉朝軍隊的首領劉瑞，幫助自己打了一個輝煌的大勝仗。雖然手下的謀士大將勸他不可前去赴宴，那分明就是「鴻門宴」。王彌有自己的革命理論，反晉當前，兄弟並肩，生死與共，怎能擺「鴻門宴」？王彌太理想化了。

項羽擺的「鴻門宴」，是「賠了夫人又折兵」。不是范增沒看出劉邦的志向，不是范增沒向項羽說清楚，也不是范增不陰險不手黑。是項羽太君子氣、貴族氣，為士大夫的氣質所害，下不去手，以致「范增數目項王，舉所佩玉玦以示之者三。項王默然不應」。連司馬遷都急得出汗，范增不得已才令項莊舞劍，意在沛公。

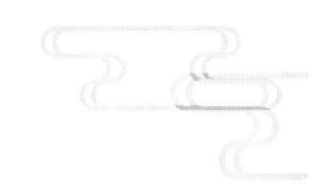

此時不是在霸上，擺宴者石勒也。張賓不是范增，但是他比范增更陰險更歹毒，最主要的是石勒對張賓言聽計從，而項王對范增雖呼之為「亞父」，卻常常是尊擺設。兩次「鴻門宴」的結果大相逕庭，最根本的項羽是貴族，世世代代的豪門大家，而石勒是奴隸，一無所有，大字都不識一斗，焉論什麼仁義道德？

　　再說跟隨王彌前去赴宴的隨從將軍也檢視了宴席的裡外，帳外並未設有刀斧手。自秦漢以來，「辦人」似乎形成一種定式，預先埋伏好伏兵，席中一聲令下，或擲杯為號，伏兵盡出，把席中之人剁成肉泥。石勒其未設伏兵。隨從也放下心來，王彌將軍是衝鋒陷陣、九死一生衝殺出來的，確有西楚霸王之態，長劍在手，百十人莫能上前。但石勒不是儒將，他是吃人的虎將，殺個人焉用刀斧手？敬酒布菜，稱兄道弟，好不親熱。就在大家沉浸在友情之中，石勒又起身為王彌敬酒，王彌被石勒吹捧得身上每個細胞都在暢快地休息，美酒也使他的頭腦一再發熱。他認為石勒又送來美酒和祝辭，就伸長脖子準備受用。誰也沒想到，石勒並未變臉，一臉帶有諂媚的笑容，卻見他手一揮，白光一閃，寶劍過處，王彌人頭落地，脖腔中噴出的血柱直射周圍之人。幾乎在同時，張賓指揮的虎狼大軍分幾路直撲王彌軍營。「鴻門宴」收席。

　　石勒惡人先告狀，直接上表前趙王朝漢國第二代皇帝劉聰，言王彌叛逆，已被斬首。劉聰大怒，石勒橫行霸道，公然謀害國家重臣、功臣，豈非有無君之心？石勒敢作敢為，收編了王彌的軍隊，他已成為擁兵獨大，視漢之小皇帝也不過是再擺一席「鴻門宴」罷了。

　　無可奈何，劉聰還不得不加封石勒鎮東大將軍，督并、幽二州之軍事，領并州刺史，「以慰其心」。劉聰不會明白，石勒之心豈是這三官兩職就能安撫了的？

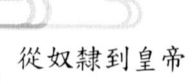

石勒的勢力越做越大、越做越強，終於做成「巨無霸」。石勒有句「反話」，亦是名言，他曰：帝王之起，復何常耶？趙王趙帝，孤自取之，名號大小，豈其所節耶？

　　石勒之心，路人皆知。

　　西元319年，石勒稱趙王，行帝事，改年號為趙王元年，史上稱為後趙。

　　石勒還是用他一生慣用的戰爭手法，硬碰硬地打敗了前趙劉曜，擒殺了這位前趙的末代皇帝，滅了前趙，統一了北方大部，成為歷史上十六國時期的一位皇帝。

　　石勒是奴隸出身，但是卻始終沒有被榮譽和勝利衝昏頭腦。石勒是道道地地的文盲，但是他卻尊重知識，軍中有「君子營」，一有空就聽人講談《史記》等歷史。有一次當他聽到西漢歷史中酈食其向劉邦建言實行分封制時，石勒不禁著急地說此乃亂天下之計也，萬萬不敢採納。後聽到遭到張良等謀臣的反對而未實行時，才放心地長吁一口氣。這說明這位馬上皇帝在打江山時就具有政治頭腦，並非一味打打殺殺的草莽英雄。

　　石勒流傳至今的故事，足以說明這位從奴隸到皇帝，人品、人德有讓人讚嘆的一面。

　　石勒稱王以後，曾把武鄉老家的父老鄉親們邀來一聚。在歡天喜地的酒宴上，石勒發現少了一位老鄰居李陽，問起方知，李陽懼而避之。何懼之有？原來李陽未忘當年曾和石勒爭漚麻用的水坑打過架，李陽嚇得躲避開是因為當年他打了石勒，怕石勒今日報復。石勒堅持請來李陽，他大度地指著李陽的肩膀說，孤往日吃足汝之老拳，汝亦備嘗孤的毒手。言畢大笑。賜李陽甲第一區，拜參軍都尉。

想起飛將軍李廣，當年李廣被免倒楣時，與友人外出射獵，回來晚了，路過霸陵亭，霸陵亭尉因喝醉了就喝斥李廣，不讓李廣通行。李廣的跟隨言之：「故李將軍。」這位執行政府法令的霸陵亭尉堅持原則，夜不放行，他有一句半酒半醒的話要了他的命，尉曰：「今將軍尚不得夜行，何乃故也！」等到有朝一日，匈奴邊境犯事，朝廷又拜李廣為右北平太守，這位飛將軍真不能和石勒相比，他立即請那位霸陵亭的守衛一起去上任，「至軍而斬之」，李廣成不了什麼大氣候，其肚量較之石勒差之萬里。

　　石勒當上開國皇帝以後，曾留下和近臣徐光的一段對話，說明石勒雖粗，但是卻沒在頌歌讚美聲、美酒美人中沉醉。

　　石勒問徐光：「朕與古代君王相比，能與誰相比？」

　　石勒正君臨天下當皇帝，也真當得還不錯，人民需要和平，需要生活；天下需要安定，需要喘息。石勒當上皇帝以後，罷戰休兵、不談戰事、輕稅減賦、少徭減役，他雖目不識丁，卻十分重視教育，親自視察教育，賜學生先生衣物，幫助地方興學興教。自此後趙國勢興勃有望。徐光也是石勒繼張賓之後的大謀士，回答：「陛下神武籌略比高祖劉邦還高，雄藝英武可比魏武帝曹操，有史以來，軒轅黃帝第一，陛下當為其後。」我懷疑這位徐光非繼張賓之後的謀臣，而是位高段位的太監，但是石勒並沒讓這傢伙吹捧昏了。石勒不糊塗，聞言大笑。言之，愛卿之言太過。人應有自知之明。朕若逢漢高祖，當北面而事之。若遇光武帝劉秀，當與其並驅中原，鹿死誰手，猶未可知。大丈夫行事應磊磊落落。朕終不效曹孟德、司馬仲達父子，欺他孤兒寡母，狐媚以取天下也。朕之才能當在劉邦、劉秀之間，又怎敢與軒轅黃帝相提並論呢？

　　在舉朝上下一片歡呼和朝拜之下，石勒能清楚地知道自己能吃幾碗飯、

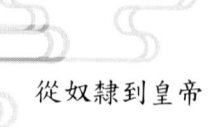

能活幾個春秋，不愧是從奴隸中走出來的皇帝。

我喜歡電視連續劇《雍正王朝》的插曲，唱得歷史都能倒流：

數英雄論成敗，古今誰能說明白。

千秋功罪任評說，海雨天風獨往來。

一心要江山圖治垂青史，也難說身後罵名滾滾來……

強大的後趙，真乃其興也勃也，其亡也忽也。

然其興其亡竟然皆與謀士張賓相關。沒有張賓出謀劃策，石勒只能在軍閥混戰中打打殺殺，能不能走向帝王之位尚待後議。石勒稱帝以後，常常感到朝中大事無人可議、無人問詢、無人幫拿主意。每遇大事想起張賓，鐵石人一般的石勒都會痛苦難抑，垂淚痛哭。他曾多次哭嘆：「右侯（張賓）舍我去，令我與此輩（指徐光等謀士）共事，豈非酷乎？」尤其在晚年，豪傑老矣，誰來接班，苦惱不堪，決策難定，常常想起右侯張賓，「右侯在，何難之有？」恰恰在這個事關成敗問題上，石勒無定論、無主見，以致被其姪（被封為中山王的石虎）帶兵入宮「侍疾」。堪稱「人渣」的石虎當了後趙的皇帝以後，可謂崽賣爺田不心疼，短短十六年把江山斷送得國破家亡，嗚呼哀哉……

「兒皇帝」的醜相

　　小孩皇帝是中國皇帝隊伍中一大特色，也可稱為一枝奇葩，其他國家少有這等風景，有，也絕無這般壯觀。

　　有人統計，中國歷史上小孩皇帝共有二十九位，最早的小孩皇帝是西漢的昭帝，始元六年（西元前 86 年）登基為帝，當皇帝那年才八歲，道地的少年皇帝。死時也才十四歲，被「摘」了頭顱。最晚的是清代最後一個宣統皇帝，宣統元年（西元 1909 年）登基做皇帝，那年他才三歲，看到文武大臣都鐵青著臉站在大殿內外，一會兒跪倒磕頭，一會兒又站起唱喏，三呼萬歲，嚇得這位剛剛夠上幼稚園的娃娃皇帝大哭不止，以至於他父親攝政王載灃著急上火，千方百計想哄兒子別哭，在這麼隆重的登基典禮中，皇帝大哭是不吉祥的，就連聲勸他：「別哭了，快完了，快完了！」三年以後，清王朝崩潰，宣統皇帝下臺，清朝的遺老遺少都歸罪於載灃，誰讓他在皇帝登基大典上說「快完了，快完了」，這不真完了？

　　年齡最小的小孩皇帝為東漢殤帝劉隆，他剛剛出生一百天，尚未斷奶，就被立為皇帝，劉隆也沒當皇帝的命，三個月當皇帝，僅僅當了八個月就「一命嗚呼」。

　　其他不滿十歲就當皇帝的「幼稚園」、「托兒所」、「國小生」成員足足可列一個未成年皇帝隊伍。東漢的衝帝和東晉王朝的穆帝兩歲當的皇帝、北魏的孝文帝和清王朝宣統一樣三歲登基、光緒皇帝五歲當的皇帝，在他

「兒皇帝」的醜相

之前五歲當皇帝的還有三位：東晉的成帝、北魏的孝明帝、南宋的恭帝；清王朝的順治皇帝、同治皇帝皆六歲為帝；後周王朝的恭帝和元王朝的寧宗皇帝同為七歲稱帝；西漢王朝的昭帝、東漢王朝的質帝、三國時期吳國的吳廢帝、清王朝的康熙等七位皇帝都是八歲稱帝；西漢王朝的平帝、東魏王朝的孝靜帝等有四位皇帝是九歲登基的；東漢王朝的和帝等有五位不同王朝的皇帝是十歲，至於十歲以上，十六歲以下的皇帝，可以排出一長列。

小孩皇帝中也真有「神童」天子的。

漢昭帝劉弗陵係漢武帝晚年得子，據說其母鉤弋夫人懷孕十四個月才生下他。漢武帝看他尚在童年，就要登基當皇帝，害怕以後皇太后操縱朝權，劉氏天下不保，就乾脆處死了鉤弋夫人。劉弗陵當皇帝的代價夠大了。

劉弗陵當皇帝年齡雖小，卻挺有天子派，能壓住陣，在歷史上著名的「鹽鐵論」辯論會上，竟能聽懂那麼複雜的經濟問題，能對西漢經濟發展的大政方針和中央與地方的稅賦政策做出正確地調整，雖然有輔政大臣先打底，但是小小年紀的漢昭帝確實了不得，那麼複雜的問題，那麼重大的國事，事關國計民生，十歲的孩子能如盤中觀水，你不承認他有幾分天分不行。

正是這位小孩皇帝，對政治問題的分析也不得不讓杏花落滿頭的老臣、重臣們心悅誠服。

當時朝中重臣左將軍上官桀暗中拉攏一幫大臣，對外勾結燕王劉旦，企圖趁漢昭帝「乳臭未乾」之際，先掀翻輔政大臣霍光，然後廢掉剛剛十歲的昭帝劉弗陵，立燕王劉旦為帝，改朝換代。他們趁霍光外出檢閱御林

軍的機會，冒充燕王劉旦誣告大司馬、大將軍霍光。以燕王的名義上書昭帝，揭發霍光狂妄自大、結黨營私，有不臣之舉，檢閱御林軍竟然乘坐同皇帝一樣的車馬，僭越禮儀，表明霍光有謀反篡權之心，又擅自從軍隊中抽調校尉軍官進入自己的幕府，企圖等待時機圖謀不軌，「專權自恣，疑有非常」。信中燕王劉旦還信誓旦旦表示願意到宮中保護昭帝。第二天，霍光聽說燕王劉旦上書告發他，竟把這位輔政大臣嚇得不敢上朝，他認為漢昭帝不過是個孩子，在這種複雜充滿陰謀詭計的政治鬥爭中，怎麼能分辨出是非來呢？霍光是跳進黃河也洗不清了，只等著皇帝處罰吧。當漢昭帝臨朝召見他時，他嚇得戰戰兢兢、汗如雨下、兩腿發軟，心想禍從天降，等著抄家、砍頭、滅門吧。於是這位大司馬、大將軍乾脆自己把官帽摘下來，跪在地上說：「臣罪該萬死！」滿朝的大臣也覺得突如其來，覺得又是一場可能禍及全國的政治動盪。

漢昭帝十分平靜地說：「大將軍請戴回帽子，朕知道這道奏章有詐，將軍無罪。」漢昭帝下面的一席話，說得天下皆服。「大將軍出城檢閱御林軍才是最近幾天的事，調校尉入幕府也不過才十幾天的時間。京城距離燕國路途遙遠，燕王如何能這麼快就得知情況？又這麼快發出奏章？很明顯，燕王的信是假的。況且大將軍如果真想圖謀不軌，也根本不需要調什麼校尉進幕府。」左將軍上官桀一夥沒有想到，大臣們也沒想到，霍光更沒想到。

這小孩真厲害，一件彌天大罪的假案，一口氣就吹得煙消雲散。天下都太小看這位少年皇帝了。

這小孩的厲害還在後面，政治上成熟得勝過老辣的政治家，他還要順著這道偽造的奏章追查企圖陰謀鬧事的人。於是，漢昭帝誅殺了上官桀等參與陰謀動亂的一系列人，逼得燕王劉旦和宮內的長公主等人自殺，在政

「兒皇帝」的醜相

治上一舉蕩平隱患。

那年漢昭帝年僅十四歲。

康熙皇帝登基承大統時,還差三個月才滿八歲,滿十四歲時親自執政。

但是康熙皇帝面對的卻是極其複雜、險惡、幾乎不可收拾的政治局面。

順治皇帝留下的四大輔政大臣被鰲拜整得非死即廢,鰲拜一家獨大,大權獨攬,囂張跋扈,又支持「三藩」,以為外應,幾乎無所顧忌。鰲拜集團就等時機一到,拿下這個小孩皇帝,自己登基臨朝,在大臣中幾乎人人都有所感,真乃鰲拜之心,朝中皆知。

康熙一個十四歲的孩子,面對如此殘酷的現實,在鰲拜面前作小字輩狀,讓其狂妄,暗地裡組織一幫小孩太監,在宮內練拳習武,似乎並無大動作。但是時機一旦成熟,就靠這幫在鰲拜眼中什麼都不是的小孩,力擒鰲拜。緊跟著追查與鰲拜有牽連的人和事,雷厲風行,下手果斷剛毅,把鰲拜多年網羅、培植的勢力一舉蕩平。在此基礎上,康熙皇帝鞏固皇權、穩固政權,才敢決定平定三藩。管當時十四歲的小皇帝拜稱一聲康熙爺,心悅誠服也。

當然,絕大多數的小孩皇帝下場皆悲,稀裡糊塗上臺,悲悲慘慘地被害死,權力的腥風血雨容不下哪怕是不滿三五歲的孩子。

九歲的東漢質帝在朝會時,看到隻手把握朝權的大將軍梁冀飛揚跋扈的樣子,不失孩童天真地問眾大臣,此乃誰也?見眾大臣皆嚇得面如土色,周身顫慄不止,乃開玩笑地呼之「跋扈將軍」,童子之心,哪有那麼深的政治城府?但是就這四個字,梁冀這個跋扈將軍大怒,當晚就令左右進鴆加煮餅,要了質帝的命,一句真話就要了一位皇帝的命,此將軍不謂跋扈,誰敢稱之?

即使聰明的孩子，當皇帝並非一定有作為。

　　東晉元帝司馬睿的庶長子司馬紹可謂神童，聰明過人。有一次，元帝把他抱在膝上玩耍。史上未說明司馬紹當年多大，據專家猜想，應在三四歲間。司馬睿有心無心地問他：「長安與日，孰遠？」司馬紹應聲答道：「日遠。聞有人自長安來，未聞有人從日邊來。」司馬睿聽罷甚驚喜。第二天，司馬睿大宴群臣時要顯擺一下自己的兒子，就當眾問司馬紹：「日與長安相比，孰遠？」不料司馬紹那小孩望著眾大臣一本正經地回答道：「日近！」元帝司馬睿大驚，有下不了臺的窘況，問他何以知之？司馬紹抬頭望日，從容說道：「舉頭見日，不見長安！」司馬紹真神童。他繼位後便稱晉明帝，沒聽說這位曾被公認為神童的皇帝有何大作為。

　　唐高祖李淵之子李元嘉，聰敏得更出乎人也。據史料記載，其左手畫圓，右手畫方，口誦經史，目數群羊，打一腹稿，出四十字一首詩，同時用腳寫五言絕句，六種動作同時完成，其乃身懷絕技。可以肯定，在這些方面，李元嘉的二哥秦王李世民不如他，可能差他甚遠，但亦可斷言，李元嘉當上唐朝皇帝，不一定會為大唐王朝帶來「貞觀之治」，他治國治吏治民可能就是個弱智。

　　中國歷史上唯一的也是最厚顏無恥的「兒皇帝」，乃五代時期的後晉皇帝石敬瑭。用恬不知恥或卑鄙無恥形容石敬瑭似不過分。認賊作父一詞好像專為石敬瑭創造的，石敬瑭為當皇帝，心甘情願、俯首帖耳地認窺視後唐王朝、饞涎後唐一土一木的契丹王國為父國，對契丹稱父，稱契丹國主耶律德光為父，誠心誠意地跪倒在耶律德光面前，跪頭拜見，稱尊稱父。據查，這位契丹國主耶律德光比石敬瑭整整小十一歲，也有一說是十七歲，按年齡計算，倒是耶律德光該拜石敬瑭為乾爹。這且不說，為了自己能當上大晉的皇帝（史稱後晉），還竟然敢冒天下之大不韙，把燕雲

「兒皇帝」的醜相

十六州通通劃給了契丹，這可是契丹國夢寐以求的，石敬瑭也開了一個歷史上「賣國」的先例，中國歷史自漢唐以來，為實現個人野心稱王稱霸稱帝，或安定邊塞不失地失城失民，向北方少數民族匈奴突厥等稱臣納貢、和親送禮的有，但是從未有過把國土大片大片地割讓給人家。這種賣國、賣地、賣祖宗的漢奸行為似乎始於石敬瑭，石敬瑭為做這個大晉國皇帝真乃敢作敢為，棄天下人指責於不顧，棄歷史恥厚柱於無視，石敬瑭真不愧是中國歷史上獨一無二的開國皇帝。

石敬瑭割讓的這片土地，可謂天下寶地，因為契丹亦屬中國，現在已不再稱「賣國」，但是五代時期不然，國即國，族即族，歷史上稱石敬瑭為「漢奸皇帝」，此桂冠尺寸亦合適。

歷史不可竄改，石敬瑭賣給契丹國的這燕雲十六州，即五代之前的唐王朝與契丹國接壤的十六個「州」。有人說，這十六個州當時是北方的地理屏障，把這十六個州全賣了，就為北方契丹入侵中原大開門戶，中原再無險可守。北宋之亡，徽、欽二帝被擄，靖康恥未雪其源概出於此，其禍自石敬瑭始。

石敬瑭把契丹國垂涎的一塊寶地、富饒之地、肥腴之地，拱手相讓，石敬瑭真乃膽大包天。

翻開地圖看，這十六個州即幽州、薊州、瀛州、莫州、涿州、檀州、新州、武州，加上蔚州、雲州、應州、寰州、朔州，石敬瑭把當時中國境內北緯38度以北，41度以南地區幾乎全部不打折扣地「禮讓」給契丹國。

由孫中山創辦的同盟會為了革命，為了驅逐韃虜、恢復中華，其宣言中信誓旦旦：敢有為石敬瑭、吳三桂之所為者，天下共擊之！石敬瑭乃反動賣國的漢奸代表！

但石敬瑭也不是一生下來就是頭上長瘡、腳下流膿的壞種。他不像有些開國皇帝那樣出身流氓、地痞、兵卒、綠林，嚴格地講，石敬瑭是一個「官二代」。他從小志大，讀書習武，想建功立業，「少有抱負」，曾立志以戰國時期趙國名將李牧和西漢名將周亞夫為楷模，報效國家，飛黃騰達。

　　這傢伙在少年時代就敢打拚，有沙陀人的拚命精神，敢提三尺劍出入敵陣之中，出名走上仕途皆因此長。

　　西元 916 年，五代時期的後梁大將劉與晉王李存勖大戰於甘陵，這是一場生死之戰。晉王的軍隊受不了後梁軍隊的勇猛衝擊，全軍開始潰亂，勝負似已見分曉。正在危難時刻，當時在晉王軍隊服役的石敬瑭一看機會到了，此時不打拚更待何時？他把性命和一切都賭在其中，誰都沒有想到，這傢伙像一頭拚死搏命的豹子，僅帶手下親信十幾騎，竟敢突然襲擊乘勝追擊的後梁得勝大軍，且連殺連斬，把後梁之軍殺得軍心大亂。李存勖乘勢反攻，竟然反敗為勝。戰後，論功行賞，李存勖對石敬瑭刮目相看，不但重賞重獎，且依為心腹愛將，之後繼承了後唐皇帝的李嗣源還把女兒嫁給了他。從此以後，一戰成名，石敬瑭開始飆升，逐漸成為把握後唐政治局面的實力人物。

　　實事求是，此時此刻的石敬瑭隨著政治、軍事實力的不斷膨脹，野心也在膨脹。但是石敬瑭環視左右又打量自己，覺得羽翼未豐滿，尚未長成巨無霸。他不敢馬上問鼎皇權，他想再韜光養晦，待養壯、養大、養強以後再伸手摘桃子。龍椅尚遠，不在足下。

　　但是形勢突變，形勢逼人。等不到石敬瑭萬事俱備，就被「逼上梁山」。原來後唐的明宗李嗣源死後，他的第三個兒子李從厚繼位，還沒將龍椅坐熱，第二年就被李從厚父親李嗣源的養子李從珂謀殺，李從珂是後唐的第四位皇帝。後唐十四年間換了四任皇帝，真如走馬觀燈般。李從珂

「兒皇帝」的醜相

眼毒心明，他看出來，真正威脅他們李家天下的是石敬瑭，有石敬瑭在就芒刺在背，夜夜做噩夢。

歷史上不僅有趙匡胤的「黃袍加身」、「陳橋兵變」，比趙國胤早半個世紀，石敬瑭手下將士在太原也演出過一場「黃袍加身」的鬧劇。當後唐的皇帝李從珂派遣使臣宣慰石敬瑭時，石敬瑭手下的將士急不可待，竟然跪地行大禮，高呼萬歲，想一舉把石敬瑭推上皇位。石敬瑭比他手下的那幫亡命徒（靠著他起家的那幫軍閥）有頭腦，他深知，實力未強，時機不到，只能做成一鍋夾生飯，不但做不成皇帝，恐怕還要做亡命鬼。於是這傢伙嘴臉一變，似乎一身的正義忠誠，馬上讓人把為首喊萬歲的三十六人逮捕斬首，然後上奏李從珂以示忠心。

李從珂是個極有心計，且善於搞陰謀詭計的皇帝，即使看見了石敬瑭送上的三十六顆人頭，再看看那道恨不能剖心割肺的示忠表，他仍然放心不下。他安排了數十名奸細、密探、臥底，全天候監視石敬瑭的一舉一動，但是石敬瑭始終保持著高度警惕，絕不多說一個字，絕不多邁一步，絕不多看一眼。無奈之中，李從珂把監視石敬瑭的任務就交給石敬瑭的老婆永寧公主，永寧公主已加封為魏國長公主，這項任務對於她來說艱鉅又危險。石敬瑭察覺以後，用了一招更陰險、更卑鄙、更無恥的下三濫招化解了李從珂的「間諜招」，那就是為自己「戴綠帽子」。他主動挑選年輕英俊的帥哥設局勾引自己的老婆，然後就勢拿下。以為自己「戴綠帽子」的代價徹底拿下自己的老婆，使其由「臥底」變成自己的工具。以斑窺豹，石敬瑭就是這麼一個為達到目的無所不用的人。

但兩鋒想爭，必有一決。李從珂堅信，下令除去石敬瑭兵權，石敬瑭必反；不除其兵權，石敬瑭亦叛，不如先事圖之。後唐內戰烽起，兩軍都是拚死拚命，水火不容。無論從軍隊的實力上，從作戰能力上，從後援

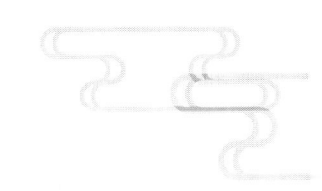

人、財、物上，石敬瑭都不是後唐軍隊的對手，勝負已見，下場已然。石敬瑭索性一不做二不休，決定不惜一切，他藉助經常侵犯邊境且軍事實力雄厚的契丹王朝的支持，打敗後唐，改朝換代。於是向契丹稱臣稱子，割土讓地，每年向契丹交絹納糧上貢。

史料記載，石敬瑭的賣國行為遭到了他手下的反對，他手下最重要的將領劉知遠就勸他：求其援兵，多給些金帛也就行了，而割讓國土，恐為國家大患！又言，稱臣可以，執子禮恐怕太過分。但是石敬瑭賣國稱子的決心堅定不移。

讓人噁心鄙視的是「強將手下無弱兵」，石敬瑭拉下臉來賣國求榮求生，雖然卑鄙到無恥，但他派去向契丹求援求救讓契丹收下這份「賣國禮」的親信桑維翰所作所為更讓人不齒。

有誰知道賣國求榮，亦需排隊？令石敬瑭萬萬沒有想到的是，當時北平王趙德鈞也派了使臣攜帶著重金、密約去見契丹主耶律德光，乞求耶律德光開恩，收下重禮，答應密約，力挺北平王趙德鈞為中原皇帝。只要答應了，什麼條件都答應。賣國求榮的石敬瑭還真遇見了對手。但是石敬瑭派出的使臣有辦法、有能耐、有毅力，一丁點祖宗、臉面、德行全然不顧。這位全權使臣桑維翰果然不凡，按照石敬瑭的囑託，急急忙忙趕到契丹，直挺挺地跪在耶律德光大帳前，不吃不喝，淚如雨下，傷心莫及，痛苦不堪，出盡洋相。誓言不把耶律德光感動，就跪死此地，哭死此處。耶律德光不答應我們的賣國條件，我就死在帳前，以此來表達我們石敬瑭對契丹王朝的一片忠心赤膽！

就是石頭也會被這片賣國之情所感動。

石敬瑭終於在契丹號稱三十萬大軍的幫助下，打敗了後唐李從珂的主力，逼得李從珂與后妃們攜帶著傳國玉璽上了玄武樓，自焚而死，後唐滅

「兒皇帝」的醜相

亡。在契丹耶律德光的扶持下，石敬瑭一步登天，成為中國歷史上五代時期的「第三代」後晉國的開國皇帝。雖然是兩國皇帝，但後晉對契丹是「兒子國」，石敬瑭對耶律德光情同孝子。他只是一味地、千方百計地、挖空心思去迎合他「乾爹」，不惜餘力，不惜失德，不惜刨地三尺，蒐羅奇珍異寶，去孝敬契丹、敬奉耶律德光。

為了取得契丹國耶律德光對後晉國皇帝的封號，石敬瑭敬契丹比孝敬他親爹還親、還孝、還到位。他甚至對契丹派到後晉國的使臣也奴顏婢膝、百般伺候、曲意迎奉、如敬老天、如孝老子。對「父皇帝」的旨意更是百依百順，不敢絲毫的馬虎大意。石敬瑭也豁出去了，他本來就是一個不惜一切代價的賭徒，要賣國就招搖過市當賣國賊；要當漢奸就當鐵桿漢奸。

歷史上不乏無恥之徒，像石敬瑭這種無品無德、唯權唯勢的小人亦不多，稱比自己還小的人為父，在大庭廣眾之下，在兩國大臣當廷之下，向人家行父子禮，稱父子謂，作父子行，聞所未聞。

唐玄宗時期的安祿山，拜比自己小二十多歲的楊貴妃為母親，拜唐玄宗為父親，進宮也是先以母禮敬拜楊貴妃，再以父禮去拜李隆基，還振振有詞，我們胡人之習，先敬母，後拜父，把個李隆基搞得昏昏然。這位三百多斤的大黑胖子自稱「此胡腹中更無餘物，止有赤心耳！」真乃人類之人渣。無恥至此，乃算登極。

明英宗時大太監王振當道，滿朝文武大臣無不向他爭寵獻媚。工部侍郎王佑天生不長鬍子，太監下巴，女人嘴。有一次王振問他，你又不是太監，你為什麼不長鬍子？王佑這傢伙真是一個卓越傑出的小人，竟然當場朗聲答道，您老沒長鬍子，兒子我豈敢獨長？更有甚者，明武宗時期，朝中有一官員，其名呼張彩，叫得光彩，人卻極其卑鄙。為了巴結當時

有「立地皇帝」之稱，一手遮天的大太監劉瑾，竟然身著官服，當眾在大街上向劉瑾雙膝跪倒，納頭便拜，頭磕地有聲，其名曰磕響頭。連劉瑾都為此感到很驚訝，說難道你不知道嗎？咱大明朝是有朝規的，外廷官員不得向內官磕頭跪拜行大禮。違規要嚴懲，是要處罪的，大庭廣眾之下，眾目睽睽之中，此作何為？難道你真的不懂規矩不怕獲罪？張彩回答得真精采：我張彩今天不是以外廷官員的身分來對老公公您下跪拜行大禮的，我是以兒子的身分拜見爹爹，兒子對老子當街跪地磕頭理所當然。您就是我親爹，犯的是哪朝哪代的規矩？

這些人渣皆出於石敬瑭之後，雖然有青出於藍而勝於藍之勢，其卑鄙無恥大勝於石敬瑭之為，但是他們畢竟沒有做過皇帝，不能代表一國，其國亦不能堂而皇之地稱為兒子國，其皇帝被命名為兒皇帝，無論他鬍子多長、皺紋多深多密。石敬瑭在中國皇帝隊伍中獨樹一幟。

兒皇帝不好當。

除了跪拜乾爹，承認自己是兒皇帝外，割讓燕雲十六州，拱手相送。每年還要向契丹進貢三十萬匹帛。這尚且不算，石敬瑭拜認的這位乾爹耶律德光，貪得無厭，欲望無盡，幾近敲詐勒索。石敬瑭雖然竭盡全力搜刮民財，把弄到手的、甚至連自己珍藏的金銀財寶都送到契丹去，耶律德光擺出「老子皇帝」的譜，只嫌孝敬得不夠。

做「兒皇帝」不易，石敬瑭不但要把「父皇」伺候好，每逢年、節、生日、婚、喪、嫁、娶都要把大量的奇珍異寶送到契丹，而且還要把耶律德光皇族及契丹元帥、封王、貴戚、重臣都要伺候好，從洛陽到契丹的路途上，一年四季送禮的「彩車」竟然首尾相銜。更讓石敬瑭堵心難受的，是每當契丹使臣到後晉，作為「兒皇帝」的他，都要畢恭畢敬，當著滿朝文武著皇帝龍袍去跪迎人家。而且有的契丹使臣頤指氣使、氣焰囂張、不可

「兒皇帝」的醜相

一世、極其傲慢。不但明目張膽地敲詐勒索，而且還當眾侮辱後晉國的大臣。契丹國朝內朝外也十分明確，既然石敬瑭是「兒皇帝」，那麼後晉國的文武大臣皆「兒大臣」，「父皇帝」、「父大臣」對「兒皇帝」、「兒大臣」，何禮可講？

　　石敬瑭的兒皇帝終於激起國內數度兵變，造反之事不斷，連他手下掌握重兵的劉知遠都說「稱臣可以，執子禮恐怕太過分了」。正是這位劉知遠，從不滿意石敬瑭當兒皇帝始隔閡漸起，反意彌堅，當石敬瑭死後，其兒石重貴繼位後即為「孫皇帝」之時，劉知遠終於抓住時機，建立了五代的第四代，後漢王朝，成為後漢的高祖皇帝。當時擁兵自重的成德軍節度使安重榮就公開上表直指石敬瑭的「兒皇帝」政策，他幾乎是指著「兒皇帝」的鼻子在數落這位「兒皇帝」：「稱臣奉表，罄中國之珍，貢獻契丹，凌虐漢人，意無饜足」，並把奏表改成書信體，遍發朝廷大臣和後晉諸藩鎮，成為致「兒皇帝」公開信。安重榮夠膽大的，「兒皇帝」焉有帝威？劉知遠、安重榮都對契丹不敬，不甘做「兒大臣」，契丹國王耶律德光大怒，連續派人怒責石敬瑭，強令後晉以武力討伐這些「不兒大臣」、「不兒藩鎮」。安重榮兵敗被殺，但是石敬瑭對劉知遠卻無可奈何。他既不敢得罪劉知遠，也不敢按耶律德光的「父旨」去武力討伐，在「父皇帝」的責罵聲中，在「兒皇帝」的困窘之中憂鬱成疾，當了十七年「兒皇帝」的石敬瑭終於一命嗚呼。

　　據說，石敬瑭死後，「孫皇帝」石重貴，也想厚葬他，因為他畢竟是後晉國的開國皇帝，沒有石敬瑭做「兒皇帝」大晉王國不可能存在，但是石重貴卻厚葬不起，因為國內的奇珍異寶，甚至皇宮中的金銀寶物都被蒐羅起來，一車一車地送給「父皇帝」了，到頭來，「兒皇帝」又變成了位「窮皇帝」……

皇帝的龍鱗

◆ 一

　　據柏楊先生考證：從西元前 2698 年到西元 1945 年止，一共四千六百四十三年時間，中國一共出現了八十三個像樣的或不像樣的、長命的或短命的王朝，共有五百五十九位帝王，其中有三百九十七位「皇帝」和一百六十二位王。

　　有案可查的，自西元前 221 年秦統一中國後，中國先後出現過四十九個王朝，據考證，這四十九個王朝的開國皇帝的構成成分極其複雜：嬴政是始皇帝，但中國歷史上第一個皇帝恰恰不是「龍種」，而是「借種」。何為「借種」？據《史記》記載，原來呂不韋發現在趙國為人質的秦國公子異人奇貨可居，才把一個已經懷有自己骨肉的姬獻給異人，這個「張冠李戴」的身孕就是秦始皇。否則，秦國的國王怎麼能輪上呂不韋的兒子？自秦始皇以後改朝換代的開國皇帝出身複雜，多為當時人所不齒的下三流、下三濫，糞土當年萬戶侯。後來的開國皇帝多為無賴、兵痞、流氓、馬伕、驛卒、和尚、貧民、囚徒、挑夫、衙役、酒徒、賭棍、失勢的軍閥、落第的文人，有的是依靠真刀真槍、衝鋒陷陣、殺敵斬旗當上皇帝的，也有的是靠陰謀詭計籠絡人心、抓住時機、以命相搏當上皇帝的。殊途同歸，結果是一致的，成功了，登基了，當皇帝了。中國的改朝換代都是像在冰上抽的陀螺一樣，所有的「革命」、「戰爭」、「起義」、「兵變」、

皇帝的龍鱗

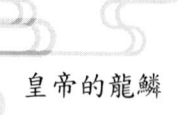

「陰謀」、「宮廷政變」，一切都為了皇帝的寶座，一切都為了皇權，別無其他。中國歷史上第一次大規模的農民起義軍的領袖陳勝，在大澤鄉有一句穿透兩千多年歷史的巨吼：「王侯將相寧有種乎？」陳勝靠這一聲吼當上了張楚王，如果他能沿著張楚王的足跡走到秦之都城咸陽，替代秦二世當了皇帝，他一定還會說，還會吼：「吾乃真龍天子現身，王侯將相確有種耳！」

這種改朝換代絕無一點意義上的進步。而唯一不變的規律就是一旦改了朝、換了代，皇帝便開始了皇帝生皇帝，再不允許謀反！造反！起義！皇帝只能是「龍種」，皇帝的後代當皇帝，龍生龍。從秦始皇起，始皇帝就公開向天下表明：「朕為皇帝，後世以計數，二世、三世至於萬世，傳之無窮。」秦始皇真是個理想主義者，江山萬代，他們家把皇帝包下來了。借用列子在《愚公移山》中的話「雖我之死，有子存焉，子又生孫，孫又生子，子又有子，子又有孫，子子孫孫，無窮匱也」。因此，秦始皇登基後的一個歷史任務就是繁育龍種。《史記》中記載：「秦每破諸侯，仿其宮室，作之於咸陽北阪上⋯⋯所得諸侯美人、鐘鼓以充入之。」有杜牧《阿房宮賦》為證，只摘其兩句：「明星熒熒，開妝鏡也；綠雲擾擾，梳曉鬟也；渭流漲膩，棄脂水也；煙斜霧橫，焚椒蘭也。」秦始皇的後宮美女當有數千人不止。因為有的美女等了整整三十六年都從未見過這位始皇帝的面。秦始皇留下的「龍種」也不過是十幾個。秦始皇沒想到「坑灰未冷山東亂」、「始皇帝死而地分」，他播下的「龍種」竟然全部喪生於他的親兒子胡亥手中。他的江山也沒能千秋萬代，僅僅二世而終。等到項羽大軍攻入咸陽，滅「龍種」滅得更徹底，司馬遷記述：「殺子嬰及諸公宗族。」秦始皇的「龍脈」算是被斬盡殺絕。

最可恨的是胡亥，《史記》記載，二世曰：「先帝後宮，非有子者，出

焉不宜。」皆令從死，死者甚眾。竟把那些被擄來的，沒有生「龍種」的婦女全部陪葬，何止千百？想起倪方六先生曾經說過，被盜的周幽王的墓中，有一百多具女屍，只有一具男屍，而那些女屍有的坐著，有的躺著，有的站著，身上穿的衣服和活人的一樣。倪先生判斷，那具男屍當為周幽王，而那些女人都是陪葬的周幽王的妃子和侍女。那才僅僅是一百多人，而秦二世處死的女人何止千人？

劉邦奪取政權，當上皇帝以後，焉有人敢言其當年是無賴、酒徒、騙子、狂客，皆言其本來就是「龍種」，連《史記》上也是這麼記錄的：「劉媼嘗息大澤之陂，夢與神遇。是時雷電晦冥，太公往視，則見蛟龍於其上。已而有身，遂產高祖。」劉邦是其母與龍夢中相交生出來的，豈能不是「龍種」？因為劉邦是真龍天子，所以漢朝的江山都要龍子龍孫來坐。劉邦狡猾，才演出「白馬之盟」，讓文臣武將皆宣誓：非劉氏而王，天下共擊之。劉邦一共生有八子，在改朝換代的開國皇帝中屬於「中產」，但是劉氏「龍脈」一直延續了前後兩漢四百多年。其中得益於「龍的傳人」的造神，得益於董仲舒的獨尊儒術。

在國人眼中，是神必供，是龍必敬。神乃三界之神，龍乃天上之龍。凡人凡胎被受制於龍；其龍天子必統治凡人。無論是哪一代改朝換代的皇帝都有帝王之相，所謂帝王之相俱為龍氣、龍相。被譽為「金戈鐵馬，氣吞萬里如虎」的南朝宋王朝開國皇帝劉裕，常常被部下看見大帳之中有金龍盤踞。宋太祖趙匡胤黃袍加身之前，部下皆望見天上有蛟龍直飛趙匡胤大帳，眾將直奔大帳，看見天上的真龍一下子附在趙匡胤身上。就連想當皇帝的袁世凱也做出許多龍的輿論準備。一說湖北某地發現龍骨，長數丈，上書者言之鑿鑿；又說某日中午正值袁世凱午睡，家童以大總統最心愛的玉杯進茶，因看見床上竟然睡著一條五爪金龍，才摔碎玉杯。

皇帝的龍鱗

◆ 二

　　經查，在中國的皇帝中，南朝陳王朝高宗孝宣皇帝陳頊是生育冠軍，他在位十五年，活了五十三歲，共生育皇子四十二個，公主一百一十七個（不完全統計，因為那個時候重男輕女，生的女兒往往疏於記載），一共生育子女一百五十九個；漢景帝劉啟生育皇子十四個，公主二十一個（仍是不完全統計）；劉秀生十一個皇子，可能有二十七個公主，也有說是一百多個；晉武帝司馬炎也好生了得，就是那位坐羊車，由羊定位皇帝幸臨誰的主，後宮有佳麗過萬人，生育皇子二十五個，公主無數，在位二十五年，幾乎年年都有「龍子龍女」降世。唐玄宗李隆基生有三十個皇子，公主大約在四十五至五十一個之間；北宋徽宗趙佶生育皇子三十二個，沒有人統計過這位亡國之君生育過多少個女孩。明朝最能生的皇帝當數開國皇帝朱元璋，朱元璋生有二十六個皇子，一百六十四個公主，一共生育了二百一十個「龍子龍女」。朱元璋是道地的「貧下中農出身」，養兒育女觀念極強，因小時候幾次差點餓得吃「觀音土」，當了皇帝以後就為自家的兒女立下一道雷打不動的規矩，皇帝的「龍子龍女」，男要封王，女要封君，都要吃國庫的皇糧。

　　朱元璋也沒想到，這位前半生曾出家當過和尚的皇帝的生殖力如此「爆發」，短短幾十年，竟然生出那麼多「龍種」。按著他定的大明守則，一百多年後，大明王朝剛剛活過不到一半的陽壽，朱元璋的「龍種」隊伍已然龐大到八千多人，且人人都是錦衣玉食、鐘鳴鼎食。朱元璋萬萬沒有想到，明王朝的財政負擔幾乎難以承受，這筆專供「龍種」隊伍高消費的支出已經相當於大明王朝全年軍費的三分之一。最後逼得大明王朝不得不召開御前會議，全體文武百官集體研究如何應對這副重擔。會議竟前後開了

十數天，最後才不得不修改朱太祖皇帝的規定，削減「龍種」們的俸祿開支，一個國家已經難以養活一支由朱元璋創造出來的「龍」的隊伍，正宗「龍」的傳人。

後看《馬可‧波羅傳》，馬可‧波羅（Marco Polo）是正宗外國人，因此享有不少特權，使他有機會接觸元朝的皇室、皇族、後宮。據馬可‧波羅統計，成吉思汗共有四位皇后，這四位皇后共生育皇子二十二個，其他妃嬪生育皇子二十五個，一共生育皇子四十七個。餘甚驚奇，馬可‧波羅是義大利人，不知為什麼也沒有統計成吉思汗生育過多少位女兒？據一位研究元史的專家說，成吉思汗生育了大約一百三十多個女兒。

據牛津大學研究人員測試了亞洲男人的DNA，發現被測DNA有8％都非常相似。於是遺傳學家得出了這樣一個結論：這8％的人就是成吉思汗的後裔。這個結論猜想能「震倒」一片人。我也是大吃一驚，成吉思汗傳宗接代的本領真比射大雕的本領不知要高多少倍？這個結果公布於世以後，媒體便把成吉思汗稱為「史上最偉大的情人」，或更準確地說是「一個四周留情之人」。這也是戰爭的好處。後我虛心請教一位帶著一群實習大夫的博士導師，他是男性學的高級專家，他說這個結果也讓他很吃驚。但是可以十分肯定，成吉思汗是千百萬個男人中的唯一一個。他的男性荷爾蒙激素的分泌，類似性交配高峰時期的非洲雄獅和公尤豬，不同的是，所有雄性動物的荷爾蒙激素只能是一時一事、一年幾次，而成吉思汗是一年十二個月，是常年如此，年年如此。

比成吉思汗早六百多年的南朝陳王朝的皇帝陳頊，他並不因為戰爭，但他在「播種龍種」方面卻一舉奪魁。

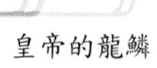

◆ 三

南朝的陳王朝，一共才立世三十二年，卻經歷了五位皇帝。真可謂其興也勃焉，其亡也忽焉。

陳霸先是陳朝的開國皇帝。早年未發跡前他遊手好閒，不安分守己，周圍人皆怕之、畏之。陳霸先自幼就有一股霸氣，從軍後帶兵打仗，算得上有勇有謀，亂世之英雄。陳霸先也可謂「氣吞萬里如虎」，敢率精兵三千人衝入敵軍十萬陣營中殺個幾進幾出。

陳霸先掌握大權以後，自然把眼光盯在皇帝的位上。梁王朝末代皇帝梁敬帝真拿陳霸先當祖宗敬著。梁太平二年（西元 557 年）九月，梁王朝封陳霸先為相國，原來封的是丞相，現在晉封為相國，又加封太傅，加黃鉞、殊禮，贊拜不名。才過了十來天，梁王朝看陳相國還不滿意，又加封陳公，備九錫，陳國置百司；僅僅過了二十天，又不得不晉封陳霸先為陳王。陳霸先真夠霸氣的，一口氣都不容梁帝喘，僅僅過了三天，就迫不及待地逼敬帝禪位於己。這麼著急，這麼迅速，頻率這麼快，從封王到逼禪僅僅三天，在中國歷史上獨占魁首。這就是南陳王朝占的第一個第一。

二十五史中《陳史》並沒有記載陳霸先生了多少個兒子，只記載陳王朝的第二位皇帝陳文帝是陳霸先的姪兒，為了找接班人，陳霸先死後和秦始皇一樣搞祕不發喪，不同的是趙高怕秦始皇屍臭，讓隨車隊拉一車臭鮑魚壓住屍臭；陳王朝更有聰明人，為怕屍腐發臭，竟然做了一個蜂蠟的棺材，把陳霸先的屍體密封起來。歷史上皇帝也罷，臣民也罷，睡過蜂蠟棺材的，唯陳王朝的皇帝，又創一個第一。第三位皇帝是陳霸先的姪孫，這時候陳頊登場了，他是陳霸先的親生兒子，純「龍種」，他靠陰謀手段篡奪了陳廢帝的帝位，這就是陳王朝的第四個皇帝陳宣帝。他創造了陳王朝

的第三個中國歷史上的第一，生「龍種」第一。他在位十五年，五十三歲去世，一共生育一百五十九個「龍子龍女」，這還是不完全統計。單算「龍種」、「龍子」，他堪稱中國歷史皇帝生殖第一。

按照托馬斯・馬爾薩斯（Thomas Robert Malthus）先生的測算辦法，和朱元璋的實踐證明，陳宣帝的生「龍種」的速度，不出二百年，他統治的陳王朝（當時只有區區五十萬戶、二百多萬人口、三十個州、一百個郡、四百個縣），至少有三分之一都將是陳宣帝的「龍的傳人」、「龍子龍孫」。陳宣帝的生殖能力堪稱中國歷史魁首。皇帝生皇帝，該生多少皇帝？

陳宣帝在位十五年，按他的生育人數看，每年都有數次「大喜」，不是平添「龍子」，就是又生了「龍女」。那時候皇家生龍子龍女都要金盆洗身，純金的面盆，推算陳頊皇宮中金盆肯定不止一隻。《陳史》上記載，陳宣帝「美容儀，身長八尺三寸，手垂過膝。有勇力，善騎射」。這至少說明陳宣帝果然好身體，否則不可能生那麼多孩子。史料上沒有記載陳宣帝有術士做法，未見有服丹的記錄。也說明陳頊的一百五十九個子女應該個個都是有模有樣。

陳宣帝的後代之所以沒有像春水春潮一般在陳地蔓延，這就是馬爾薩斯《人口論》中講的，人類控制人的辦法之一是戰爭。沒容陳宣帝的後代繁衍生息，戰爭就幾乎終結了他的生育，隋王朝的戰船已經開始橫渡長江。最要陳王朝命的是他的嫡長子陳叔寶，按魯迅先生筆下的九斤老太的名言，一代不如一代。皇帝生皇帝生不出好皇帝，唐朝的魏徵曾有評論：「後主生於深宮之中，長於婦人之手，既屬邦國殄瘁，不知稼穡艱難。」

「龍種」必然變成跳蚤。

陳宣帝一閉眼，他生的有合法繼承權的四十二個兒子中，當然首推

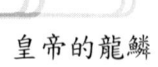

其嫡長子，叫陳叔寶，他就是歷史上大名鼎鼎的陳後主。陳後主「玩」的事，什麼都會、都精、都通，比如陳皇帝會作詩填詞且是高手，中國文學史上有這一號，尤其以他的《玉樹後庭花》著名：「麗宇芳林對高閣，新妝豔質本傾城。映戶凝嬌乍不進，出帷含態笑相迎。妖姬臉似花含露，玉樹流光照後庭。」陳皇帝還會作曲，排練大型歌舞。猶愛美色，用後人的評論為「昏淫奢靡，沉溺女色」。但是《南史》和《陳史》中都無記載他的後宮有多少佳麗美色。他更不像西晉的開國皇帝司馬炎一樣，因為後宮的美女太多太多，每天坐在羊車上，由羊走羊停，停在誰的宮門前就住在誰那兒，美女爭寵、爭幸，於是想出在門前栽上翠竹、綠草，路上灑下細鹽，引著拉車的羊走到她們家的門口。有史料載，司馬炎的後宮有美女逾萬名，他生有二十五位皇子，不知為什麼，皇太子竟然是位白痴，就是歷史上有名的白痴皇帝。天下大災，饑荒甚烈，餓死很多人，災情報上朝廷，這位白痴皇帝晉惠帝竟然反問：「沒有飯吃，何不食肉糜？」晉惠帝是純粹的「龍種」，「龍種」當了皇帝，結果召來了「龍種」相殘，八王之亂，剛剛統一的中國又陷入血腥的爭皇奪帝的戰爭中。人民又忍受了幾百年腥風血雨的苦難。

　　陳後主不傻、不痴、不呆、不笨，他就不會、不愛、不懂、不願去治理國家。但他還是有情有愛的。亡國就亡國，投降就投降，只要活著，且和自己心愛的美女在一起，足矣，人生如此爾。因此在隋朝大軍入城以後，他投井了，隋軍將士要他爬出來投降，他在枯井中一聲不吭。隋軍有辦法，朗聲高喊要落井下石！這下，陳後主才慌忙應聲。等隋軍把大筐慢慢從枯井中拉上來時，都覺得皇帝到底是「龍種」，否則為什麼這麼沉、這麼重呢？等拉上來一看，眾皆大笑，原來筐中除了陳後主外，還有他一分鐘也離不開的張貴妃和孔貴妃。陳後主也真丈夫、男子漢，寧丟江山，

寧失龍椅,也不扔美人,不拋棄美女。但是那似乎不是統治一國的皇帝該做的,連俘虜他的隋文帝都苦笑著說:「叔寶全無心肝。」

◆ 四

皇帝生皇帝也不是那麼好生,那麼好養。

「龍種」相爭,你死我活,骨肉相殘,魚死網破。

劉邦晚年寵幸一位女人,戚夫人,生一「龍種」名如意。劉邦有心廢太子劉盈立如意,但劉盈之母是呂后,連劉邦也動不得。等劉盈繼位當了皇帝以後,呂后就肆無忌憚地下手迫害戚夫人和劉如意。好在劉盈尚念兄弟之情,時時刻刻護著他,但是老虎尚有打盹之時,何況劉盈也在呂后的掌中,只瞬間就夠,一杯毒酒就把劉如意送上「西天」。「龍種」不好養,養不活。

漢武帝的太子劉據,有事可查是真正的「龍種」,是漢武帝與衛子夫的親生兒子,並被漢武帝立為皇帝的合法接班人。但是劉據最終陷於「巫蠱之案」,太子不保,「龍種」無效,不但劉據被屈殺,「龍子龍孫」亦被株,連劉據的三個兒子、一個女兒,以及他所有的妻妾全部被殺。只有劉據的孫子劉病已,因為當時只有幾個月大,沒有被誅殺,但是被關在監獄中,幾個月大的嬰兒在監獄中幾乎是必死無疑!但是這個小「龍種」有吉人相照,遇見了救命恩人,幾經風雨,終於在監獄度過了童年。這時候劉病已又遇到了他人生最大一道生死坎。漢武帝劉徹已病重,有術士對他說,你病重皆因長安城的監獄中有天子氣,與皇宮中的帝王氣相沖所致。漢武帝一聽,勃然大怒,下令寧可錯殺一千也絕不放過一個,把京城各處收押的囚犯,不論罪行輕重,一律處死。劉病已又因為撫養他的獄吏邴

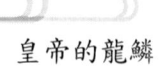

吉以死相拚，才得以倖免，機率至少當為千分之一。因為歷史上記載，這個不到三歲的「龍種」是長安城在押在關的犯人中唯一一個倖存下來的囚徒。

以後又經過近乎荒誕般的變幻，劉病已終於從囚徒成長為皇帝，這就是歷史上著名的漢宣帝。當年也不知誰為他起了那麼一個古怪的名字病已，當然，「龍種」變「真龍」以後，改名為劉詢。劉詢當為真正的龍的傳人，確實具有不可思議的傳奇色彩。

「狸貓換太子」的故事最早應推清末的《三俠五義》，後改編成京戲，後宮妃子為爭皇后不擇手段，把「龍種」換成剝了皮的狸貓。「龍種」也不好生，皇帝生皇帝亦非易事。

本始三年（西元前71年），這是漢宣帝當皇帝的第四年，他的皇后許平君懷孕了，皇后有了「龍種」，此乃國之大事，況漢宣帝當皇帝以來，革除陋弊，政治開明，聲望正高。但是皇帝生皇帝也非風平浪靜。當時朝中大權在握的是大將軍霍光，正是霍光廢了剛剛當了二十七天皇帝的劉賀，挾持劉病已當的皇帝，因此，那時的霍光儼然是漢家天下的太上皇。他本來想讓自己的女兒進宮當皇后，這樣霍家的榮光權威就有保障了。現在皇后沒有輪上他女兒，且皇后又懷上「龍種」了。霍光的老婆立即下手，竟然借皇后生產體弱有病，借藥下毒，乾脆把皇后毒死了，讓自己的女兒當了皇后，懷上「龍種」也是孽。

歷史上最殘酷的「真龍」殘害「龍種」的，莫過於後趙皇帝石虎，他殘殺親生兒子太子石宣的辦法實在令人恐怖。他讓劊子手先用一把鋒利的利刃在太子石宣的兩腮一邊扎一個洞，然後用粗牛毛繩穿過太子的面頰，再用軲轆把太子吊在廣場堆起的柴堆之上。石虎並不馬上處死石太子，而是

殘酷地折磨他，不叫他好死。劊子手站在柴堆上，用尖刀慢慢悠悠地生生剜去石宣的雙眼。然後把太子的頭髮一綹一綹地拔光，還用木槌把太子的牙生生敲掉，再用一個大鐵鉤把太子石宣的舌頭從口腔中生生鉤出，連根砍斷。這還不算完，劊子手們又用鈍刀慢慢地砍斷石宣的雙手、雙腳，把他的肚子大開膛，把五腹六髒都扒出來，最後才四面縱火，把柴堆點燃，把還奄奄一息，尚在掙扎的太子石宣燒成灰燼。

「龍種」不好當，沒有變成「真龍」天子，死得讓人心驚肉跳。

隋文帝楊堅統一中國建立隋王朝，可圈可點的事蹟不少。但他是中國皇帝中唯一一個一夫一妻的皇帝，應該是絕無僅有的。有意思的是，他雖然只有皇后獨孤氏，無嬪、無妃，但也不是不出軌、沒婚外情。厲害的是皇后獨孤氏只要發現楊堅泡宮女，就會毫不猶豫地把那個宮女一刀殺掉，以免留有「龍種」之「禍」。以至於身為皇帝的楊堅曾經一個人策馬狂奔，揚言：「身為帝，卻無自由，無自由毋寧死！」原來，這句偉大的自由詩是出自隋文帝楊堅。

到了漢成帝時，因為他寵愛後宮美女趙飛燕姐妹倆，居然無緣無故地廢黜了皇后，立趙飛燕為皇后。這還不算，趙飛燕為了鞏固她的皇后地位，當她得知後宮中有一女吏曹宮懷孕後，而且產下一男嬰，立即動了殺人之心。趙飛燕雖然是出名的美女，確有「沉魚落雁」之貌。史書上記載，這個趙飛燕之所以叫飛燕，是因為她舞跳得特別好，像飛燕一樣，但是其心黑手毒，如同劊子手。她們姐妹倆立即利用宮中的職權，不但把曹宮和她生的男孩「龍種」給害死，甚至連照顧「龍種」的六位宮女一起殺害，而且做到了活不見人，死不見屍。讓人恐懼的是，以後無論宮中哪位美女、宮女懷孕，不是被趙家姐妹逼迫喝墮胎藥扼殺「龍種」，就是乾脆母子同歸，一起殺死，斬草除根。皇帝生皇帝也難，結果整天在後宮女人

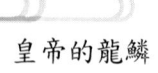

群裡泡著的漢成帝,竟然一個「龍種」沒能留下,讓龍脈斷絕,漢成帝斷子絕孫。

這種生「龍種」不如生「跳蚤」的故事,幾乎哪朝哪代都有。故過去唱大鼓說書的有句名言:當皇帝難,生皇帝也不容易。這正可謂男人有男人的難,女人有女人的不易。

明朝第八位皇帝明憲宗朱見深,十八歲即位,但是迷戀比自己大十七歲的一位宮女,因為她一直侍候憲宗從小長大,這種戀情本也無可非議,朱見深也是歷史上很獨特、很有個性的皇帝,後宮佳麗數千,但是他獨愛這位後來被他立為萬貴妃的宮女,一直深愛二十年不變。這在中國歷史上絕無僅有,朱見深的戀愛觀值得大書特書,朱見深和萬貴妃的愛情值得歌頌。非常遺憾,《明史》上並未記載下萬貴妃的名字和更多的情況,著《明史》的人顯然瞧不起明憲宗,更不屑萬貴妃。

萬貴妃沒能留下名字,其原因之一很可能是因為她殘酷地殺害「龍種」。當然,萬貴妃並非自己沒有為憲宗皇帝生過皇帝,她三十六歲時曾經為憲宗生過一個「龍種」,但是十分可惜,未滿週歲,這個正宗「龍種」就夭折了。很可能因此她的心理就變態了、扭曲了、分裂了,反正她一聽說有哪位嬪妃懷孕了,辦法只有兩條:一是逼迫人家打胎;二是連根拔起,把懷孕的嬪妃一起害死。

「高處不勝寒」、「不幸生在帝王家」。還是大明王朝,朱棣借「靖難之役」,攻進南京城,推翻姪子建文帝自立為皇帝。當時,建文帝有兩子,長子才七歲,城陷不知所終,推測在城破焚宮之時被燒死,屍骨無存。可憐的是建文帝的小兒子,才僅僅兩歲,一個完全的嬰兒。朱棣為鞏固自己的統治,怕此小兒一旦長大會報仇復辟,索性把這個兩歲大的嬰兒禁錮起來,竟然一直禁錮了五十五年,四周高牆之下,唯有生命,別無其他,以

至於當他五十五年後，屈指計算也有五十七歲了，竟然如同白痴，什麼都不知道，什麼都不認識，完完全全一個廢人，其智商還停留在幼兒階段，連豬、犬都不認識。聞者、見者無不心寒掉淚。

◆ 五

有「龍種」必有「龍」，「龍」何在？

人皆言皇帝就是龍，真龍天子。哪朝哪代哪位皇帝真龍附身，變成了龍？

1987年十一月，在河南濮陽西水坡遺址古墓中，出土了一幅奇異的蚌圖，即用貝殼擺的隨葬的一幅圖案。據專家後來考證，在一具男屍骨左右兩邊分別用貝殼擺的龍、虎圖。據說這就是「中華第一龍」。遺址的發掘經考證為仰韶文化的前中期，應為六千年至五千五百年前的遺址，稱這幅用貝殼擺的圖案為「中華第一龍」當為最早的。但是當發掘現場的專家們看見「中華第一龍」時，並沒有一位專家立即能認出這是一條龍，而且反覆猜疑、研究、考證、判斷。說明那條「中華第一龍」是最原始的龍，和我們以後稱其龍的龍不是一個概念，甚至不是一個模樣。那時候的龍就像老虎、犬、馬、鳥、魚一樣，僅僅是一種先人們的意念中的現實反映和想像。和以後被皇權化、專制化、迷信化的龍根本是兩個概念的龍。仰韶文化中，根本就沒有龍的概念，很可能那個時候人們並不認為它就是龍，就稱其為龍那該是我們後人強加上的。「中華第一龍」的智慧財產權當屬今人，而非我們的先人。仰韶文化時的先人絕不會想到那個似有似無、無意中編擬出來的「動物」竟然成了他們十幾億子孫的始祖。以至於那首歌《龍的傳人》竟一下子唱遍五湖四海。

莊子有名作《逍遙遊》。「北冥有魚，其名為鯤。鯤之大，不知幾千里

219

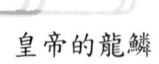

也；化而為鳥，其名為鵬。鵬之背，也不知幾千里也；怒而飛，其翼若重天之雲。是鳥也。」看莊子美文的起式，宏大的描述，用我們現代人的眼光看，那不該是魚，該是龍；那不該是鵬，也該是龍。但是莊子言之鑿鑿，語之切切，魚也，鳥也。又何止莊子？老子的《道德經》，孔子的《論語》，以至《尚書》、《周禮》、《易經》中都有魚之記也，都有鳥之論也，獨獨沒有龍。

龍從什麼時代開始代表了皇權專制，變成了真龍天子？翻查歷史，直到秦始皇仍然沒有，秦始皇把自己定位為始皇帝，三皇五帝之集大成者，並沒有說自己是真龍下凡、真龍附身。龍在那時只不過是民間老百姓的一種神話傳說，絕非皇帝專用。秦始皇統一中國，當上中國歷史上第一位皇帝，是真正的始皇帝時，穿的皇帝服是黑色，圖案也不是繡著五爪的龍。秦始皇不認龍，龍也未攀附皇帝。

有人說，龍是中國先人崇拜的圖騰，那是杜撰歷史。仰韶文化表明，最早崇拜的是魚，仰韶文化的代表之一是彩陶，彩陶上繪製最多的圖案是魚和鳥，數萬件七千年至六千年前彩陶中，沒有一件繪製過龍。而最有代表性的仰韶文化中的彩陶就是人面魚紋彩陶盆。其次就是各種姿態的鳥。難怪莊子先生把那麼多美好的想像和讚美都獻給了魚和鳥，那才是中華炎黃子孫最早的、最偉大的崇拜圖騰。

如果說是「傳人」，炎黃子孫也該是鳥的傳人、魚的傳人，而不是龍的傳人。到了仰韶文化的紅山文化時期，在紅山文化中最大的發現就是玉文化，紅山文化中出土了「玉豬龍」。坦率地說，不是專家考證，恐怕沒人能把那塊中間有孔，彎蜷如環，環首似豬，圓眼有皺的玉雕佩件定位於龍。這和我們所了解的龍差距太大了。

龍山文化又出土了玉雕龍，這個呈 C 型的小玉件，不像我們頭腦中的龍，倒像一條十分生動、逼真、活靈活現的「蟲」。我們的先祖們並沒有把它舉到頭頂上，頂禮膜拜，美化至神化，把龍請上神壇。

龍什麼時候就成為「神」，變成了皇帝的化身，或者說皇帝變成了龍的化身呢？追根溯源，是從漢高祖劉邦開始，劉邦是始作俑者。

劉邦裝「龍」，裝「龍種」，事出有因。

劉邦是中國歷史上第一個平民皇帝，歷史的口碑並不好，說他是個無賴、流氓、混混，並且愛財好色。然而就這麼個人，草莽起家，揭竿造反，三年亡秦，四年滅項，七年得天下，登基當皇帝。如果不搞一番造神運動，讓天下臣民皆知他劉邦絕非一般人，而是天意、天神、天降之神人，才平天下當的天子。否則，讓天下人皆有目共睹，一介草民提三尺劍就可以把皇帝拉下馬，自己騎上去當皇帝，人人都可以做皇帝夢。劉邦怕就怕這個，群起效之，皆反之，天下人皆可為皇，天下必大亂。劉家取的天下就會付之東流。

劉邦取得了天下，就不怕天下人不為他築起神壇，包括司馬遷，造神運動也可能始自司馬遷，至少《史記》所載起到了推波助瀾的作用，起到了為後世造神的「模範」作用。

《史記・高祖本紀》中是這樣活靈活現地、煞有介事地、如親眼所見地描述：「其先，劉媼嘗息大澤之陂，夢與神遇。是時雷電晦冥，太公往視，則見蛟龍於其上。已而有身，遂產高祖。」司馬遷言，劉邦不是他爹的骨肉，換而言之，非人種，而是天上的龍種。說劉邦他媽劉媼當年在大湖坡上休息時，不知不覺睡著了，不但睡著了，而且還做起了春夢。夢中遇見位神仙。也正當此時，天空中竟然雷電交加，天昏地暗，劉邦的父親

皇帝的龍鱗

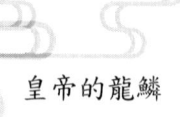

前去尋找劉媼,但見有一條天上的蛟龍正伏在劉媼身上,後來劉媼就有了身孕,就生下了劉邦,即後來的漢高祖。司馬遷為證:劉邦非人而是「龍種」,中國歷史上第一個「龍種」是劉邦,至此明白無誤。

劉邦出生後長得也極像「蛟龍」,像親生他的「龍的父親」。《史記‧高祖本紀》中是這樣記述的:「高祖為人,隆準而龍顏,美鬚髯,左股有七十二黑子。」劉邦果然是龍種,有一副龍顏的長相,鼻梁高挺,頸項頎長,美須飄逸,左邊大腿上還有七十二顆黑痣。

這還不夠,《史記‧高祖本紀》中又說劉邦真的不是人,真的是龍,天上的真龍。「常從王媼、武負貰酒,醉臥。武負、劉媼見其上常有龍,怪之。」酒後吐真言,醉後現真身,有一次,劉邦喝得不省人事,酒館的男男女女看見劉邦身上隱約有一條龍在盤桓。

劉邦不是人,是龍,已然板上釘釘,鐵案無疑。

自劉邦以後,皇帝壟斷了龍,皇帝成了龍,誰要想當皇帝,首先要有龍的身分,要麼是龍種,要麼是龍的替身、化身。

自秦始皇以來,有多少人想變龍,登基做皇帝,司馬昭之心路人皆知,何止司馬昭?但是有位先生就不想當皇帝,他不想當皇帝的原因也讓人覺得費解,這位先生就是魯迅先生。他在1920年代在上海的一次演講中說:「我以前也很想做皇帝,後來在北京去看到宮殿的房子都是一個刻板的格式,覺得無聊極了,所以我皇帝也不想做了。」其二是就不能「和許多朋友有趣地談天,熱烈的討論」,失去做人的趣味。

宋太祖的腰帶

宋太祖趙匡胤的戲多，我粗略地數了數，從京劇《千里送京娘》到蒲劇《杯酒釋兵權》，京劇、平戲、梆子、秦腔，足有八十多齣。從頭到腳，把趙匡胤唱得活靈活現，偶爾路過永昌陵那高高的封土堆，會聽見從中傳出的琴弦鑼鐃聲，一千多年前的戲，一千多年後還唱不完、唱不夠。我細細看看，側耳聽聽，竟然沒有唱宋太祖腰帶的，那是齣好戲、大戲，值得唱唱。

宋太祖腰帶是樁懸案、命案，趙匡胤死後的「殺人案」……

趙匡胤可能是在歷史上留下最多說法和「唱點」的開國皇帝。

趙匡胤當皇帝是透過陳橋兵變，黃袍加身。幾乎所有的中國劇種都有這齣戲。中國的老戲迷十分關注的「戲引子」就是皇帝戲，誰當皇帝、怎麼當上的皇帝、怎麼當皇帝，做夢娶媳婦的人多矣，做夢當皇帝的人更多。

歷史上有兩種人，一種是能當、該當皇帝不當，是真的不去當；另一種是做夢都想當皇帝，可以不夢見娶媳婦，但不可以不夢見當皇帝。「司馬昭之心，路人皆知。」但是司馬昭又心口兩異，還要裝出一副忠臣不二的形象，皇帝曹髦被他一手策劃的長戟戳穿胸膛墜車而亡，他卻伏地大哭，哭皇帝死得冤，不是假哭，哭得死去活來，指天跺地要嚴查凶手。眾大臣皆順水推舟、趨炎附勢，推司馬昭當皇帝，誰知道這位司馬爺心中的

宋太祖的腰帶

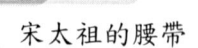

小想法是怎麼盤算的？反正他是呼天搶地地回絕，不當皇帝甘做臣子，夜裡又時時被噩夢驚醒，終於落下了「皇帝病」，一命嗚呼，最想當皇帝的人沒能當成皇帝。倒是他兒子司馬炎直爽，上臺第一件事就把曹奐拿下，改朝換代，當上了他爹朝思暮想的皇帝。但是也有人真不想當皇帝，曹操便是一位，曹孟德要想當皇帝，廢漢立魏已如囊中取物，但他就是不捅破這層窗戶紙，自諭不把自己放在火上烤。而是把自己的三個親生閨女都嫁給漢獻帝劉協。曹操以謀反株連之罪殺了漢獻帝的皇后伏壽，建安二十五年（西元 220 年）正月正式立女兒曹節為皇后。曹操曾說，不是我，天下不知幾人稱王、幾人稱帝？但是曹操絕不稱帝。遍查史書，曹孟德不當皇帝是真的，他當他的魏王，當他的國丈，誰來說，說下大天來，老子不當皇帝。堅定不移，曹氏稱帝否？皆為後人事。果然，他兒曹丕上來毫不猶豫，毫不手軟，毫不動搖，立刻把他妹夫從皇位上像拎小雞似的提溜下來，他登基面南當皇帝。趙光義的後人被封為欽宗的趙桓那才是死活不當那個皇帝，他爹宋徽宗死活要讓位，結果趙桓痛哭拒之，哭到傷心處，竟然哭昏迷過去，趙桓就是在昏迷之中，被人黃袍加身當上北宋末代皇帝的。皇帝也有難當的，推都推不掉。

趙匡胤似乎也如此，北宋王朝的開國皇帝和末代皇帝在登基為帝上，竟然出奇地相似。

建隆元年（西元 960 年），趙匡胤謊稱契丹軍隊入侵，自率大軍北上抗敵，走到陳橋舉行兵變，黃袍加身，又率眾殺回開封，滅了後周，建宋為帝。趙匡胤搞陰謀、搞宮廷政變的歷史黑鍋是背定了，似乎是定論，無需蓋棺，棺木早朽。但是我看《宋史》不然，趙匡胤即是個老實人，也是個直率人，史料上沒見有他私人密謀篡位，亦未見有「路人皆知」的不臣之心。坦率地說，趙匡胤對後周皇帝柴世宗是心存感恩的，對柴宗訓這個剛

剛當了六個月皇帝的「柴二代」，趙匡胤亦無立刻改朝換代的思想。倒是他手下的那幫文臣武將，個個都以勢力的眼光前瞻，想立即改朝換代，好當開國元勳，升官發財，以享高官厚祿，這才在酒後以黃袍蓋在趙匡胤身上，齊下跪行臣子晉見天子之大禮，讓趙匡胤騎虎難下，不為不行。何以見得？趙匡胤在京城開封即可完成廢立之事，他完全可以模仿曹丕，先築禪讓臺，名正言順地登基為帝。沒有必要演出那臺都能看明白的「猴戲」。

趙匡胤是介於曹操與曹丕之間的那種心態，想當乎？不急；不想當乎？謬也。他不急，弟兄們急；他不想當，弟兄們捧著、抬著、哄著，也要齊心協力把他推上皇帝的寶座。一人得道，雞犬升天。「陳橋兵變」這齣戲唱得好，世人說白即雪，世人說黑即墨。打板拉弦就叫板起唱。

趙匡胤第二條可圈可點的歷史公案，就是「杯酒釋兵權」。依我看來，足見宋太祖的老實、仁義、講感情，遇上明太祖朱元璋，還需讓感嘆什麼「梁園雖好，非久戀之地？」一個冤假錯案，只需酒尚溫時就把石守信等功臣武將一律斬首，而且還要株連無數，殺人還要殺全家、全族，甚至冤殺到朝中無謀臣，軍中無戰將的窘境。趙匡胤把跟隨他南征北戰，打過仗、流過血、賣過命、立過功的老弟兄們關照得人人都有幸福的晚年餘生，有始有終。與朱元璋相比，朱元璋把和自己一塊打天下、立奇功、冒死拚殺的「同袍」們都殺得屍橫枕藉，全家抄斬，連在襁褓中嬰兒都要屍首分離，還要背上大逆不道的謀反罪名。宋太祖趙匡胤該被歌唱。

趙匡胤留在中國歷史上的一句豪言壯語竟然穿透一千多年的歷史積塵。「臥榻之側，豈容他人鼾睡？」這句話之所以這麼有生命力，就因為他強勢，他霸道，也因為他直率，赤裸裸的是宋太祖的一句大實話，實話一般都有穿透力。不用玩太多的外交語言，不用過太多的花招，靠實力說話，宣戰也是一語中的。不用理由，不用藉口，不必師出有名，你的存在

宋太祖的腰帶

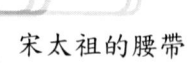

就是清除你的原因。「寡人無過,寡人有錢。」那不是過嗎?強盜邏輯。強盜邏輯有時也是真理。真理並非都是抽象思維。秦始皇統一中國,滅關東六國,六國何罪?「臥榻之側,豈容他人鼾睡!」這就是道理。趙匡胤不愧是行伍出身,說出話來像吹軍號。

歷史上有多少位皇帝?講過多少話?讓歷史記住的,宋太祖趙匡胤這句算一句。

沒想到趙匡胤的死也成了歷史的公案,為歷史留下一句名言:燭光斧影。趙匡胤是不是讓他兄弟趙光義活宰了,歷史有疑問。但是宋太祖死得蹊蹺、死得突然、死得不明不白,又似乎已成定案。五十歲就英年早逝,猜想還是因為那件加身的黃袍。

說到宋太祖的死,才能查到趙匡胤腰帶的懸案。

宋太祖當皇帝時繫沒繫過那根寶貝腰帶,史書似乎沒有太明確的記載,只是在後人為趙匡胤畫像或石刻像中,看見他肥腰上確實繫著一根又長又寬、鑲滿寶石的腰帶。

但是趙匡胤死後進入陵墓時是繫著寶貝腰帶的,這至少在明清時代的野史上都有記載。

趙匡胤的永昌陵被盜才引出那麼多懸念、命案。

歷史上為帝王陵墓尋找的風水寶地的故事有千萬,但是像宋太祖趙匡胤為自己定陰宅的是獨一份。

趙匡胤真有故事。

據說趙匡胤出生在河南洛陽的夾馬營,開寶九年(西元 976 年),宋太祖趙匡胤西巡洛陽,在他童年舊居竟然挖出兒時埋藏的玩具石馬,趙匡胤高興之餘,總覺得是蒼天在預示著什麼。走到鞏義縣時,宋太祖靈感一

動，隨手抽出一支鵰翎箭，張弓射向遠方。皇帝親射的鵰翎箭，文武大臣，千百隨從，眾目睽睽，但是不知皇帝因何而射？又射向何處？那支描龍塗金的箭，終於在遠處無聲地落下了。趙匡胤迎著落日，指著箭落之處，竟然道出了帶有哲學味道的人生感悟。他說，人生如此箭，疾而行，行而有風，穿林過草，但終漸緩漸慢，落地歸根。此箭行不似人生乎？於是趙匡胤斷然說，今日此箭落地之處，乃即我百年後長眠之地。說罷，遠眺落日如望人生，把他挖出的昔日孩童時埋在地下的小石馬取出，讓人埋在箭落之處，此處便是位於鞏義市正西，北宋八座皇陵的首座皇陵永昌陵。一千多年過去了，現在也能遠遠看見莊稼地中那高高的封土，兩邊還有石人、石馬、石像、石獅，趙匡胤不但為自己找好了墓地，也為北宋皇帝們找好了歸處。

據研究盜墓史的專家倪方六先生說，趙匡胤的陵墓被盜後，發現墓中極豪華、奢侈，金銀財寶無數，陪葬品極多。趙匡胤繫在腰上的那條寶石製成的腰帶，即曠世珍寶，無價之寶。

我倒有些疑問，趙匡胤當皇帝是極有雄心，想有一番作為的，不事奢華，和西晉開國皇帝司馬炎不同，不是窮盡天下之美而縱情享受的皇帝。他滅了後蜀以後，看到後蜀皇帝孟昶用的夜壺，趙匡胤開始竟沒認出來，有人告訴他，這叫「七寶溺器」。宋太祖聞之嘆曰，一個溺器裝飾得猶如天下寶貝，價值無限，我都見所未見、聞所未聞，如此奢靡，國不亡不滅更待何時？憤而怒，怒而斥之擊碎。

如此看來，趙匡胤不會像孟昶一樣那般大肆享樂。他見過亡國滅家之景，他經過國破人亡之事，經他手中滅掉的南唐、後蜀，哪一個不是敗於奢呢？

宋太祖的腰帶

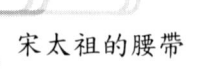

宋太祖不是宋徽宗。趙匡胤更不是趙佶。

我只是推理，但是倪方六先生是專家且言之鑿鑿，其言有據。

據後人測定，宋之經濟比之漢唐不知要繁榮多少倍。宋時的經濟約占世界經濟總量的三分之一，真乃三分天下有其一。宋時的科技力量堪稱世界之最，世界發明的三分之一俱屬大宋王朝。中國歷朝歷代的最重要的發明創造科學權威推出二十四項，其中三分之二強是宋人發明的。全世界最繁榮的、人口最多的十大城市，宋居前三位。宋之經濟實力和經濟能量當屬超級、超強而無愧。

如果按照漢、唐皇帝陵墓的修建規矩，皇帝登基第二年即開始著手修建自己的陵墓，皇陵的修建是帝國首屈一指的「重點工程」，一般一年修建皇陵的開支會占到國家財政稅收的三分之一，堪稱「舉國之力」。帝國越強大、皇帝在位時間越長，其陵墓工程就越宏偉，其墓中的陪葬品就越豐厚。漢武帝、唐太宗無一不是，秦始皇更是攬天下之寶，用天下之才、盡天下之人修驪山墓。說其陵墓富過國庫，富可敵國實不過分。一個皇帝陵往往修十幾年甚至幾十年，其工程浩大，其皇陵壯觀，其陪葬品之豐富之珍貴，儘可想像！

就國力、財力、物力、人力來論，趙匡胤比其前朝歷朝歷代的皇帝更富有！依秦、漢、唐之制，宋太祖的永昌陵當屬天下第一，應比秦始皇大墓中的陪葬品還要豐富、珍奇、貴重得多。陵墓的建設規模也要比歷朝歷代的皇陵要宏大、氣派，也複雜得多。

但是據我自測，立在河南省鞏義市莊稼地中永昌陵的封土，高低和占地面積恐怕不足咸陽秦始皇的二十分之一，立在永昌陵前的石生像也不足唐乾陵的二十分之一。究其原因，漢、唐再前推至先秦，皆為皇帝

登基第二年就著手建自己的陵墓。不惜一切，舉國而為。西漢王朝歷時二百一十四年，皇帝修陵就用去二百多年；最長的是漢武帝，在位五十四年，修了五十三年。但是不知何因何故，到宋朝以後，改制更新，宋王朝的皇帝定下的制度，是先死後建陵，停屍七個月。也就是說要在七個月內完成其他朝代皇陵幾年、十幾年，甚至幾十年的工程量，因此宋陵一改漢、唐皇陵依山建陵、掏山為陵的建陵辦法，而是平地起陵，加高封土，陵墓的設計也不可能極其複雜、龐大、輝煌，這也為宋陵的被盜留下隱患。但是宋朝皇帝準備陪葬品卻沒有時間限制，奇珍異寶，皇帝生前喜愛的、千方百計蒐羅到的，七個月的時間足夠一件件、一箱箱、一車車擺進陵墓中。大宋王朝有的是金銀財寶，有的是國寶重器。況且趙匡胤的兄弟趙光義血濺宮廷，奪了他兄長的皇位，也正需要表現他對先皇的忠誠，何患陪葬之物？現在無法估測永昌陵中的陪葬品，因為中國歷朝歷代中，宋皇陵是被盜掘得最徹底、最殘酷、最野蠻，也是最乾淨的。漢陵墓只講十陵九盜，至今發現的只有三座從來被盜過。唐皇陵中至今只有武則天和高宗李治的陵墓公認未動，但是宋皇陵不但被盜遍，當地考古專家曾痛心地說，當年那些盜墓賊瘋狂地盜挖皇陵，一次又一次，一遍又一遍。他們不但把宋朝的所有皇陵全部像篦頭髮似的篦了一遍又一遍，而且殃及皇帝陪葬的文武大臣，像寇準、呂端這些名臣，甚至名不見經傳的文臣武將的墓也被盜掘得一塌糊塗。這麼說吧，只要在地面上有封土、墳頭的墓，都被盜挖過，且不止數次。鞏義市真不愧是洛陽鏟誕生的地方。

但是趙匡胤腰中繫的寶貝玉帶卻奇蹟般的流傳下來。這可能是宋太祖趙匡胤永昌陵中唯一留世的寶貝。

這要感謝「朱漆臉」，感謝這個盜墓賊。雖然這根寶貝腰帶最後要了他的命。

宋太祖的腰帶

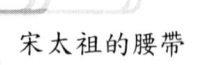

「朱漆臉」是不是第一個盜永昌陵的人似乎無據可查，但鐵定如山的是他無聲無息地鑽進了永昌陵。「朱漆臉」是位專家，他深入永昌陵冒死盜墓，就是為盜大宋王朝開國皇帝趙匡胤腰裡繫的那根寶貝腰帶。他知道那是無價之寶，有了，何愁之有？有了，不是這一輩子只有喜沒有愁，恐怕不知多少後輩人都會只喜無憂。為這麼個國寶，打拚一次也值。

掀開棺蓋，「朱漆臉」幾次試圖從趙匡胤身下把他夢寐以求的那根寶貝腰帶抽出來，但是趙匡胤身軀過於肥大沉重，幾次都沒能得逞。

「朱漆臉」不了解趙匡胤，當初趙匡胤在後周皇帝柴世宗柴榮手下為將時，因其身軀魁梧高大、健壯、偉岸，且龍行虎步，時不時地頭上竟有五彩天子氣，柴榮幾次想殺了他，以絕後患。據說檢閱軍將時，一眼即能看見趙匡胤，猜想趙匡胤個頭應在一米八至一米九。宋開國時，統一中國，政通人和，國富國樂，趙匡胤盡享天下美食，必然心寬體胖。死了，也把他腰上繫的寶貝腰帶壓得死死的。

但是「朱漆臉」是慣盜，是盜墓的高手。他並不手忙腳亂。他不慌不忙解下自己的腰帶，又一個跨步騎在趙匡胤屍體的身上，把腰帶繫成圈狀，先把趙匡胤的頭套進去，然後再把自己的頭套進去。妥當後，腰頸一使勁，把死屍拉起。在盜墓行中稱「頭吊」。這真需要些膽量！

據倪方六先生考證，當年三國時期東吳人盜墓就曾經「活見鬼」，他們在盜西漢長沙王吳芮墓時，吳芮屍體竟然一點未腐朽，「容貌如生，衣服不朽」，雖然已經過去了四百多年，吳芮依然像昨天剛剛睡過去。之後盜墓者屢屢碰見盜墓中的屍體新鮮如活人，有的甚至兩手在死後攥起拳來，甚至長出長長的指甲；還有的死後竟然睜開眼，瞪大眼珠子看著盜墓人，有的還長出一寸多長的白毛。倪先生說像劉邦的皇后呂雉、東陵內的

慈禧因為屍體如生，使得盜墓人萌生姦屍的邪念。

不知道趙匡胤面色變沒變？睜開眼死死瞪著沒有？雙手攥拳沒有？臉上長出一寸多長的白毛來沒有？和死屍面對面，臉衝臉之間的距離不會超過三十公分，甚至能感到屍體臉上那一股股瘮人的寒氣，沒有點膽量真吃不下盜墓這碗飯的。

更瘮人的一幕在後面，當趙匡胤被拉起以後，不知何故，突然從口中噴出一股又腥又稠的黏液，因為面對面不過數寸遠，這股黏液直噴「朱漆臉」一臉。「朱漆臉」真有膽量，竟然沒有被嚇昏、嚇死，而是抹了一把順著臉正往下淌的那股腥稠的黏液，順勢從趙匡胤肥大沉重的屍體下抽出了那根寶貝腰帶，急忙翻身跳下趙匡胤的屍體，順著盜洞中縋繩又爬上來，這回，那條寶貝腰帶不是繫在趙匡胤腰間，而是實實在在地繫在「朱漆臉」的腰上。有人曾經說過，徹底的唯物主義者是無所畏懼的，但徹底的唯心主義者更是無所畏懼的。我續一句：徹底的拜金主義者也是無所畏懼的。

「朱漆臉」成功之餘，卻日夜為臉上的朱漆苦惱。那口濃濃的，從趙匡胤口中噴到他臉上的黏稠液無論怎麼擦，都像滲到皮膚中的刺青，半邊臉都深深地變了色，真正成為不人不鬼、不陰不陽。為了除去這大半臉的朱漆，所有能找到的偏方都用上了，如熱王八血、母猴子尿、巴豆湯、苦瓜汁，能用的「歪門邪道」都用上了，能找的老中醫、賣野藥的都拜求到了，但是臉上的朱漆不但沒褪，反而越擦越亮、越除越顯，甚至在深夜漆光閃閃，賊光油亮。

皇陵被盜事發後，「朱漆臉」被緝拿歸案，朝廷命官當庭公審，只問一個問題，其臉為何如此？「朱漆臉」先說自娘胎帶來，被左鄰右舍及親戚

宋太祖的腰帶

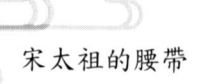

朋友當庭駁倒,又說是生有一種怪病,不能自圓其說。官府一句怒斥:盜賊不招,大刑伺候!「朱漆臉」終於被推到當街斬首,趙匡胤那根寶貝腰帶也收入官府。

一千多年過去了,那根堪稱國寶的宋太祖的腰帶還在嗎?在哪裡?

一個草長鶯飛的好時光,我友人在江南踏春訪故。在一所名寺古剎中,老主持把我們請進內室,讓我們觀賞寺院的鎮寺之寶,三寶之中竟然有一條寶石鑲嵌的腰帶。老和尚極莊重地說,此寶乃宋太祖趙匡胤當年繫的腰帶。我禁不住一顫,會是「朱漆臉」盜墓盜走的那根寶貝腰帶?天下難道還真有這麼巧的事情?

那腰帶被從匣中取出,以錦緞為墊,平放在紫檀桌上。看上去與傳說中的寶貝腰帶似有差距。黃金的邊框裡鑲著一塊塊長方形的寶玉,腰帶搭扣兩頭有九龍相盤。可能是年代久遠的原因,金顯得鏽暗,玉石也缺光少彩。我內心有些疑惑,便試著問老和尚,此玉帶從何來?因何至?為何來?何時至?老和尚合十相答:有因必有果,因果必有緣。因何而來,何時而至,皆在緣中;從何而來,為何而來,自在其中。老和尚坦言,他乃此寺院第六十八任主持,寺院三寶皆一代一代傳下來,一代一代並無人問緣,也無人問因;無人問時,也無人問何,故老和尚也只能讓觀瞧,看即有緣;並無言相對,言即無衷。老和尚說的是,極是。

走出山門,我們幾個才放開討論,難道這真是宋太祖的腰帶?

皇帝的一天

◆ 一

　　皇帝的一天，對於金昭宗完顏承麟來講，就是登基當皇帝的全部。他僅僅當了一天的皇帝。這一天，對於他格外莊嚴肅穆，也格外悲壯慘烈，走下皇臺時，他甚至連龍袍都來不及脫，就義無反顧地奔赴戰場。最後戰死在蒙宋聯軍的亂軍之中。中國歷史上，馬革裹屍的皇帝不多。秦始皇至末代皇帝清宣統皇帝溥儀以來（我認為還應算袁世凱，袁世凱正式登基稱帝，而且還當了八十三天皇帝），有人計算過，大概一共產生過四百二十一個皇帝。

　　當皇帝時間最短的當屬金昭宗，也是金王朝的末代皇帝。有史學家稱完顏承麟只做了半天皇帝，「帝齡」不足一日。更有人考證，這位末代皇帝的實際「帝齡」只有一個時辰。他只做過兩個小時的皇帝，堪稱中國歷史上最短命的皇帝。

　　金昭宗稱帝的那天也夠悲壯的。

　　一天的皇帝不好當。

　　蒙宋聯軍風馳電掣一般橫掃金國大地。特別是蒙古鐵騎簡直如入無人之境，勢不可擋。那時候完顏承麟還是位帶兵的大將，完顏守緒是皇帝，是位被蒙宋軍隊打得落花流水、嚇得肝膽皆破的皇帝。被蒙宋聯軍窮追猛

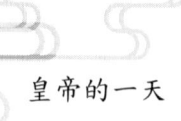

打，從汴京一直狼狽逃竄到蔡州，惶惶如喪家之犬，以犬喻帝，非以龍比之，是因為完顏守緒已全無皇帝之尊。他前腳剛剛逃至蔡州，蒙宋聯軍已追至城下。完顏守緒是打定主意不當這個國破家亡的皇帝了，把皇位讓給完顏承麟。

完顏承麟對金朝可謂忠心耿耿，上溯四代乃金國功勳。過去我們同輩人上小學就知道有個金兀朮的，和岳飛打得死去活來，是金國的元帥，滅北宋皆因為這個金兀朮。被岳飛手下大將牛皋戰敗後，牛皋騎在金兀朮身上高興得大笑，笑死了；金兀朮躺在地上，被牛皋騎在身上活活氣死了。這些故事都是隨著精忠報國的岳飛傳開的，故事的真假不知道，但完顏承麟是完顏兀朮的親曾孫卻是千真萬確的。完顏承麟身上有完顏兀朮的血，這位名喚呼敦的將軍對行將滅亡的金王朝耿耿忠心，從未想到過逃生，更未想到叛變。他一心一意拚命保著金國的皇帝完顏守緒，雖然一路潰逃，但是這位呼敦將軍仍忠心不改，也可稱精忠報國，潰敗之中還曾率軍打過幾次勝仗。但是大廈將傾，一將軍豈能獨支？

不知完顏守緒是怎麼想的，在敵軍大兵圍城、城破國亡之際，他是堅決不再當這個皇帝了，在這個兵鋒刀口上，他要讓出皇帝，要把皇位讓給完顏承麟。完顏承麟堅決不當，打死也不當皇帝，這在古今中外似乎是絕版。完顏承麟不是怕死，實踐證明他真不怕死。他怕什麼？為什麼不當這個皇帝？史書上沒記載，不便胡猜。但是完顏守緒的一席話卻讓他毅然決然登基為帝。

完顏守緒說了些什麼話能讓完顏承麟決定去當那個只當了一天，或者只有一個時辰的皇帝？

人之將死，其言也善。皇帝也是人。在最後一刻，的皇帝講的不再是官話，不必再拿腔捏調。

「朕所以付卿者,豈得已哉,以朕肌肥,不便鞍馬,城陷之後,馳突必難,顧卿平昔以疾聞,且有將略可稱,萬一得免,使祚胤不絕,此朕之志也。」金朝的這位末代皇帝,二十六歲登基繼位,三十七歲讓位自殺,當皇帝十二年,從來沒有像國將破、人將亡、政即息時這麼清醒、這麼理智。這位猜想體重應在二百多斤的胖皇帝似乎已經做好了赴死的準備,以此理勸完顏承麟,國破城陷以後,死與延續國祚,孰難?這位死後被封為金哀帝的金朝末代皇帝,是把延續金朝完顏氏十代皇帝「國脈」的艱鉅任務交給眼前這位完顏將軍。也正是因為這一點,刀山火海完顏承麟也不能推辭。皇帝難當,皇帝的日子難熬。想起金國當年好生威猛,馳騁縱橫,先滅遼,後滅宋,何等光輝,何等榮耀?現如今城已破,敵國之軍已攻入蔡州。真可謂其興也勃也,其亡也忽也。金哀帝絕望自殺。完顏承麟接受百官朝拜,稱帝,史稱金末帝。三拜之後,金末帝竟然連龍袍都來不及脫,隻手接過的不是皇帝的玉璽,而是他的兵器,提長刀上馬,帶群臣兵馬殺向烽火連天的前線。金末帝也算得上悲壯,算得上中國皇帝中的鐵血漢子,最後死於血戰之中。

嗟乎,此乃一天的皇帝,亦謂皇帝的一天。

◆ 二

始皇二十六年(西元前 221 年)秦王嬴政統一中國,從此走上神壇,號稱千古一帝。此公不凡,該讓後人仰視。敢開天闢地,取意「三皇」、「五帝」,始稱皇帝,中國從此有了皇帝。此公一聲「皇帝」的高腔,竟然唱透了中國二千多年的歷史。《詩經‧小雅》有云:「普天之下,莫非王土,率土之濱,莫非王臣。」《詩經‧小雅》在秦始皇出生之前數百年就曾有此

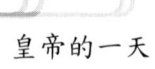

高調，應推為先知先覺之絕唱。

自中國出了個秦始皇，人們就開始關心皇帝的一天是怎麼過的？尤其在杜牧著〈阿房宮賦〉傳得洛陽紙貴，那秦始皇堪稱閱盡人間美色，皇帝當得瀟灑。整日在阿房宮中銷魂，怎麼還會死在出巡的荒郊野地裡？

秦始皇的一天過得辛苦！

據史料考證，這位中國第一位皇帝每天都要看一百二十斤重的竹簡，就是各地和文武大臣上的奏章。有人估測過，一百二十斤竹簡堆起來能放滿現在北京故宮中的「三希堂」。秦始皇要一根竹簡一根竹簡地審閱，一個字一個字地看下去，沒有人實踐過，因此也就沒有人能估算過秦始皇看完這些上奏待批覆的竹簡究竟要多長時間？如果再算上批復的聖旨，有些是需要皇帝御批的，一刀一劃，或一筆一畫地刻在或描繪在細細的竹簡上，沒有一番硬功夫是頂不下來的，這還不算緊急、加急、十萬火急的奏摺，那是在一百二十斤竹簡之外的竹簡，而這些火燒眉毛的上奏，或即請即辦的大事則皆為皇帝親批的，又需要秦始皇一筆一畫、一刀一刻地親自動手。

這不過是秦始皇的「早功課」、「晚功課」，正點鳴鐘擊鼓，皇帝要上朝，秦始皇要當廷議國家大事，而且還要面對面，議到國家體制，是走分封制的舊路，還是創郡縣制的新體制？秦始皇開創的廷議，國家大事公開，兩派意見有時針鋒相對、水火不容。秦始皇坐在皇帝寶座上，不能走一絲神，不能分一寸心，阿房宮的事真顧不上，國之體無以為大。且是當廷拍板，決定秦國的政治體制，秦始皇不知道，他的這項政治體制改革竟然成為整個中國二千多年的國家體制。秦始皇這項政治體制改革可謂英明偉大。

1984年四月美國總統隆納‧雷根（Ronald Reagan）訪華，參觀秦始皇的兵馬俑。回國以後，談訪華感想。有人問雷根，中國是歷史悠久的古國，你最深的感受是什麼？雷根回答，秦始皇。隨行人解釋，是秦始皇陵墓的兵馬俑。雷根笑而不答。又問中國文化的特點？雷根亦然答曰，秦始皇。隨行之人又加注若干，雷根依然笑而不答。最後又問，如果總統先生再去中國，還想看什麼？總統應聲答道，秦始皇！這次他制止隨從的解釋加注，霍然答道，沒有秦始皇，何論其他？

　　秦始皇的一天過得真不輕鬆。

　　好不容易政務告一段落，人也該筋疲力盡、頭昏眼花，好在秦始皇吃盡天下大補之品，又加上年輕力壯，此時此刻總該縱情聲色犬馬，去阿房宮逍遙一番了吧？但是皇帝辛苦，他還聽取方士們的高論，畢竟長生為首，不死為上，秦始皇一生追求的第二大目標，就是永遠的皇帝，皇帝無限日。名喚盧生和方生的兩位術士為秦始皇有聲有色、有鼻子有眼地講述海外長生不老之藥、海內長生不死之術。秦始皇聽得認真仔細，聽得興奮歡快，原來他不用傳萬世就可以把皇宮坐穿，永世為帝。秦始皇是賞罰分明之人，盧生和方生把秦始皇「灌」得鬼迷心竅，如獲至寶。秦始皇深信之，也重賞之。這天秦始皇才明白原來這兩個神祕的高士就是騙著他玩，一怒之下，皇廷震動，徹查盧、方二人，株連四百多人，挖一大坑，都活埋了。秦始皇坑的儒到底是不是儒、到底是不是都是儒，至少盧生和方生不是純粹的儒生，他們是裝神弄鬼、漫天忽悠的詐騙犯。敢在皇帝面前忽悠詐騙，騙得整個朝廷都顛三倒四，定個死罪恐怕也不為過。

　　秦始皇是臭名昭彰了。中國皇帝中，冤殺儒生的比秦始皇厲害一萬倍的都有，但是臭名卻似乎沒有秦始皇臭。像明成祖朱棣只因為方孝孺不肯為他起草即位的詔書，竟然下令誅殺方孝孺十族，聞所未聞，被處死達

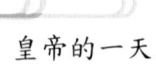

八百多人。他爹更比他手黑，為殺功臣一次次製造冤案，他製造的「胡藍冤案」，竟然株連冤殺近五萬人，連七十七歲的老太師李善長也株連，全家被殺絕。但是他們似乎都不如秦始皇臭。「焚書坑儒」罪莫大焉。

猜想到三更時分，秦始皇才走進阿房宮，紅燈酒綠重開宴，擁紅抱翠美人吟。但是千萬別碰上荊軻刺秦王那天，千萬別碰上高漸離刺秦始皇那天，那一幕幕怵目驚心，命懸一線的刺殺事件，恐怕還不止這幾件，想起來都冷汗四溢，兩股戰戰，縱使美女如雲，焉能有心享受？秦始皇自高漸離事件之後，終生不近六國之人，那阿房宮不是白修了？

據史學家考證，秦始皇根本就沒有修起過阿房宮。杜牧真能忽悠，如其在秦朝信其必為盧生、方生之類，被坑之恐怕難免。沒有阿房宮，秦始皇的一天色彩盡褪矣。

◆ 三

漢高祖那天興高采烈，心曠神怡，得意溢於形外，按捺不住興奮。八年前，他擠在人群中翹首觀望南巡中的秦始皇，曾情不自禁地發出：「大丈夫當如是也！」今天，他比秦始皇得意，比秦始皇高興，比秦始皇感覺更好。

八年前，他在這地方不過是個「無賴」，高堂在上，全然不正眼看他，馬上是「大丈夫」了，該贏得生前身後名了，他卻贏來平生兩大好，一是嗜酒，二是喜女人。人家沛縣德高望重的呂太公家做壽，他竟然身無分文就敢登堂入室，堂而皇之地坐了上坐，端高樽。因為他上了一份厚禮，用布包著的一塊石頭。他爹直呼其「無賴」，世人背後稱之「混混」，史上多謂其「流氓」，實際上，他就是一個狡黠詭譎的市儈，敢以身相賭的「青皮」。誰會看得起「劉老四」？誰能想到當年蹭吃蹭喝、衣衫不整、行為不

端的劉季，搖身一變竟然成了中國的大漢皇帝？光宗耀祖，榮歸故里，讓整個沛縣男女老少振聾發聵。天下的榮譽，莫大於此？《舊唐書》中有言為證：「衣錦還鄉，古人所尚。」比劉邦大二十多歲的蘇秦就是「人證」。蘇秦走背字時，莫說在故鄉方圓幾十里，在家庭內部也是讓人鄙視嘲笑的對象。等蘇秦當了「從約長」、「相六國」，衣錦還鄉時，那氣派，那場面，那陣勢，莫說蘇秦家人，他故鄉淮陽的上上下下也從未見過如此隆重的盛舉。司馬遷說得形象：「昆弟妻嫂側目不敢仰視，俯伏侍取食。」蘇秦該得意，也該忘形，得志之人也該猖狂。想起當初他親嫂子待他如對待要飯的乞兒，就得意萬分地問其嫂子：「何前倨而後恭也？」和劉邦爭天下的項羽，攻占咸陽，自封為西楚霸王，他想到的依然是榮歸故里，光宗耀祖。富貴不歸故鄉，如衣繡夜行，誰知之者！

　　這是漢十二年（西元前195年）十月的一天，天朗風靜，日高雲清，皇帝在鼓樂聲中舉樽約百姓，在萬歲聲、祝福聲中欣然滿飲。這就是皇帝歸故鄉和凡人回老家的區別。盛宴排出多遠、排列多少，此乃皇帝賜宴，此時此刻的皇帝，劉邦該作何想？可惜，歷史上沒有詳載。只記述這位把「漢」流傳至今的第一位平民皇帝，向天、向地、向鄉親們敬了三巡酒後，拔劍起舞，高唱那首至今留在中國歷史上的〈大風歌〉：「大風起兮雲飛揚，威加海內兮歸故鄉，安得猛士兮守四方。」鄉親們齊聲高和，唱了一遍又一遍。劉邦望著眼前的一切，「泣數行下」。

　　真可謂大丈夫當如是也！

　　西元前195年，劉邦當了七年皇帝後的四月甲辰日，這可能是他當皇帝的最後一天，這位把「漢」字留給中華民族的漢高祖，能把生死看得如此敞亮也實屬不易。「吾以布衣提三尺劍取天下，此非天命乎？命乃在天，雖扁鵲何益？」

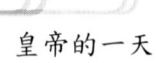

劉邦在臨死之前能把後世的人事安排得如此周詳，料五十年後的王朝之事竟如在眼前，不能不令人暗豎拇指，擊掌稱絕。當呂后問他，陛下百歲後，蕭相國即死，令誰代之？劉邦那時已在垂危之機，卻答道，曹參可。又問其次，上曰：「王陵可。然陵少戇，陳平可以助之。陳平智有餘，然難以獨任。周勃重厚少文，然安劉氏者必勃也，可令為太尉。」

別罵劉邦賴皮、青皮、無賴、流氓、政客、無誠信人，但他是大漢王朝稱職的皇帝。

想起劉邦曾置酒洛陽南宮，在大宴群臣時有一段高論，成為歷史上人才論的經典。

夫運籌策帷帳之中，決勝於千里之外，吾不如子房；鎮國家，撫百姓，給饋餉，不絕糧道，吾不如蕭何；連百萬之軍，戰必勝，攻必取，吾不如韓信。此三者，皆人傑也，吾能用之，此吾所以取天下也。項羽有一范增而不能用，此其所以為我擒也。

劉邦就是左股沒長那七十二顆黑痣，也該當皇帝。

◆ 四

開國皇帝像東漢光武帝劉秀那樣默默過日子的，好像再也找不出第二位。史官記錄光武皇帝的一天也好記，一天之中，滴酒不沾，絕不大宴群臣，更不歡歌笑語，從不放縱聲色，也不喜歡奇珍異寶，甚至對天下美女亦無奢求。

不喝酒的皇帝在劉秀前面還有一位，那就是漢殤帝劉隆，他當皇帝時僅僅三個月，他當皇帝的一天也好寫，除了吃奶就是睡覺，除了大小便就

是哭笑。

劉秀卻是槍林彈雨中衝殺出來的馬上皇帝。幾次差點被殺頭，是死人堆裡爬出來的開國皇帝。但是他一生滴酒不沾，這可能是劉秀有別於其他皇帝的最大特點。不愛酒、不愛財、不愛色、不愛歌舞音樂，亦不愛豪華宮殿花園，也從不「折騰」，從不變著法地享受，皇帝出巡都是輕車簡從。

據說有一次，劉秀外出打獵，這可能是這位皇帝唯一的嗜好，回來晚了，守洛陽城東北門的守門大臣郅惲竟敢不給皇帝開門，逼得皇帝實在沒轍了，就讓人點起火把照照自己，皇帝駕到，還不趕快大開城門，鼓樂齊鳴，列隊歡迎。連皇帝也沒想到，人家是「外甥打燈籠——照舊（舅）」，皇帝也不行，天黑關城門是規矩，老子執法如山，皇帝進不來也活該，該去哪兒去哪兒。即使這樣，守門的郅惲還不依不饒，第二天天一亮，就給向廷上一個奏摺，狀告當朝光武皇帝，遊獵山林，不按點歸城，不務正業、荒廢政事、貪圖享受。竟然指著皇帝的鼻子訓起來。漢光武帝這個皇帝當得窩囊憋屈，不但沒責難這位耿直如弦的臣子一句，還得加賞人家。這要放在秦始皇身上，令人車裂之；放在西楚霸王身上，令人烹之；放在漢高祖身上，令人剁為肉醬、烹為肉羹。漢光武皇帝沒那麼驚天動地，沒那麼不可一世，沒那麼神聖不可侵犯，光武皇帝當為平民皇帝。

漢光武帝的一天，因為太平凡顯得越發不平凡起來。

◆ 五

中國歷史上以驕奢淫侈、胡作非為、貪婪縱慾著名的皇帝不少，晉武帝司馬炎堪稱一絕。乘羊車，覓夏娃，玩得也出奇。晉武帝的一天，當為四字充填，吃喝玩樂！

皇帝的一天

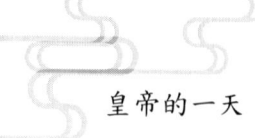

　　有專家考證，西晉滅蜀、吳以後，把兩國後宮的美女都擄奪到洛陽，一輛輛滿載吳、蜀兩地美女的彩車見頭不見尾，蜿蜒數十里。司馬炎後宮美女如雲，燦若群星。有史料說其後宮美女有一萬多人，亦有史舉證，其後宮美人多達三萬多人。

　　司馬炎不但荒淫貪婪，而且色膽包天，恨不能盡攬天下美女於懷，竟然下令天下禁止婚配，令中官分赴各州郡，深入到鄉村人家，遍採嬌女。等他挑選完畢，全國才能開始婚嫁。這在中國歷史上絕無僅有。比他貪色荒淫的皇帝有，像他這麼霸道的皇帝尚未曾見。

　　美女多了，司馬炎應對的高招就是乘羊車，把自己交給拉車的羊，由羊主宰，由羊挑選。這位晉武帝挑花了眼，索性由羊拉著車在後宮裡隨意走，隨意停，停在哪兒，就在哪兒睡美人。司馬炎留在歷史上的臭名：羊車皇帝，晉武帝堪稱女兒國的皇帝。司馬炎讓羊車拉到了消魂國，他剛剛一轉身，強大的晉國就因八王之亂而如冰入沸水。司馬炎的一天也好寫⋯⋯

　　楊廣也荒淫、貪色、奢侈、暴虐，但是隋煬帝的一天卻不好寫。

　　隋煬帝是怎麼出圈怎麼折騰。秦始皇沒能建起阿房宮，隋煬帝比秦始皇手筆還大，每個月光徵用的勞工就達兩百萬人次。建起的西苑大觀園比阿房宮更甚，不知為何杜牧先生未寫〈西苑賦〉？

　　隋煬帝的一天夠忙、夠累，亦夠他操心的，花花太歲好當，花花皇帝不易當。那浩大的工程、繁雜的設計，僅聽臣彙報，遍覽圖紙恐怕也得讓隋煬帝「三更燈火五更雞」。隋煬帝不愧為大手筆，比秦始皇好大喜功，比秦始皇站得高看得遠。他從西安遷都洛陽，而秦始皇則待在咸陽沒動，遷動國都談何容易？再看他修建的大觀園西苑，那規模、那氣魄、那建築、那設計，據說都是隋煬帝楊廣親自規劃布置的。若此，隋煬帝當為中

國歷史上首屈一指的建築設計家、園林規劃家，稱其鼻祖恐不為過。西苑有稱之為海的人工湖，湖之大海之謂也，浩渺煙波，不知有多方多圓多大，但知此「海」中有蓬萊、方丈、瀛洲三座神山，山稱之為神，因為其似有神化，山上奇峰怪石老藤古樹名花，曲徑通幽處，竟是處處亭臺樓閣，如入仙山瓊閣。沿「海」風光無限，修建有十六座豪華秀美的庭院，院院不同，別具特色，各有風格，院中有院，院中套院，美在十六座院落，院院皆臨「海」。十六座院落各選天下美女為院夫人。

隋煬帝還嫌不忙不累。他還要修大運河，他沒想到那條曾讓後世人斥罵的全國重點工程，直到今天還在為人民服務，這樣的工程在中國歷史上只有兩處，除去秦國時的都江堰，就是隋王朝的大運河。嗚呼！稱其偉大恐怕不過分。

晚唐詩人皮日休在〈汴河懷古〉中說：「盡道隋亡為此河，至今千里賴通波。若無水殿龍舟事，共禹論功不較多。」被稱為「水殿」的龍舟也虧隋煬帝能想得出來。有史料為證，長二百尺，高四層，這樣的超級豪華大船一建就是一個船隊，隨隋煬帝楊廣三遊江都的船隊竟然有幾千艘。讚嘆中國的造船技術。隋煬帝的奢華享樂對古代的建築技術、造船工藝都是極大地推進。後人一提明永樂皇帝朱棣時期，三保太監鄭和七下西洋乘坐的船如何如何，是中華民族的驕傲和自豪，豈能不知沒有隋煬帝三下江南的「創造」，恐怕中國的造船技術還要在提高和發展的道路上緩緩前進呢。

別忘了，隋王朝隋煬帝的一天很短。就是他臨被勒死的那一天也恨日短，因為他提出要吃完燉熊掌再死，人家說等不及，隋煬帝連一天也沒能熬過去……

皇帝的一天

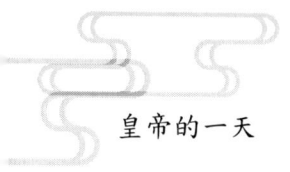

◆ 六

朱皇帝的一天可能是最操心最勞神的了。

這位放過牛、討過吃、當過和尚、做過軍漢的大明朝開國皇帝竟然是玩陰謀的天才，是特務工作的開山鼻祖。他親自掌握著一張龐大高效的間諜網，每天光看各種絕密情報也得熬到半夜，更何況他還要坐等當日諜報，「大小衙門不公不法及風聞之事，無不奏聞」，看這種「小報告」是最勞神、費力、動氣的齷齪活。但是朱元璋樂此不疲，否則這位明太祖會食不甘味、夜不成寢。有一次大臣宋濂上朝，朱皇帝問他昨晚在家喝了酒沒有？請的什麼客？坐的什麼席？上的什麼菜？喝的什麼酒？宋濂照實一一報上。朱元璋才點了頭，滿意地露出笑容。言其老實，未敢騙我。說罷，拿出一張錦衣衛繪製的宋府昨晚宴請圍席坐次圖，把個宋濂嚇得差點尿褲。皇帝真乃無事不知、無事不詳。恐怕在褲襠裡放個屁皇帝都知道。

國子監祭酒（相當於現在教育部長）宋納，曾因事在家裡獨自生氣。第二天上朝時，朱元璋問他昨天為何在家生悶氣，一臉怒容？宋納大驚，趕忙照實陳述。朱元璋又拿出有人暗中為他畫的生悶氣的畫像，驚得宋納一身冷汗。

有位老儒生叫錢宰散，朝後曾作詩：「四鼓咚咚起著衣，午門朝見尚嫌遲。何時得遂田園樂，睡到人間飯熟時。」第二天，朱元璋見到他便說，昨天的詩，作得不錯，但是我並沒有「嫌」你遲，為何不改為「憂」呢？朱元璋的錦衣衛的特務工作效率真夠高的。

三更才入睡，五更就上朝，朱皇帝這一天過的。想看看書都不省心。記得魯迅曾經在《狂人日記》中說從字裡行間看出兩個字：吃人，怪瘆得慌。朱元璋真能從書中看出吃人來。凡書中有光、亮、禿、僧、生，等

等，他認為是影射他的，就立即抓起來嚴刑拷打，拉出去砍頭，鬧不好就是抄家滅門。朱皇帝一手搞的「文字獄」，能從普通的文字中看出對皇帝的攻擊、蔑視，甚至仇恨直至想造反，朱皇帝的弦繃得那麼緊，夢中還要殺人，朱皇帝累矣，但是朱皇帝又非凡人俗胎，猜想山珍海味、奇食佳餚能頂上。五十多歲了，一天忙碌得簡直不得分毫停歇，真正躺在後宮嬪妃懷中也已近三更天以後了，但朱皇帝也真「偉大」，即使這樣，與后妃們依然能「打成一片」，生了將近一個排的子弟兵，二十六位皇子。

明太祖的一天誰能說清楚？

◆ 七

皇帝的一天最難熬的當數宋徽、欽二帝。國破家亡，喪權辱國未見有比「靖康恥」更恥辱的。

見過城下盟，聽過賣國事，沒見過這麼侮辱一個大國的。讓人怵目驚心，讓人恥於見人，讓人痛恨歷史，讓人難以理解。

有史料為證：

一、宣和七年（西元1125年）十二月二十日止，「共津運金三十餘萬兩，銀一千兩百餘萬兩。」僅僅六天以後，「又津運括取及準折金五十萬兩，銀八百萬兩。」

二、靖康元年（西元1126年），「金遣使來，索金一千萬錠，銀兩千錠。」

三、靖康二年（西元1127年）正月十九日，「開封府報納虜營金十六萬兩，銀六百萬兩。」

皇帝的一天

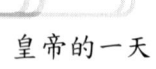

　　四、二月二十三日,「城內復以金七萬五千八百兩、銀一百零四萬五千兩、衣緞四萬八千匹納軍前。」

　　這真是挖地三尺,強盜強搶尚不能如此,土匪綁票尚不能如此,把一個國家欺負到這個份上,古之未有,皇帝不如豬狗。這僅僅是擄財,再看看,古語「是可忍孰不可忍,士可殺不可辱」。看來皇帝能忍,皇帝可辱,皇帝可悲,皇帝可憐,皇帝也可憎。

　　五、「二十二日,以帝姬二人,宗姬、族姬各四人,宮女一千五百人,女樂等一千五百人,名色工藝三千人,每歲增銀捐五百萬兩匹貢大金。」

　　六、「原定犒軍金一百萬錠,銀五百萬錠,須於十日內輸解無缺。如不敷數,以帝姬、王妃一人準金一千錠,宗姬一人準金五百錠,族姬一人準金兩百錠,宗婦一人準銀五百錠,族婦一人準銀兩百錠,貴戚女一人準銀一百錠,任由帥府選擇」。

　　七、「十七日,國相宴皇子及諸將於青城寨,選定貢女三千人,犒賞婦女一千四百人,二帥侍女各一百人」;「自正月二十五日起,開封府津送人物絡繹入寨,婦女上自嬪御,下及樂戶,數逾五千,皆選擇盛妝而出。選收處女三千」。……

　　嗚呼!悲哉!徽、欽二帝有何面目活在世上?把自己都城的女人,包括自己後庭的嬪妃全部作價犒勞敵國將士,數千宋之婦女還必須盛妝以後再送入敵營,供敵之將士玩樂,更史無例的是還要選收處女三千人。這樣過分簡直是讓人無地自容的苛刻條件,徽、欽二帝都落實,且不敢打絲毫折扣。什麼皇帝?不如民間一隻看門守戶的狗。狗尚有狗血一盆,徽、欽二帝尚有血性否?

皇帝的一天難在路途之中。

從開封押解到瀋陽，路之千里也。金軍將士得勝回朝，驕橫不可一世，公然當面把徽宗的愛妃拉走陪宿，所押解的開封府的數千女人，全部成為戰利品分發給金軍將士，每天每晚，哭的哭、笑的笑、叫得叫、鬧的鬧。徽宗最心愛、最得寵的三位後宮嬪妃，被強行從徽宗身邊拉走，徽宗連憤怒一下都未敢，只能是哭瞎了一隻眼，讓皇帝當面做王八，非金欺宋莫有，令岳飛憤憤然的「靖康恥」，今日看來也實為奇恥大辱。

「玉京曾憶昔繁華，萬里帝王家。瓊林玉殿，朝喧絃管，暮列笙琶。花城人去今蕭索，春夢繞胡沙。家山何處？忍聽羌笛，吹徹梅花。」這首〈眼兒媚〉正是在被押解途中，半夜痛苦忽聞有笛聲頗哀怨，有感成詞，據說吟罷兩位皇帝，執手大哭。也悲乎，也慘哉！

最可悲的那一天，也是皇帝忍無可忍的一天。是但徽、欽二位皇帝依然默默地、俯首帖耳地忍受了。

曾經滄海難為水，這兩位皇帝受盡了所有侮辱，但是那一天，他們像兩隻被打斷脊梁的癩皮狗，被牽到了金國完顏氏祖祠中。萬萬沒想到的是，兩位皇帝被人毫不客氣地剝光上衣，光膀子露著「龍體」跪在完顏氏列祖列宗面前。然後牽來兩隻碩大的公羊，當場宰殺，剝皮，剛剛剝下的羊皮還冒著熱氣、散發著血腥氣，轉手就生生披裹在徽、欽二宗身上，然後用鞭子抽打著兩位皇帝跪爬著拜見完顏氏的列祖列宗。那屈辱、痛苦、傷心，恐怕兩位皇帝當刻骨銘心。

忍就忍吧，誰讓他們要當皇帝呢？

最難忍、難熬的是那沒頭沒尾的一天。

金人也真會折磨人，他們把徽宗、欽宗兩位皇帝囚禁在一口不太深的

皇帝的一天

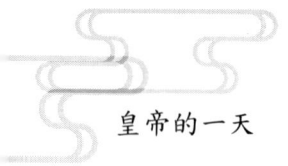

枯井中，讓他們坐井觀天，兩位皇帝面對面望著，面對面嘆息，也可能面對面指責、面對面總結。據史記載，兩位落井皇帝的一天是皆閉目無語，癱坐無聲，連一聲嘆息都沒有……

朱皇帝的嘴臉

朱元璋乃大明朝開國皇帝,其廟號足有二十五個字:太祖開天行道肇紀立極大聖至神仁文義武俊德成功高皇帝。一口氣能把這一長串功名一字不錯地念出來非有些修行不可。身穿繪有日、月、山、川、龍的金黃袞服,頭戴平天冠,可謂威震四方,國人莫敢仰望。一是皇威如天,二是朱皇帝長相實在醜惡凶險,讓人膽顫心驚,兩股戰戰,汗津自溢。朱皇帝那張臉實難恭維。以我之見,朱元璋的嘴臉當為中國皇帝行列中最有特色的,也最讓人難忘的嘴臉。

皇帝沒見過,但是石刻、磚雕、木板畫、繪畫像的皇帝像見過不少,沒有見過像朱皇帝的嘴臉這麼惡,這麼醜,這麼凶,這麼險的。

朱皇帝大頭寬額,長腮高顴,濃眉高立,丹眼上吊,通關鼻子直貫兩眉下唇,讓人害怕的,是他的下巴不是自然下垂,而是成十五度翹起,典型的豬腰子臉,嘴凸牙鼓,確實有些猙獰、陰森,再加上滿臉有麻,兩額下巴間尤其顯眼,看朱皇帝一眼,能讓人終生難忘。非醜化朱皇帝,朱元璋亦有自知之明,但在很多史料上都有朱元璋一幅穿龍袍、繫玉帶的皇帝標準像,看上去也慈眉善目、不醜不惡的,但是據說這幅朱元璋認可的標準像是花了幾條人命才畫出來的。朱元璋自知長像有愧,就讓全國最好的畫師來為自己畫像,畫完以後,朱皇帝一看,連他自己都覺得醜陋凶惡,焉能傳之百世?怒殺畫師。一連殺了三個畫師,等第四個畫師前來,已魂不守舍,幸虧有高人指點:「繪御容時,稍事修飾,掩斂殺氣而增慈善。」

朱皇帝的嘴臉

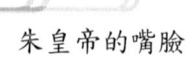

他如法炮製，御像繪出後，朱皇帝才認為畫像「形神兼備，足稱朕意」。我看的朱皇帝的那張畫像，是 1960 年代出版的吳晗寫的《朱元璋傳》的掛圖，想必吳晗先生審定過，吳晗是公認的明史專家，他審定的朱元璋的那張畫像想必是比較真的。

朱元璋的出身是徹底的無產階級。他爹就是扛活的佃農，比貧農還赤貧，朱元璋出生在一座破廟裡，原因是他母親不得不在臨產時還得幹活，否則家裡日子就過不下去。朱元璋出生後，家中窮得竟然連一塊包裹他的布都找不出來，可謂赤條條來。最終是用他二哥揀的一塊破布才把他包裹起來。他爹窮得真乃叮噹響，起的名字也好記，叫朱五四。朱元璋大名朱重八，大排行老八，江南塞北農村都一樣，窮人家的孩子起名都按排行記，大狗、二狗、三狗，一直排下去，生多少就排名到多少狗。生女孩就叫妮，生多少就排隊到多少妮。

生在那種家庭裡，朱重八從小就倍受生活的煎熬，吃不飽、穿不暖、缺人疼、少人愛。小小年紀就替人家扛活，一連當了好幾年「童工」。

想必兒童時期的朱皇帝也不是隻順毛羊。可能是他豁得出去，敢玩命，又加上他一臉惡相凶貌，自然成了孩子頭。據說這位朱重八尤其愛玩坐皇帝的遊戲。壘一個臺，彷彿皇臺，擺一座，彷彿龍座，插一木棍，彷彿龍旗，朱重八就南面稱孤了。演得也是有鼻子有眼的，孩子們像滿朝文武一樣，文臣武將分左右，萬歲聲中一齊向皇帝跪倒磕頭，然後分列兩邊，當庭議事。朱重八窮得上頓吃半飽，下頓沒飯吃，他一個小孩從何而知天子事？他當了朱皇帝以後，御用文人們齊聲呼：從小就有天子相。

據吳晗先生考證，有一個傳說真實成分很大。有一次朱重八和他的一群小夥伴趕著一群牛在山裡放牧。朱重八八歲就放過豬、羊、牛，十幾歲

就是老資格的「牧官」了，中國皇帝中似乎沒有一個有像他這樣經歷的。在「牧官」中，朱元璋當拔得頭籌。放了一天牛，又累又乏又餓，尤其是飢餓不可擋。大家都眼巴巴地看著「皇帝」，因為「皇帝」是救星，「皇帝」不能讓他的「文武士臣」們失望。

這小子果然凶險，敢作敢為，天不怕地不怕的他竟然敢率領他的小夥伴把一頭牛犧宰殺了，然後生火烤肉。吃飽喝足以後，別人都誠惶誠恐，以為闖下大禍，後果不堪。獨朱重八鎮靜自若，把現場收拾乾淨，不留一絲殺牛痕跡，然後把牛尾巴牢牢地塞進石頭縫裡，回去對地主說，山中雷雨暴，把一隻小牛嚇得鑽進山洞，夾在石縫中，怎麼也拉不出來了！地主怎麼拷打，朱重八鐵嘴鋼牙不改一字，人家地主又不傻不痴的，把他打得血肉模糊，趕回家中。那年朱重八剛滿十二歲，他已遠近聞名。

替這位未來的皇帝下個結論：從小就桀驁不馴，將來不是盞省油的燈。

該著元順帝不順，元末那些年天災連年，大旱大飢之年不斷。民不聊生，餓殍滿地，赤地千里。朱重八在死亡的生死線上掙扎，他吃過「觀音土」，剝過樹皮，嚼過草根、樹葉，沿街串戶討吃要飯。朱重八日子過得何等悽慘？中國皇帝中即使像從奴隸到皇帝的石勒也沒吃過這般苦、受過這等罪。

那災那難不是任何人都能挺過來的，朱重八的爹朱五四，他大哥、大嫂和他那辛苦一生，從未過上一天好日子的親娘陳氏等都沒能邁過饑荒那道檻。朱家家族餓死、病死的當不在少數，朱五四一門就餓死四口親人，朱重八也差一點餓得咽了氣。

經好人搭救，朱重八「進廟當了和尚」。滿以為寺中之人，三戒之外，五行之出，青燈古寺，也了卻一生。沒想到，他出家的這座寺院叫皇覺

朱皇帝的嘴臉

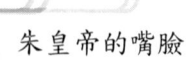

寺，正處在元軍和起義的紅巾軍的拉鋸區，今天元軍掃蕩過來，燒殺搶劫，明天紅巾軍又掩殺過來，搶掠燒殺。把個寺院折騰得廟無整殿、寺無安寧。朱重八才做了五十多天的和尚，廟被燒了，殿被拆了，僧飯皆無。朱重八隻得餓著肚子，滿臉塵土，漂泊四方，遊方化緣。一連上了三年「社會大學」，風餐露宿，半飢半飽，飽嘗人世艱難，朱重八一輩子沒忘，他當了皇帝以後，在他親撰的〈皇陵碑〉碑文中，記錄了這段辛酸苦難的經歷。「突朝煙而急進，暮投古寺以趨蹌。仰穹崖崔巍而倚碧，聽猿啼夜月而淒涼。魂悠悠而覓父母無有，志落魄而佽伴。西風鶴唳，俄淅瀝以飛霜。身如蓬逐風而不止，心滾滾乎沸湯。」

朱重八的人生轉折是他脫去僧衣著軍衣，參加了紅巾軍之後。官逼民反，但也不是說反就反，像出門訪友一般。即使在水深火熱中，朱重八亦未曾想過跨越道德底線，上山當土匪？大逆不道也！造反？滅門之罪也！但上「梁山」的前提是「逼」。朱重八在老家玩當「皇帝」時的一位「大臣」湯和為已在寺院當和尚的朱重八捎來了一道書，告訴他，他湯和已經參加了郭子興的紅巾軍，有吃有喝、無飢無寒，請朱重八速來入夥，共舉大事。朱重八還在猶豫，是人是賊？是民是匪？有位和尚告訴他，寺院正在追查湯和的來信，搞不好將以謀反罪捕捉他。和尚圈裡也有告密人？這無疑是在逼朱重八。人為刀俎，吾為魚肉。朱重八絕望之中，撩起僧衣就逃，七藏八躲，他跑到一座被燒毀的寺院之中，到底做過幾年檻內人，他找到一尊沒被燒壞的菩薩像，點上香，磕過頭，虔誠地拿起神案前的兩塊木片，一敲一擊，一磕一投，他要請菩薩為自己測測命，是造反革命，還是討飯要飯？誰能想到大明王朝的誕生就在此時此刻決定了，一位開國立朝的皇帝就這麼誕生了，看來兩種命運的決戰並非都需要生與死的搏鬥，兩種前途的較量也並非是黑暗與光明的搏鬥，革命與反革命、順民與叛

徒、造反與俯首都可能產生在這一敲一擊，一念之中。朱重八站起身來，拍拍膝上的黃土，義無反顧地走向紅巾軍的兵營。

　　有一種說法，朱重八投軍亦非順暢，九九八一難亦為一難。原來他的長相既凶又惡，兩眼有凶光，雙眉有陰氣，竟被紅巾軍守營官兵誤以為是元軍探子，不由分說，五花大綁，推至營中論斬。俗話說，倒楣喝涼水都噎人。無奈之中，朱重八撕破喉嚨大呼，其聲若虎嘯狼嗥，驚動四方。招來紅巾軍領袖郭子興。郭也是個歷盡滄桑、盡覽人世之人，看後覺得這個年輕和尚身上有股不同一般人的氣場，事後必有大用。就留朱重八做了自己的親兵。這可能就是命運，否極泰來。

　　朱重八珍惜這用生命換來的機會，加之其經過風雨、見過生死，機警多謀、膽大心細，「凡有攻伐，命之往，輒勝」。朱重八戰場上凶狠異常，勇猛拚殺，率先衝鋒，讓紅巾軍的弟兄們佩服。在平時，他又極會籠絡人心，熱心助人，甘願吃虧，有賞有功先推弟兄們。他雖有「匪氣」，但還有那些綠林好漢沒有的「君子氣」。羽翼漸豐滿，口碑漸形成。郭子興引以為心腹，將養女馬氏嫁給朱和尚。軍中再無人叫朱重八、朱和尚，皆敬而呼之「朱公子」，至此朱重八起大號：朱元璋，字國瑞。

　　朱元璋「造反」不是為眼前，這位「朱公子」心中有本帳，他沒什麼文化，卻很專心地聽讀書人講史論古。朱元璋那才是活學活用、學用結合、古為今用。他學習先賢聖人，決定回故鄉豎旗招兵，招子弟兵，建朱家軍。

　　歷史上似乎沒有記載是哪位高人為他出的「建軍思想」，很可能是朱元璋自己總結、謀劃出來的。「志意廓然，人莫能測」，這位二十多歲的年輕將領城府之深、謀劃之遠，實非那些揭竿而起的「響馬」能比。

朱皇帝的嘴臉

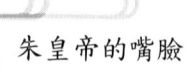

　　果然，朱元璋回到他的故鄉鍾離一帶，豎起大旗，以現身說法，窮苦百姓一呼百應。他少年時代的夥伴和鄉親都奔走相告，踴躍參加，這支子弟兵成為朱元璋以後打天下的骨幹隊伍。他不避危險，與人肝膽相照，招攬一些城堡的鄉團民勇數千人，又收編其他起義造反的義兵二萬多人，一時間朱元璋的隊伍迅速壯大，人莫敢抗。朱元璋指揮這支以家鄉子弟兵為骨幹的農民隊伍攻城拔寨，一邊擴大地盤，一邊鍛鍊隊伍。

　　朱元璋自己沒讀過什麼書，據吳晗先生考證，少年時曾讀過三個月的書。但是他很重視讀書人，把讀書人看作上賓，有點像後趙開國皇帝石勒，自己是文盲，但軍中設「君子營」，有智囊團。馮國用文武雙全，他獻策，金陵地勢險要，古人云龍蟠虎踞，歷代帝王建都之地。可以先攻取金陵，隨之四下征伐。倡仁義，收民心，不貪財寶女色，天下不難平定。朱元璋聽後大喜，知遇高人，任其為幕府參謀。

　　又遇李善長，李善長可謂亂世之良臣、治世之能人。足智多謀，李言：「秦亂，漢高祖起布衣，豁達大度，知人善任，不嗜殺人，五載成帝業。今元綱既紊，天下土崩瓦解。公濠產，距沛不遠，山川王氣，公當受之。法其所為，天下不足定也。」

　　朱元璋的政治目標和軍事目標十分明確而堅定地樹立起來。

　　朱元璋在政治上的成熟老到，在紅巾軍中無與倫比。他的知識分子政策廣招人心，當以劉基為尊的四大學士投奔他時，朱元璋真心實意地歡迎，他由衷地說：「我為天下屈四先生。」特地建造一所禮賢館，上等次地安排他們。朱元璋一是做給天下讀書人看，二是他需要他們的智慧、計謀和策略以取天下。築黃金臺以招天下賢人，始於春秋時代的燕王，直到朱元璋時才有了禮賢館，朱元璋的野心也在急遽地膨脹、發酵。

這時候，又有一位老知識分子，老謀深算，也可以稱為老奸巨猾，史書上稱他為老儒的朱升，為朱元璋獻上一安邦建國之策，「高築牆，廣積糧，緩稱王」，雖僅九個字卻足見朱升不凡，其九字可比東漢末年諸葛亮的「隆中對」。朱升堪稱政治家。

之後，朱元璋的武裝集團步入一個快速發展、快速壯大、快速正規、快速強大階段。傲視群雄，彷彿取元朝天下捨我其誰？

緩稱王不是不稱王，朱元璋要稱帝，位九五之尊，他組織發動了四大戰役。和西鄰的陳士諒決戰，與東北方的張士誠決戰，蕩平陳、張兩大軍事集團後，朱元璋兵不釋刃，人不解甲，乘勝又發動了與浙東方國珍割據武裝勢力的決戰，朱方戰役正打得烽火連天，朱元璋又組織了南征北伐，一舉蕩平那些曾經和他並肩戰鬥過的元末農民起義軍。

朱元璋做大、做強了，環顧天下，「可憐同輩成新鬼」，誰能再與我匹敵？

請教過明史專家熊召政先生，朱元璋在和陳友諒大戰時，關鍵戰役鄱陽湖之戰是雙方生死大決戰。陳友諒的漢軍號稱六十萬，朱元璋的軍隊僅二十萬，且漢軍戰艦高大眾多，朱元璋船小艦少。熊召政先生說陳強朱弱，是可以肯定的，漢軍兵力上不足六十萬，但是至少有四十萬人，加上其他地方雜牌軍隊，總數應在五十萬人。而朱元璋的軍隊總人數應在二十萬上下，能真正上陣打仗的不足十五萬人。這樣的戰鬥勝負本應是無懸念的，但是朱元璋的軍隊卻以少勝多、以弱勝強，不但取勝，且取得大勝，完勝！一個和尚出身的窮小子，怎麼這麼會打仗？這麼會打贏數十萬人的大仗？朱元璋真不簡單。這一仗奠定了朱元璋的軍隊無敵於天下。再沒有任何勢力能阻止朱元璋當皇帝。

朱元璋表面上極恭敬、極善意地要迎接小明王韓林兒作為「大宋皇

朱皇帝的嘴臉

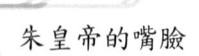

帝」到應天府坐天下,盡臣子之心。暗地裡卻陰險地讓人把迎接「大宋皇帝」的龍船鑿沉,讓「大宋皇帝」帶著感激朱元璋的念頭在江心墜江而亡。什麼「大宋皇帝」?朱元璋要當「大明皇帝」。

中國漢字變幻莫測,嘴和臉都是中性的名詞,但如果並列,則有明顯的貶義,有鮮明的醜陋、陰險、殘忍、卑鄙、齷齪成分。人的臉總有朝陽也總有背光的地方。因為人的臉不是一張紙、一面牆、一片平板玻璃。人是最高級的靈長類動物,人的臉應該像五黃六月的天,說變就變。人的嘴臉應該像非洲大象的鼻子最活潑、最靈巧、最富於變化,也最不可思議、最深不可測。

朱皇帝的嘴臉就是一堂課,一堂生動的歷史課、政治課。

中國歷史上,皇帝殺功臣、殺權臣、殺大臣的事就像功臣、權臣、大臣殺皇帝一樣,層出不窮,亦勢不可擋。「兔死狗烹」已成為歷史經典名言。殺功臣、權臣、大臣,其惡名應始於漢高祖。查閱歷史,秦始皇雖然暴烈殘忍、獨裁凶惡,但史書上未見其統一中國後大開殺戒,把和他一起戰鬥過的功臣、謀臣、文臣武將宰殺光。相反,秦始皇很尊重他手下經過「國內戰爭」考驗的「同袍」,只見他坑殺過四百多名術士,經查,其中無一人是和秦始皇同甘苦共患難的「兄弟」。

漢高祖的嘴臉醜矣,歷史言之流氓,似成定論,枉殺功臣是其醜陋嘴臉的一面。

劉邦立國後,不得不封七位異姓王,又不得不滅其六。究其原因,那六位異姓諸侯王皆是「馬上王」,都是和項羽真刀真槍打出來的,漢家天下確有人家幾份,人家稱王是因為都建有大功。沒有這六位諸侯王,漢家天下何處覓?這六位異姓王,人人都能改朝換代,人人都能南面稱孤,劉

邦不會忘記，陳勝那句引得天下大亂的名言：帝王將相，寧有種乎？他更不會忘記，他擠在人群中看秦始皇出巡時的感言「大丈夫當如是也！」異姓王不殺，寧有漢家天下乎？劉邦毒辣，把曾經和自己一起稱兄道弟、浴血奮戰、同甘共苦、講好一起共享天下的「親密同袍」宰殺，甚至做成人肉羹，以行警示教育，古之有乎？今之有乎？劉邦該呼「流氓」。

劉邦的嘴臉，將「兔死狗烹」刻劃得淋漓盡致。

朱元璋比劉邦高明。打下天下，朱皇帝沒有封一位異姓王。他為朱家的千秋萬代打算。這一點他和秦始皇一樣，恨不得讓他們朱家皇帝把皇宮的大殿坐穿！

朱元璋比劉邦更有政治遠見，嘴臉的油彩更趨多樣化。他一共封李善長、徐達等六位功臣為公；封侯三十人，俱公平公開公正，論功行賞，論功晉封。

朱元璋會做文章，十幾年從平頭百姓熬到開朝建國，朱皇帝的城府深如海。

朱元璋和劉邦殺功臣的根本區別在，漢初之異姓王劉邦殺反，不殺亦反；明初之諸侯功臣、重臣、權臣，殺未反，不殺亦不反。漢高祖對封王封侯不反不叛的，像長沙王吳芮，吳芮不反，劉邦不殺。劉邦是誰反，誰有實力能反就滅誰、殺誰，絕不留情。劉邦殺功臣是有政策的，誰反殺誰，不「株連」，只警示。建漢有奇功，甚至可以說功高震主的張良、蕭何、陳平、王陵、周勃等等一個沒殺，反而委以重任。

明太祖比漢高祖更殘酷、更毒辣、更心黑、更不講情義。明太祖殺功臣的辦法更高、更毒、更凶、更絕、更狠、更黑。

朱元璋的殺功臣是有計畫、有步驟、有組織、有陰謀、有手段，最讓

朱皇帝的嘴臉

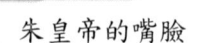

人戰慄的是有理論。自中國有皇帝，只有明太祖才創立此理論。理論不足論，但足以讓那些功臣、老臣、權臣、重臣、公爵、侯爵魂飛魄散，膽顫心驚。這就是他的棘條論。他把一根棘條扔在地上，叫太子去撿，太子面有難色。朱元璋「理論」為：「你怕有刺不敢拿，我把刺摘了給你，豈不好拿？」在朱元璋看來，凡是「刺」的，夠得上扎手的「刺」，他都要把「刺」摘了去，不能把刺留給後人。誰是刺？滿朝的文武大臣，包括退休在家和戍邊在外的，朱元璋最清楚。

洪武十三年（西元 1380 年），朱元璋開始發動摘除以丞相胡惟庸為主刺的「摘除運動」。

朱元璋要確保棘條無刺，就不能只把胡惟庸一人辦了了案。他用的手段是嚴查細審，不惜一切手段追究和胡有任何關聯的人和事。然後順藤摸瓜，發動官員們檢舉、揭發，把網越撒越大，水越攪越混，人越捕越多，牽扯進胡案的官越大越高越好。實踐證明，朱元璋是製造冤假錯案的高手。在胡案中，冤案套冤案，錯案連錯案，朱元璋明明知道不少王公大臣冤枉，但是他仍鎮靜自若，繼續深挖猛揪，因為那些大大小小的官員都是他心中的「刺」。整個胡案先後誅殺了三萬多人，其中包括朝中最有勢力的二十二名淮西貴族，皆被建國時封為公侯一級。他們皆是與朱元璋一起造反、一起革命、一起拚殺、一起奪取江山的同袍加兄弟。朱元璋一個不留，全部處以極刑。李善長已然七十七歲老翁，開國元勛，為朱元璋舉事、成事立過大功，被朱元璋視為座上賓、兄長恭敬著，是朱元璋須臾也離不開的重臣。李善長為朱元璋嘔心瀝血三十九年，他幾乎把一輩都獻給這位朱皇帝了。李善長的本事朱元璋最清楚，他的智慧才能幾乎無人能出其右。用朱元璋的理論判斷，毫無疑問，李善長是他「摘除運動」中的「大刺」，雖然他們還是兒女親家。朱元璋心中明鏡一般，這位和尚出身的

皇帝心黑手辣，劊子手都難比，不但將李家七十餘口滿門抄斬，連李家尚在襁褓之中的嬰兒亦不放過。

胡唯庸一案直接冤殺的就達三萬多人，幾乎把朝內稍稍有點能耐、有點本事、有點資歷、有點「刺狀」的文官全部殺光了。朱元璋對權力極度敏感，殺了丞相並不算完，他還要消除產生「棘刺」的土壤和環境，他乾脆徹底廢除了已經存在了一千五百多年的丞相制度，讓那些各部各地大員直接聽命於皇帝。皇帝的「陰謀」得逞了，朱皇帝睡得安穩了。

但是他也會夢中驚醒，推開懷中美人冷汗難禁，刺未盡心難平。

洪武二十五年（西元1392），朱元璋又製造了另一起冤假錯案，也是他「摘除運動」的第二階段。大興「藍玉黨獄」，藍玉乃開國元勳常遇春內弟，「數總大軍，多立功」，被封為涼國公。朱元璋找個碴，當然，藍玉居功自傲、驕橫不法，但是他做夢也沒想要造反，推翻大明王朝自己登基做皇帝，而且朝中大臣也無人相信。藍玉乃一勇夫也，沖衝殺殺尚可，其餘皆不可登大雅之堂。但是朱元璋把他定為謀反的大罪，嚴追狠查，辦法比照當年胡唯庸案的查辦辦法。結果「藍玉黨獄」一案被「族株者萬五千人」，據史記載，藍玉一案把明朝軍中的驍勇之將近乎全部「摘除」。

傳說開國功臣徐達，背上生一巨疽，按民間之說背上生巨毒瘡的人，一定慎食鵝肉，因為鵝肉是發的。一天，有朱皇帝的親使到，送給徐達一隻剛剛蒸熟的大鵝，而且聖旨說得明白，必須當著使者的面吃掉朱皇帝賜食的這隻蒸鵝。徐達亦人傑，焉能不識個中原因？含淚食之，當晚深夜毒瘡爆裂，吐血而亡。足見朱元璋心狠。

隨著一次次「摘除運動」，到洪武二十八年（西元1395年），又殺開國重臣馮勝，遍閱大明王朝兩廊站立的文臣武將中，開國功臣已無蹤影，朱

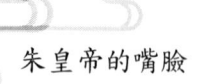

元璋心目中的荊棘已全部摘除。據說建國時封的公侯中,只有一位尚存,此命大之人乃湯和,當初寫信讓他參加紅巾軍的老鄉親。朱元璋對湯和亦不放心,也想摘除他,被告之湯和病之深重,幾乎半癱半傻,廢人也。朱元璋仍不相信,直至把湯和抬到殿上,親眼看到湯和已半痴呆半植物人,才把一顆心放下,饒了湯和一命。清代學者越翼曾說得深刻:朱元璋藉助功臣以取天下,及天下既定,即盡取天下之人而盡殺之,其殘忍實千古所未有。

嗚呼,朱元璋嘴臉乎?

口吃皇帝與「成化之戀」

◆ 一

　　明王朝憲宗皇帝朱見深有塊「心病」，即口吃，當太子時還非「國家大事」，當了皇帝以後「心病」愈重，以至於成為「國之大忌」。在中國兩千多年數百位皇帝隊伍中，朱見深當數「唯一」。因此他盡量少上朝、少見臣、少說話。即使上朝，也不廷議，廷議也不講話，非說不可時也惜字如金，能少言一詞，絕不多說一字。

　　朱見深口吃。越著急，越想說，越上火，越尷尬，越憋在那兒一個字也說不出來。叫皇帝犯那麼大窘、著那麼大急、出那麼大洋相，何罪之有？

　　翻閱中國歷史，自秦始皇始，直至最後一位皇帝似乎沒有口吃皇帝。「和平年代」選太子，那得過好幾關，口吃厲害恐怕難以入儲。皇帝的「功課」是很重的，除去千條萬條，口齒伶俐恐怕是基本要素之一，皇帝要朝見群臣，國家大事要當廷面議，皇帝要講話、引經據典、鴻篇大論、義正詞嚴、體現天威。很多祭文是要皇帝一字一句唸給列祖列宗，唸給皇天后土的，唸給滿朝大臣的，朱見深心中苦，苦就苦在這裡。

　　朱見深是不是天生口吃？《明史》上沒有明確記載，只記其口吃。我認為可能是天生有疾，因為朱見深長大以後未記錄得過什麼怪病、大病、急病，因此不可能是吃藥所致。更不可能是他人迫害所致，結論只有一

口吃皇帝與「成化之戀」

個,娘胎裡帶來的,天生殘疾。

中國皇帝中似乎僅有此例,我翻閱二十四史,未見有其他。但是國外似乎有,如美國的開國總統華盛頓,華盛頓結巴,且有時結巴得厲害,但是那並未妨礙他指揮千軍萬馬,沒有妨礙他建國立業,更沒有妨礙他名垂千秋。但是也有他著急上火、心酸生氣的時候,追求他的夫人時,因結巴幾次惹得馬莎竊笑(馬莎是覺得喬治·華盛頓著急表白自己愛心的赤誠和真摯,因口吃而表現出來的可愛而笑),但是喬治·華盛頓當時確實感覺到有些尷尬得近乎窘態。法國皇帝拿破崙(Napoleon)也有這個毛病,但是似乎不像中國朱皇帝那麼嚴重,拿破崙聰明,每當他因口吃而不能暢所欲言時,他就會像唱歌一樣地演說表述,口吃成了他的「法寶」。人們願意聽他那天才的彷彿像歌唱一樣的演說,但是朱皇帝平庸得幾乎跟拿破崙帳下的跟班一樣,他哪裡有拿破崙的智慧?

三國時期魏國有員大將,極會帶兵打仗,蕩平西川蜀國,他立頭功,此人叫鄧艾,雅號「口吃將軍」。作為一名卓有戰功、頗有謀略的軍事家,口吃並不影響他征戰,卻常常令他在群臣面前「現眼」。司馬昭就曾故意找那些讓鄧艾口吃的字詞為難他,當鄧艾被口吃憋得滿臉通紅,一頭熱汗,急得兩目圓瞪時,司馬昭會開心地大笑。其實,那個時候鄧艾之心,天下皆知,他恨不得一刀宰了那些拿他生理有疾,開心取樂的傢伙們。

朱見深不能,他「生於後宮之內,長於婦人之手」,他沒有那股野性。他不是朱元璋、朱棣那樣的皇帝,心黑手辣,殺人不眨眼。朱見深口吃,面善心軟,「知其善,善而不用,知其惡,惡而不去」。他只當他的太平皇帝,下面做不做事,他不管;做什麼事他不問,做壞事,他也不責。朝中大臣所作所為似乎全憑良心、忠心、臣子之心。尤其在成化十三年(西元1477年)至他死的成化二十三年(西元1487年)期間,朝廷死水一潭,無風無波,沒

有任何作為，是明朝二百六十七年歷史中，最消極沉悶的時期。當時有兩句朝中之言既概括又形象：「紙糊三閣老，泥塑六尚書。」朱見深也樂得自己享樂，做逍遙皇帝，免開尊口，免得因口吃結巴而尷尬難堪。

朱見深是皇帝。皇帝口吃對一些人來說卻是天大的好事、天大的機遇。朱見深口吃使其心裡的陰影很重。上朝面對群臣，一般情況下點頭允是，繞不過去時就直說一個字「是！」，但「是」字對有口吃病的人來說，發音時卻常常被「是」住，憋在嗓子眼裡如棗核卡喉，光面紅耳赤，憋得張口結舌而「是」不出來，這正是皇帝的苦惱。

當時朝廷大臣都看在眼中，急在心裡。其中鴻臚寺卿施純道行深，猜想他把口吃人唸得費力的字都一一推敲、思索過，因此他不失時機地上奏，請皇帝把「是」以「照例」代之。兩個字看起來比一個字在讀音上要負擔重，但是在發音上卻自然輕鬆得多，順腔順音，不憋腔不拗口。皇帝一試果然爽！皇帝喜從心來，立即對施純加官進晉爵，竟然晉升為尚書，加太子少保，從四品官員一躍為一品大員，可謂飛黃騰達。當時就有人譏諷曰：「兩字得尚書，何需萬言書。」這也說明，口吃對朱見深造成多麼大的心理打擊，彷彿一座大山壓在他頭上，今日得寬餘，除山去嶺豁然敞亮，做皇帝的又何惜一個尚書？此事留傳入「青史」：兩字封侯！

兩字封侯，朱見深封得有理。

◆ 二

朱見深經歷過「復辟」。沒有「復辟」，他充其量就是一個被封在老、少、邊、山、窮地區的藩王，是一個幾乎沒人重視，也沒人在乎的「小結巴」。

口吃皇帝與「成化之戀」

雖然那時候他還小，但他卻是親身經歷。復闢就是二次革命，就是奪權。一旦復闢成功，那就是改朝換代，也必然伴隨著人頭落地，才有他朱見深的光明前景，時來運轉。

他爹就是明英宗皇帝朱祁鎮，明史上著名的「土木堡之變」讓他爹喪失五十萬大軍，敗落成「光桿司令」，做了瓦刺族的俘虜。實踐證明，朱祁鎮眼中無水，分不清誰是好人，誰是惡人，誰是忠臣，誰是禍害。引發「土木堡之變」的罪魁禍首是大明王朝四大太監之首的王振，這位幾乎斷送明朝江山的大太監，正是在朱祁鎮的培養縱容下，才一步步成長膨脹起來，終成帝國的禍害。「土木堡」一戰潰敗後，英宗一個人孤零零地坐在黃土坡上，身邊只有一個叫喜寧的太監緊緊相隨，朱祁鎮心中多少有些安慰，畢竟還有忠臣。誰知道這位忠心耿耿的太監竟然是為了守住大明皇帝，以便奇貨可居，把皇帝獻給瓦刺人。

朱祁鎮被俘是他罪有應得。倒楣的是當時留守京城的皇太子朱見深，皇帝已倒，遑論太子？朱見深的皇太子被廢，遷出宮去。作為過去的皇儲太子，一下子被貶、被廢、被撐，被冷落、被監視、被軟禁，甚至隨時都處在危險之中。雖然新立的皇帝代宗朱祁鈺是他的親叔叔，但是因皇位之爭，兄弟相殘的事情還少嗎？四十多年前，身為親叔叔的朱棣就是毫不客氣地奪取了親姪子建文帝朱允炆的皇位，以至於建文帝至今下落不明。

但是這段苦難、難熬的日子，卻成全了一段自古難見的情緣，歷史上稱之為「成化之戀」。

男女之戀，外國人謂之邱比特射箭，中國人喻之月老繫繩。男女之情皆是緣。「成化之戀」的緣彷彿真是月老所為，誰都以為結不成的緣、戀不成的愛，朱見深卻創出了人間皇帝奇緣。

朱見深愛了一輩子、鍾情一輩子的女人姓萬，小名叫貞兒，但是《明史》上未記有她的名字。之所以引起人們的關注，引起那麼多人對朱見深的皇帝愛情觀的質疑，皆因為萬氏比朱見深大整整十九歲，史料上亦有記載說大十七歲。朱見深即位時，年齡剛滿十六歲，而萬氏已然年近四十。但是那位宗憲皇帝愛之如初，甚至勝似初，三千寵愛在一身，這正是後人，包括當時朝內朝外皆感到不可理解的事。

年近四十歲的女人，用傳統的審美目光看，早已是四月的桃花。

萬氏魅力為何長存？這朱皇帝一生奇異的婚戀，情深情源究竟在哪裡？

朱見深在史上真正出名的就是這段奇戀，史稱「成化之戀」。

萬氏似乎由天而降，命運使然也。沒有那些一連串的政治事件、宮闈事變，焉有這位山東諸城女人的「戲份」？

明王朝十六個皇帝，除去開國皇帝朱元璋和不改朝卻換代的永樂皇帝朱棣，幾乎個個都是「窩裡反」，幾乎個個都能耐不大，嗜好不少，變著法享樂，想折騰還折騰不出圈去，卻把後宮搞的雲譎波詭，許多宮中事件成為數百年不破不解的懸案、謎案。

朱見深的爺爺宣宗皇帝朱瞻基，其後宮的爭鬥就神鬼莫測，甚至遠比朝廷的鬥爭還波起雲湧。明王朝後宮的鬥爭顯示了那個時代女人的力量，其力可拔山兮。宣德三年（西元1428年）三月，朱瞻基立的胡皇后被迫上表辭位，孫貴妃被立為皇后，後宮又演出了一朝皇后一朝女。孫皇后是山東人，親不過娘親，因此從山東選一批宮女入中宮執役。這其中就有一位四歲的小女孩，姓萬，被選入宮，一個四歲的幼兒，為何要選進宮中？我不得而知，明朝有一規定，如民女犯事、犯規，可沒入宮中服役，因身邊孩童幼小，有

口吃皇帝與「成化之戀」

帶女入宮的，但萬氏不是。這就是機遇，這就是命運，這就叫緣。

朱見深兩歲就立為皇太子，國之明日矣，因此深得孫皇太后的重視，老太太深知皇太子對一國命運之重要，即明日的政治、明日的權利、明日之國家，可能皆繫一身。兩歲的太子雖幼，但是其勢不可低估，於是孫太后就親自罩著皇太子，派她深信，從四歲就長在自己身邊的萬氏宮女去專一侍奉太子，這時候萬氏已然是二十一歲成熟的大姑娘了。

明史中未對萬氏如何從一個四歲的兒童成長為孫皇后的親信做過記載。不知是疏忽還是其他什麼原因。但是身經政治風雨、排除後宮異己、攫取皇后權力、進而掌控皇帝、操縱國家的孫皇后，在後宮萬餘名宮女中，獨獨能看中萬氏，足以說明萬氏確有出類拔萃的地方。萬氏年輕，但是政治、處事、接人待物，卻聰敏、機靈、老練、成熟，在孫皇后交辦的事情上，顯示了萬姑娘不同於一般人的能力、水準和拿捏的分寸。孫皇后逐漸認識、了解、重用、信任她，當然也喜歡她。所以才會委她以專門侍奉皇太子的特權。

考察明代婚俗，民間的女孩一般十一歲就開始訂婚，十五歲就開始完婚，像萬氏如在民間早已是孩子成群的母親，全國恐怕也難挑一位二十一歲還待在閨中的大姑娘，但是萬氏獨存，這就是萬氏的緣。

萬氏責任重大，太子在她懷中，一種莫大的信任感、責任感、幸福感幾乎無時無刻不在感化著她、籠罩著她。

太子多難，兩歲封儲，五歲被廢，被攆出宮門，出宮之時，悽悽苦苦，身邊唯有萬氏。

萬氏對太子的感情應該是有階段的。在太子童年時代，萬氏作為其最親、最近、最可信賴、最可依靠的人，萬氏可以說是無微不至，傾其心且

盡其力矣。及至太子被廢、被迫害，什麼樣的事情都可能發生，萬氏又變成太子的保護人，成為太子的唯一。可以想象，如果太子一旦發生不測，萬氏必然要以命相搏，先死於前。萬氏和太子之間相依為命、共渡難關，想必那種真摯的情感並非皇家男兒都有的。

英宗朱祁鎮苦熬了八年，忍辱負重八年，終於迎來了「奪門之變」，這位並不結巴的方臉長鬚大腮的下臺皇帝，復辟成功，二次臨朝，朱見深的好日子也隨之而來。

皇太子的皇冠仍然巍峨戴在頭上。

但是他卻更在乎自己感情的昇華。萬氏對朱見深的感情也在隨著太子年齡的長大而深化、昇華。這就是萬氏感情的第二階段。

她和皇太子朱見深萌發了真摯的愛情。萬氏初以母愛教育撫養他，繼而以女愛滋潤、啟蒙、呼喚了他。萬氏是他的一切，他愛的一切就是萬氏。朱見深也是個情種。他們相濡以沫、相愛以待，十幾年形影不離、晝夜不分。他們共同生活，共同面對外部世界，有共同的興趣、愛好、理想、生活，兩個人誰也離不開誰。當朱見深開始有性意識時，可以肯定是萬氏喚醒的，甚至是萬氏教育的、萬氏催生的。萬氏比朱見深大十九歲，她更懂得兩性之愛，更懂得要和皇太子永遠走下去，性愛對於她是多麼重要。她給了朱見深初戀，但是她也壟斷了朱太子的愛戀和性選擇。因為朱見深的戀愛觀從一開始就是在比他大十九歲的萬氏懷中形成的。

萬氏不愧是從一個毫無「後臺」的四歲小宮女做起的侍女，不愧是孫老太后看重依靠的人。她懂得的要遠遠比朱見深知道得多。民間數百乃至千年前就有「女大三抱金磚」，其理亦然，不過萬氏比她心愛的小丈夫整整大出十九歲。

口吃皇帝與「成化之戀」

在朱見深看來,女人就是天,而這女人就是萬氏,唯一的萬氏,這就是朱見深臨登基為帝前的戀愛觀。這正是受到後人非議的「成化之戀」。

◆ 三

朱見深該不該愛上一個比自己大十九歲的女人?萬氏該不該先當保母,再當侍奉,後當情人,再當貴妃?年齡差和地位差把朱見深和萬氏之間的真摯愛情渲染成「畸形之戀」。

「畸形之戀」除年齡差十九歲讓人不可理解之外,朱見深復位太子,進而當了明朝第八位皇帝以後,為什麼還那麼痴情、真摯、熱烈地去愛一個宮女出身的女人?憲宗時期各種名義的宮女堆積在後宮多達數千人,為何皇帝不花?為何朱見深皇帝不坐羊車?為何還依然卿卿我我,熱戀如初?置數千佳人於不顧,朱皇帝為何單單愛戀年近四十的老女人?他們說那是皇帝的一種變態、畸形、偏執,病在心理,病得不輕。皇帝能不能愛上,且是真摯地愛上一位比自己大十九歲的宮女?能不能愛上一輩子,至死不渝?皇帝後宮的女兒國沉魚落雁、傾國傾城的天下美女何其多?皇帝不花心、不花眼,非木偶人不能為。由此斷言,朱皇帝有病,病在不花。明史上也記得一清二楚,朱見深登基做皇帝後,「六宮希得進御」,萬氏「三千寵愛在一身」。我審視這段有些傳奇色彩的「成化之戀」時另有所感,為什麼皇帝就不能愛一個比自己大十九歲,乃至更大的女人?為什麼皇帝就不能真誠地愛自己的女人並摯愛一生?案頭有《史記》,漢之傑出的漢武帝納鉤弋夫人,寵之如寶,須臾都不能離開。那年鉤弋夫人生下昭帝時才十五歲,漢武帝已年過花甲,六十有二,用現在年齡看,鉤弋夫人趙婕妤還不到婚姻線。卻沒有人否認漢武帝劉徹的這段黃昏戀,也沒有人對趙婕妤這

段「老夫少妻」的婚姻持批評態度。同情的是年輕美貌的趙婕妤因為自己的親生兒子要做皇帝而不得不被「賜死」，似乎也沒有因此被人斷定劉徹不愛趙婕妤。在中國歷史上，五六十歲，甚至六七十歲的皇帝廣納後宮、沉溺於酒色的不在少數，且其後宮數千美女，絕大多數是十五六歲，乃至更小的少女，彷彿也不見有畸戀之斥語。皇帝使然！八十二歲的名士娶了二十八歲的女士，謂之新聞，輿論場內外受之坦然；若二十八歲的名士迎娶一位八十二歲的無名老婦，其勢必如冷水進沸油，謂之病態。男女之別也，男尊女卑也，孔夫子早有高論，二千五百多年前觀之男女關係如掌上觀紋。

萬氏確有心機、城府、本事，也確有手腕。萬氏四歲就在後宮「混」，加之天資聰慧，敏而好學，一點即通。可以肯定，萬氏在政治上，在處理後宮複雜的人與事上是早熟的，也就練就了一身女人的本領，她能把女人的特長發揮到極致。萬氏那麼小就被孤零零地放在陌生的後宮中「洗禮」，在中國歷史上並不多見。

成化二年（西元1466年）正月，已年近四十的萬氏終於和朱皇帝的愛情有果，為憲宗皇帝生下了皇子。那當然是一件舉國大事，皇帝高興，朝野高興，國之興也。萬氏皆看在眼中，感慨在心中。母以子貴，與庶民同理。萬氏因此得封為貴妃。但是第二年，萬氏生的這個寶貴兒子不知為何夭折了。這對一個近四十歲才開始懷孕的女人打擊之大，已無言詞可表達。那不但是她的親生兒子，也是國之皇子；不但是她的希望，也是王朝的明天。從此，萬氏再也沒有生育。

女人之悲，萬氏之悲，命運終然。萬氏唯一的，也是終身的寄託就是朱見深。難得的是朱見深絕未因為地位變化而改變初衷，始終如一。

口吃皇帝與「成化之戀」

沒有史料說明朱見深不愛江山愛美人，卻有史實證明，為自己的鍾情所愛，朱見深無所顧忌，他把愛情看得重於泰山。

朱見深當了皇帝冊立的第一位皇后是英氏，英氏是當朝名門，家族勢力不小，因此英氏在後宮當然橫行、傲慢驕奢，也就看不慣當時已被封為妃子的萬氏。皇后容不得萬氏那麼專寵，她要讓萬氏知道後宮是皇后的後宮、皇帝的一半是皇后。她要給萬氏一個下馬威，要替萬氏立個規矩。英皇后找個碴便在後宮對萬氏實行「杖責」，殺殺她的威風，殺殺她的霸氣，滅滅她的氣焰。史料中沒有記載萬氏如何向朱皇帝道冤哭訴，只知道朱見深大怒，他容不得任何人對萬氏不恭不敬，這是對他為帝底線的衝擊，是對他愛情至上原則的蔑視。他不顧群臣反對，以「莫須有」的罪名，把剛剛冊立一個月的皇后廢掉，此氣仍不能排除，又把英皇后在朝為官的三親四戚通通罷官革職。英皇后的親爹，不但罷官免職，下獄問罪，而且發戍邊疆。

憲宗皇帝不是敢殺敢為的皇帝，面善心軟、不敢有為、不願有為、得過且過是他處理朝政的原則。但是請勿挑戰他的愛情底線，為了萬氏他會不惜一切，直至手托皇冠。朱見深是不是位好皇帝可以再作討論，但是朱見深是位好爺們，不愧是條烈血漢子。擲江山於地，唯恐驚著美人。

萬氏確有心機、手段。她一生得寵於憲宗皇帝，卻從未提過分的要求。她在憲宗皇帝面前可謂說一不二，卻從未弄權、「垂簾聽政」，在政治上把捏得極有分寸。她甚至沒有對憲宗皇帝提出要當皇后，即使是她的貴妃封號，也是因為她生有皇子以後才加封的。

但是萬氏極懂得借勢揚勢、借力使力。她把後宮「調理」得「鴉雀無聲」，一切都按照她的意志運轉，即使是皇后，也是有名無實，也甘心於

偏居一隅。正應了那句政治術語：後宮讓萬氏拿捏得水潑不進去，針扎不進去。這是萬氏的本事，也是萬氏的「能耐」。她的確不是一般女人，一般女人做不到她那一步。

為了攏住皇帝的心，為了拿住朱見深。萬氏在宮中布下層層眼線，觀察皇帝的一舉一動。朱見深是個情種，但也是個道道地地的「色鬼」。憲宗對政治和治國的興趣遠遠小於春藥和房中術。據《明史》記載，形形色色的術士和各式各樣的番僧，為憲宗皇帝尋找春藥和房中術不絕於道，有時一天之內，竟然有上百人，做出類似「傑出貢獻」的總人數竟達數千人。看後我真不敢相信，不禁問史，朱見深何許人也？痴於色？迷於色？有多大精力去應付這些術士番僧？這樣的男人還能有真情實愛？

萬氏面對的就是這麼一個男人。於是萬貴妃只好採取非常手段，在宮中廣布眼線，跟蹤偵察憲宗皇帝。這位騷皇帝走到哪裡、和哪一位宮女「有御」，即登記在案，一旦查出有身孕，萬氏絕不手軟，要麼逼其墮胎，要麼把母子連根拔掉。萬氏心黑手辣，這也是她拴住憲宗皇帝朱見深的毒招之一，以至於成代十一年（西元 1475 年），當朱見深發現自己頭上已生白髮，曾悲痛地感嘆：「老將至而無子，可嘆也！」其實，這位朱見深的孩子，如果活著排成一排都不止。史書上沒說明，朱見深是否知道萬氏這個毒招，但從他見到自己親兒子的那一瞬間，表明他是知道的。

《明史》這一段記載得生動形象：

妃抱皇子泣曰：「兒去，吾不得生！兒見黃袍有須者，即兒父也。」乃衣以小緋袍，乘小輿，擁至階下，發披地，走投上懷。上置之膝，撫視久之，悲喜泣下曰：「我子也，類我！」

看後也真讓人心酸。即使如此，並未換來萬氏的回心轉意。換來的是

口吃皇帝與「成化之戀」

萬氏的惱羞成怒。她下黑手處置了和這位「漏網」之孩相關的一切人,包括他的生母以及知情不報、隱瞞事實、實際撫養的太監和官員,她似乎還想殺了那個小孽種,斬草須除根,她既有仇、有恨、有憤,也心有餘悸,怕哉?惶哉?唯獨不善哉!《明史》上說得明白,一日萬貴妃召太子食,太后(周太后)謂太子曰:「兒去,無食也。」太子至,貴妃賜食,曰:「已飽。」進羹,曰:「疑有毒。」貴妃大恚曰:「是兒數歲即如是,他日魚肉我矣!」因恚而成疾。

這位六七歲的小孩也真厲害,竟一言把這個幾乎一手遮天的萬貴妃嚇出病來。有說萬氏以後因疾不癒而亡,是這位小太子嚇出來的。

問題是萬氏如此歹毒,為什麼還有「成化之戀」?作為一國之帝,一朝之皇的朱見深,為什麼會那麼深、那麼真地去愛這位比自己大十九歲的女人?不是始亂終棄,不是一時一事,不是逢場作戲,更不是作為玩物;絕不像中國老百姓熟能暗吟的包龍圖力斬陳世美,也不像戲文中唱的杜十娘怒沉百寶箱。朱見深對萬氏的愛應該講是一種純潔的愛、終生不渝的愛,自始至終、始終如一的愛。一種幾乎是亙古不常有的愛,也是世人難以理解、難以相信的愛。你說愛情都不是純真的嗎?你說婚姻是愛情的墳墓嗎?這些東西方的婚姻理論在「成化之戀」面前都顯得蒼白無力。這是一個不爭的事實:成化二十三年(西元1487年)春天,萬氏突然暴病而亡,應為六十歲整。在明朝時亦不能算短壽,但是朱見深悲痛欲絕,幾乎痛不欲生。其心痛之致,非常人所能。輟朝七日,竟然幾乎夜夜難寐。守著萬氏的遺物垂淚至曉,足見朱皇帝對萬氏的感情。萬氏一死,憲宗萬事俱廢,傷心至極,終引出大病,在萬氏死後的當年夏天,四十一歲正值壯年的宗憲皇帝,也隨萬氏而去。廝守一生的戀人,終雙雙相隨而逝,實為一段類似戲文的歷史。

當然，歷史上對宗憲皇帝的死還有許多說法，如言憲宗皇帝酒色過度、暴服春藥、吞食金丹，但是憲宗皇帝的死因萬氏之亡而起，學家幾乎無二言。

四

萬氏為什麼能這麼深刻、這麼持久地博得比自己小十九歲的一位皇帝終生的愛情呢？「成化之戀」必有其獨有的內容和背景。

以我之見「成化之戀」至少還應包括以下幾個方面：

第一，口吃皇帝的口吃情誼。

憲宗皇帝自幼口吃，自幼自卑，缺乏信心。當了太子直至皇帝，這種心理不但沒有減弱，反而增強了。他自卑自慚、自困自擾，才恥於開口說話，甚至不願見朝中大臣，能躲則躲，能「閃」則「閃」。無論什麼人，有什麼表情，有什麼舉動，有什麼表示，他認為其內心在嘲諷他、蔑視他。以至於後來他索性不上朝，不見臣，甚至在後宮玩弄、發洩、酒色，幾乎都是無言的、無聲的。他始終認為，他擁紅偎翠的美女骨子裡都瞧不起他這個結巴，內心都在嘲笑和鄙視他，只不過畏於他的皇權而已，他不可能和那個世界上任何人有真感情。只有一個人除外，那就是萬氏。

萬氏自朱見深兩歲就照顧他。她自始至終從未把朱見深的口吃當成病、看成殘疾。恰恰相反，她認為朱見深口吃，才更需要照顧，更需要安撫，更需要自尊心。萬氏的聰慧正在於此。因此，她設身處地為朱見深著想，千方百計地理解口吃語，一心一意地去體會口吃人的心理、心態、一舉一動，甚至一個眼神、一皺眉頭，她都能從中看出文章，理解出朱見深的想

口吃皇帝與「成化之戀」

法。她甚至不用朱見深張口說話,他們之間的感情交流已暢然豁達。十幾年的磨合、十幾年的交流、十幾年的共同生活、朝夕相處,真正理解朱見深的只有萬氏。而無論朱見深當了太子還是登基做了皇帝,他都堅信,這個世界上真正愛他、不鄙視他、不拿他最見不得人的口吃當作笑料的只有萬氏。在憲宗皇帝的心理上,天下雖然是他的,但是因為他有口吃病,因此天下人都比他強,他和天下人都不平等。唯獨和萬氏在一起,他真心感到了「解放」,真正感到了「輕鬆」,也真正感覺到自在和平等。這就是「成化之戀」的基礎。

第二,萬氏懂辯證法。

萬氏懂得作為一位皇太子、一位皇帝,玩物喪志;但是朱見深作為一名男人,萬氏終身要依靠的男人,要讓他始終罩在自己石榴裙下,玩物可以增愛。

成化年間留傳至今有一種曠世奇寶,即成化鬥彩雞缸杯。言其為寶,是因為這種成化年間出的小酒杯,大不過巴掌,直徑 8.2 公分,杯上的圖案是公雞偕母雞和小雞一塊吃食,生動形象,唯妙唯肖,可謂空前絕後,被中外古董收藏界稱之為「神品」。2014 年在香港蘇富比春季拍賣場中,以 2.8124 億港元成交,創中國瓷器之最。這成化鬥彩雞缸杯,就是在萬氏玩物增愛的原則下問世的。

萬氏積極鼓勵、引導、幫助、啟蒙憲宗皇帝「玩物」,只要不沉溺於女人之中,玩什麼她都有興趣,都有辦法。「舉杯邀明月,對影成三人。」萬氏做這些「玩物」的事極講究,也極明瞭。這也是憲宗皇帝愛她如新的原因之一。《明史》上記載,萬氏利用各種管道,各種辦法廣集天下奇物,其真正的目的並不是自己占有,而是要和皇帝共同把玩,比如現藏於故宮

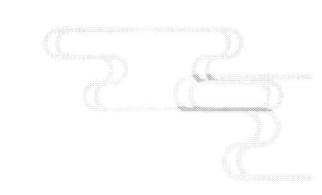

博物院的國寶九層象牙球，都是經過萬氏挑選，由萬氏和憲宗皇帝共同欣賞把玩的「玩物」。不僅如此，萬氏深知憲宗皇帝「心野」，愛外出遊玩，萬氏就下功夫做功課，鼓動皇帝外出遊玩。據說皇帝出行，每次都是萬貴妃倡導的，久而久之，無人敢言，連皇帝也只有遵命而為，一切都要聽萬氏的安排排程，有意思的是萬氏把每次出行都看作是他們的蜜月之行。每逢出行，萬貴妃都要戎裝騎馬，以女大將軍的身分作為皇帝出遊的前導，每次都讓憲宗皇帝興奮不已。

萬氏極有心計，把憲宗皇帝攥在手心中，非萬氏莫屬。

第三，萬氏懂得些許方法論。

作為一名女人，一名比自己心愛男人大十九歲的女人，而自己心愛的男人又是一國之主，後宮佳麗三千，她深知要得寵一時已難，要得寵一輩子，其難如上青天。萬氏深知，身為一名年老將至的女人，顏色不可能長存，她不可能憑顏色和皇帝後宮的數千美女爭寵，她必須在方法上下功夫，這正是她一個長期生活在宮中，且長於心計女人的特長，萬氏訕訕竊笑了。她比憲宗皇帝後宮的任何美人都老練、成熟，比憲宗皇帝後宮的任何美女更老到、更痴情。據《明史》記載，萬氏並非有傾國之貌，相反，其長相不但不出眾，甚至極一般。據有些史書上記載，萬氏「貌雄聲巨，類男子」。這可能有意貶萬氏，但是可以肯定萬氏得寵並不完全是因其貌美而博之，恰恰不是因為貌美而專寵，萬氏才能被專愛幾十年。憲宗皇帝的母親孝肅皇后就十分不解，曾問憲宗皇帝：「彼有何美，而承恩多？」看看憲宗皇帝是怎麼回答的：「彼撫摩吾安之，不在貌也。」憲宗皇帝一言道破天機：「不在貌也。」論貌，後宮美人多矣，但無一人能頂替萬氏，萬氏把憲宗皇帝的一切都摸透了，都掌握在心中，她能為憲宗皇帝解難、解乏、解累、解困、解悶，排解一切憲宗皇帝想要排解的。用現代的語言

口吃皇帝與「成化之戀」

來解答,萬氏與憲宗皇帝相戀的祕密,那就是憲宗皇帝能想到的萬氏都替他想到了、做好了,做得讓憲宗皇帝心服口服,稱心如意了;憲宗皇帝沒能想到的和將要想到的,萬氏都替他想得周周到到了,都安排得有條不紊了,布置和準備得遠遠比他腦海中尚未成形的和即將成形的要圓滿得多。憲宗皇帝焉能跳出萬氏的五指之間?久而久之,從兒童時期就開始,朱見深就完全被萬氏所折服,萬氏簡直就是「神人」。隨著年齡的增長,朱見深對萬氏從內心信服、折服、佩服逐漸生成一種由愛而敬,由敬而又生出幾分畏的心理來。

其實,這就是愛情、戀情,難怪當憲宗皇帝得知萬氏死去,竟然痛不欲生,心灰意冷,彷彿感知自己人生之末日也將到來。他痛苦長嘆:「萬侍長去了,我亦將去矣。」

「成化之戀」是不折不扣的生死戀。

死得悽慘，也死得悲哀

　　搖搖晃晃的明王朝朱氏帝國大廈在歷經二百六十七年風雨後，終於轟然倒下。那是順治元年（西元 1644 年）甲申年初春三月十八，竟是一個雪雨交加的凌晨，崩塌的大廈揚起的撲天塵埃久久不肯落地，以至於三百年後郭沫若先生在重慶時，寫下轟動一時的〈甲申三百年祭〉。

　　但是比郭沫若早三百年的明崇禎皇帝早已有祭文，祭文是崇禎皇帝咬破手指寫的血書祭文，就寫在崇禎皇帝穿的「青袍」裡面。一個皇帝，臨「駕崩」之前，破指血書，行文祭殤，在中國皇帝中唯此。他是自己把自己吊死在皇城外煤山的歪脖樹上的，吊死前，自先免冠，以髮覆面，死不瞑目。其祭文雖血跡模糊，但是字跡依稀可辨：「朕涼德藐躬，上干天咎，致使逆賊直逼京師。此皆諸臣誤朕，朕無面目見祖宗於地下，自去冠冕，以髮覆面。任賊分裂朕屍，勿傷百姓一人。」我翻閱中國皇帝在歷史上的臨終留言，從未見皇帝歸死前如此真誠、如此動情地牽掛著老百姓，寧可自己被裂屍肢解，換取勿傷百姓一人。我被感動。一個亡國之君，一個馬上要上吊尋死的皇帝還能有這種精神？這是一種什麼精神？我曾在煤山崇禎皇帝上吊的歪脖樹前靜默，呆呆望著它，有些肅穆，有些哀思，有些感傷。那天正趕上淅淅瀝瀝的春雨，該是清明前後，屈指算來，崇禎皇帝朱由檢吊死在這裡已然三百七十年，這棵老歪脖槐樹也已新老交替第三茬了。那棵真正吊死朱由檢的歪脖樹在 1940 年代枯死後，下落不明。有人說並未被當作枯木燒掉，而是由一位高人雕刻成風雨滄桑流傳下來了，據

死得悽慘，也死得悲哀

說朱由檢那張臉雕刻的人皆不敢細看、久看，朱由檢不該死，死不瞑目。

國人評論歷史人物常持勝敗論，說起唐太宗李世民則明君聖賢，稱道讚語幾近聖人。朱由檢乃敗亡皇帝，大明王朝的末代亡國皇帝，所有喪氣的話、倒楣的詞，幾乎都在他身上用遍了。我曾見到有人評論朱由檢的「九思」兩字，說見字如見人，此人必然剛愎自用、小肚雞腸，做事如累卵，敗事如敗家。這人真厲害，由字能看到人的腸子。牆倒眾人推，破鼓亂人擂。這可能也是國人的劣根性之一。

崇禎皇帝不該死，至少不該吊死在煤山上，他是以身報國、以身殉國的皇帝，在中國皇帝的隊伍中屈指可數。他死得冤枉，死得糊塗，也死得淒慘，死得悲哀。

◆ 一

先說六下罪己詔。

在中國皇帝史上，崇禎皇帝是唯一一位六下罪己詔的皇帝，可謂空前絕後。自我解剖、自我責難、自我罪己，達到如此深刻、痛心，將自己毫無保留、毫無掩飾地放到全國人民面前。痛心疾首，莫言皇帝，就是一位普通人亦難矣。

每當有國難民怨、天災人禍時，皇帝先站出來向臣民們深深謝罪，古之有乎？莫忘「普天之下莫非王土，率土之濱莫非王臣」。皇帝，天子也。

崇禎十七年（西元 1644 年），朱由檢接到李自成攻破太原、晉王朱求桂被擒的奏報，淚水竟然打溼了奏章，痛苦得幾乎不能自已，繼而失聲大哭，痛哭不止。當夜，罪己詔頒布天下，這是崇禎皇帝第六次，也是最後一次下罪己詔了。以白話譯之，其罪己詔講得讓現代人亦感唏噓。

朕即位十七年，懾天帝之威，受祖宗重託，日夜操勞，不敢懈怠國事。（中國皇帝中像崇禎這樣勤政，不敢懈怠國事的皇帝很少見。）然災害頻仍，流寇四起，逞凶二十年。赦之益驕，撫而復叛。（崇禎皇帝確實已深感辦法已盡，實無力平叛，軟硬兩手皆失。）朕為民父母，不能保護百姓，民為朕赤子，不能關懷他們，使秦、豫、川、楚變成廢墟，百姓飽受戰亂，處於水深火熱，皆朕一人之過。百姓所受種種苦難，皆為朕之過失所為。（身為皇帝痛心疾首即此，為整個朝廷，文武大臣，各級官員承擔責任，實難得。未見一個皇帝能如此坦誠，如此真率，不文過飾非、不嫁禍於人、不推諉罪責，這是要頒布天下的，崇禎皇帝的這種罪己精神，中國歷史上未曾見過。）任用大臣不法，任用小臣不廉。言官不清，武將怯懦，皆朕撫馭無道。（大廈將傾，非一木能支。環視崇禎左右，非太監即漢奸，歷史證明，明王朝是出漢奸最多的朝代，文臣武將很多叛變投敵。文武大臣非奴才即庸官，非庸官即貪官。皆碌碌無為，貪生怕死，又愛財如命，貪得無厭。崇禎晚年已病入膏肓，多年頑症，司命之所屬，已不是朱由檢能力挽狂瀾的時候了。但此時此刻崇禎皇帝似乎已看明白了，江山不日，朝廷不明，雖罪己詔，只能期待冥冥之中的救星了。所以崇禎在最後言之）……願懷祖宗之厚德，助成底定之大功，願上天免掉朕之罪愆，傳告朕之誠意。

　　崇禎皇帝也真可憐，亦可悲。

◆ 二

　　再說崇禎皇帝的勤政。

　　崇禎皇帝為天子十七年，幾乎沒過上一天輕鬆日子，真乃如臨深淵，如履薄冰。過的不是皇帝的生活，皆為上班族的日子，甚至連上班族都不

死得悽慘，也死得悲哀

如，上班尚有上下班時間，崇禎皇帝常常連續上班，疲勞上班，近乎無休無止地工作，下不了班。加班加點，挑燈夜戰，通宵達旦，是經常的事情。其勤政是中國皇帝中絕無僅有的。

史書上記載，因國事內憂外患，崇禎皇帝工作量甚大，各地邊防叫急報警奏章如雪片般飛來，朱由檢日夜操勞，常夜不能寐，幾乎日夜在內閣值房和大臣們一起辦公，從不鬆懈，常常熬得大臣們堅持不住，東倒西歪，崇禎皇帝卻始終認認真真，一絲不苟。批閱奏章文書通宵達旦是常事，實在睏倦極了，就趴在御案上昏睡一會兒，還讓太監按時按刻再叫醒他。有時黎明在即，兩班大臣，三班太監都打熬不住了，崇禎皇帝仍然催呼左右取奏章文書批閱。

崇禎十二年（西元 1639 年）元旦，朱由檢按照慣例去慈寧宮拜謁劉太妃，誰知道一坐下來就睡著了，近乎沉睡、昏睡，人之累極、乏極至此。太妃示意不讓人驚動他，讓他休息休息，安安穩穩睡會兒。崇禎皇帝夢中突然驚醒，忙問何處有警報？然後讓太監急去上書房取急件來批閱，對太妃抱歉謝罪，言過去神宗治理天下比較太平，我能力不行，事情又多，實難應對，才兩天沒睡覺，就支持不住了！說得太妃、宮女及周圍太監都忍不住流下淚了。

那一年八月十五賞月，皇后帶著幾位妃子等著崇禎皇帝前來，但是左等不來，右等不來，周皇后不得不親自前催，看著皇帝御案前站滿大臣太監，都等著批閱緊急奏章。崇禎皇帝連頭都顧不上抬，一邊批閱一邊詢問，一邊擦額頭上沁出的一層虛汗。一撥大臣走了，一撥大臣又來了。周皇后只好默默祈禱，盼皇帝早點忙完國事好去賞月。沒想到當皇帝覺得可以暫時放一下筆，出去透透氣走一走時，十五的圓月已經淡得沒輪沒廓了，東方已透出魚肚白。

崇禎八年（西元 1635 年），朱由檢做出一項決定，從乾清宮搬到武英殿居住，從此減少膳食，撤去音樂，除非典禮，只穿青衣。據說三十多歲的崇禎皇帝已然熬得白髮蒼蒼，滿臉皺紋，疲憊、憔悴之極。周皇后見他連日素食且飯量日小，消瘦不堪，心中又急又痛。親自下廚房為他做了一碗肉羹。肉羹有兩種理解，一為肉粥，二為肉片麵，是一種北京城內極一般的大眾食品，在京城飯店內都可以吃到。有專家告訴我，朱由檢在北京住了幾十年，往遠說從明永樂皇帝朱棣始，已經住了十幾輩子，他不可能再喜歡吃肉粥，周皇后下廚房親自為他做的就是一碗肉末麵條。當周皇后把這碗熱氣騰騰、香氣撲鼻的肉末麵端給崇禎皇帝時，誰都沒有想到，崇禎皇帝竟然帶有幾分淒涼地說，國事如此，朕難以下嚥。一碗肉末麵，一個皇帝竟然自我責難，訴之難以下嚥。這皇帝當得真真夠可憐，一個皇帝因內憂外患的國事把自己煎熬到了何種地步！正在此時，皇后母瀛國夫人的奏疏送到，開啟一看，其言如訴：「臣妾昨夜夢孝純太后。太后言『為我語帝，食勿自苦』。」崇禎皇帝見到奏疏，淚如雨下，幾次強止而止不住，原來瀛國夫人夢見的孝純太后並非別人，正是崇禎皇帝的親娘。可憐的崇禎皇帝端著那碗肉末麵，幾次舉箸，幾次落淚，幾次手顫抖不已，淚滿案上。這都是什麼皇帝？分明匹夫不如，分明生活在水深火熱之中，別說不如土豪士族，簡直不如一個中農小地主。正如諸葛亮在〈後出師表〉中所言：「寢不安席，食不甘味。」明朝至崇禎皇帝歷經十六皇帝，崇禎皇帝是最苦、最難、最累、最難熬的皇帝，沒享過一天清福，沒過一天舒心日子，沒踏踏實實睡過一天覺，沒放放心心地過上一天生活。像在爐火上煎烤，整天在焦慮中煎熬，在不安中驚悚，在提心吊膽中度日如年。崇禎皇帝，白白做了十七年天子，活得真艱難，活得真窩囊，活得真苦！

死得悽慘，也死得悲哀

◆ 三

　　三說臣皆亡國之臣。

　　崇禎皇帝曾夢想要做一位聖上明君，也想隻身挺起頹圮的大廈，讓大明王朝在自己統治下重返光明。但是他生不逢時，內憂外患，積重難返，他接手的王朝已然是一具行屍走肉，癌症晚期，行將就木，從內到外皆已腐朽。其腐在萬曆，其朽在天啟。

　　他爺爺萬曆皇帝朱翊鈞，是明王朝當政最久的皇帝，當了近半個世紀的皇帝。在中國皇帝帝齡中當屬「長壽之翁」。萬曆皇帝當得可謂滋滋潤潤、福福泰泰，享盡人間之福，未受一天之難。聲色犬馬、玩物服丹、吃喝玩樂、縱情慾望。萬曆皇帝其肥碩，其腹大，堪稱中國皇帝第一，沒見記錄這位享樂皇帝的體重，卻說其肚子肥大，每當行走，前面竟然要有兩個小太監幫忙托著，猜想萬曆皇帝在最富態的時候，體重應為三百五十斤左右。皇帝當得悠悠然萬事不理，只追求享樂，決然不論治理天下為何物。其執政最後二十多年，索性連朝都不上，面都不露，比真龍還龍，龍還見首不見尾，這位甩手皇帝，朝中事一概不理，大臣一個不見。致使六部及各省府官員皆「七個老漢八顆牙」，死得、病得連正常值班議事的官吏都不能保證。萬曆皇帝視若不見，仍然在後宮忙他的，樂他的，不臨朝、不議政、不補官員，不問一切政事。大臣們送入宮中的奏章擺滿一屋又一屋，全部「留中」。多急多重要的內政外交大事，皇帝不聞不問、不看、不批，落花流水隨它去。朱翊鈞把他兒孫們的福都享盡了，把明王朝的精髓都抽乾了，把帝國大廈的房梁房柱都拉倒了。有史學家稱，大明王朝亡在萬曆，其言有據。萬曆皇帝在中國皇帝中是一個有著濃厚傳奇色彩的皇帝。他身上的謎團連他孫子崇禎皇帝也解不開，為什麼隱身於後宮

二十多年,政事、國事、軍事、民事一事不理,連乾清宮中與大臣們議事和辦公的龍椅御案上都幾十年不沾,但帝國卻還是朱氏王朝呢?萬曆皇帝是怎麼當的?

好不容易這位最會當皇帝的皇帝咽了氣,崩了駕,後由他的長子長孫,朱常洛、朱由校相繼登基為帝,其中朱常洛僅在位一月,人們都翹首以盼,天啟皇帝重振朝綱,再展宏圖。誰都沒想到,這位天子不是政治家,不是治國治亂的天子,而是位木匠天才。他堪稱是中國皇帝方陣中唯一一位精通木工活,還是位木匠高手的皇帝。他對國家、百姓、政治、外交、軍事、吏治,對什麼都不感興趣,都沒有感覺,他唯一的愛好,唯一的追求,唯一的享樂、幸福和自我陶醉就是玩起斧鋸刨錛。而禍國殃民、亡國亡朝的天才,明代四大妖魔太監之一的魏忠賢在天啟皇帝那兒就是唯一可依靠的忠臣,他把國家、百姓、王朝、命運毫無保留地交給了這位無惡不作、為非作歹、頭上長瘡、腳下流膿的人渣。大明王朝的帝國大廈殘破的承重牆、支梁柱都讓魏忠賢糟蹋得幾乎一無所有。讓人恥笑的是這位天啟皇帝在臨危之際,拉著他兄弟朱由檢的手,囑咐要用好忠賢。這是他留給明王朝最後的政治交代。朱由檢真正接過來的就是這麼一副爛攤子、破攤子,是一艘爛得幾乎掉底的破船。

崇禎皇帝真正應了諸葛亮的名言:「受任於敗軍之際,奉命於危難之間。」

「挽狂瀾於既倒,扶大廈之將傾」,上天沒有為明王朝安排這麼一位皇帝,也不可能有這樣的救世主。朱由檢不是,但是朱由檢努力去做了,這是他和明朝其他皇帝不同的地方。朱由檢太難了,明朝臨亡之際,朱由檢曾由衷地面對大臣訴說了一番藏在心中的憤憤恨語:「朕非亡國之君,臣皆亡國之臣。」朱由檢是不是亡國之君史有公論,但國是亡在他手中的,

死得悽慘，也死得悲哀

朱由檢說的後半句也為史所記證，「臣皆亡國之臣」。

當李自成的農民起義軍挾威乘勢，一路斬將奪關逼近北京城時，朱由檢看滿朝文武竟無一人敢率軍迎前，京城危，全國亡，在存亡之際，竟然只有崇禎皇帝一人挺身而出，要御駕親征。崇禎皇帝在大殿之上有一番感人的祭語：「朕非亡國之君，事事皆亡國之象。祖宗櫛風沐雨之天下，一朝失之，何面目見於地下！朕願督師親決一戰，身死沙場無所恨，但死不瞑目耳！」說罷痛哭，淚如雨下，男兒有淚不輕彈，何況皇帝？我沒想到，崇禎皇帝一腔剖心亮膽的話，換來的卻是群臣哭泣不止，文武大臣皆淚流滿面。我相信那淚水也是真實的，但是李自成不相信眼淚，崇禎皇帝也不需要眼淚。而滿朝大臣只是哭泣著，極動情地勸說皇帝不要御駕親征。我想，那情那景倒極像民間出殯時，真哭假哭的一群孝子。哭到君臣都淚飛如雨時，真哭出一位要親赴國難的烈男，內閣大學士李建泰擤鼻涕甩淚，毅然決然要替君出征，當著崇禎皇帝和滿朝文武大臣慷慨激昂，感動得朱由檢差點雙膝一軟，向這位內閣大學士跪倒。國家安危全繫此一身，於是賜上方寶劍，賜戴紅簪花，賜宴踐行。作為皇帝，朱由檢知道李建泰一去的重要，幾次執手，幾次示意，親捧金盃，賜飲三杯，鼓樂齊鳴，並行推轂禮，率滿朝文武大臣為他送行。其儀式之隆，重規格之高，翻遍史書亦少有。崇禎皇帝把防禦京城的大任交給他了，也把自家的身家性命交給他了。誰能想到這位肩負國家重任、皇帝重託的總督大人，率三軍剛剛開到保定府，連李自成的面還沒見上，軍隊沒打一仗，士卒沒死一人，便急急忙忙、俯首帖耳地率全軍將士，連同崇禎皇帝好不容易拼湊起來的軍輜物品完完整整交給李自成的大順軍，未放一箭，未交一馬，未作任何抵抗，投降！投降的又何止一個內閣大學士、總督大人？崇禎時期投降的高官名單可以開列長長數頁紙。

最出名的便是洪承疇投降當漢奸。崇禎十五年（西元 1642 年），清太宗皇太極親率大軍進攻明朝。遼東危機，錦州危機，整個明朝東北邊城告急。遼東不保，錦州失守，華北則危機，京城則難保，全國則危矣。這麼個淺顯的「多米諾」骨牌效益朱由檢看得比誰都明白，雖然他那時不知道還有這種一碰就連續倒下的骨牌遊戲，但是他深知遼東必救，錦州必保。於是他痛下決心，把正在圍剿李自成的重臣洪承疇急調回來，委以重任，兵都尚書，兼遼東經略，全權負責遼東戰場，督師八個總兵，親帥十三萬大軍北上援錦，這可能是崇禎皇帝能拼湊起的最後一點家當，可謂傾國傾朝傾巢了。誰都沒想到松山一戰，貌似強大的明朝大軍竟然頃刻就分崩離析，潰不成軍。松山戰敗的原因，後人著書論證足有數尺之厚，找出無數原因，但有一條是公認的，那就是松山之敗是明朝最不該敗、最不能敗、最敗不起的一戰。更讓崇禎瞠目結舌是，他認為最忠誠可靠、最赤膽報國、最依重看好的國家棟梁洪承疇竟然叛變投降，這種心理打擊不亞於國之將亡。可笑的是，洪承疇被俘的消息傳來後，崇禎皇帝深信洪承疇「義不受辱，罵賊不屈」，必為清軍所殺，因此「痛哭遙祭，準備隆重祭奠」。崇禎皇帝的哭是真哭，一個皇帝為一位大臣如此動情，史上無多。崇禎皇帝下詔京城設奠壇，城外建祠堂，他準備親自去奠壇哭奠，這在歷史上也是極其罕見的。都說崇禎皇帝是個寡情寡義的刻薄之君，我看其待洪承疇是有情有義、深情厚誼。一個皇帝對一名戰敗喪師毀國的大臣還能做些什麼呢？這位大臣所做的是往這位皇帝流著淚的心上再狠狠地、深深地捅一刀！

據說洪承疇一開始也硬，也堅強，以絕食求速死。但是洪承疇一個小動作就讓人看出他愛惜生命。在囚禁他的房間內，梁上一落塵飄落到他的身上，他用手指輕輕彈去。即回報清太宗皇太極，洪死不了，他連衣物都十分珍惜，何況生命？於是皇太極親自去看望他，見室內寒冷，便把自己

死得悽慘，也死得悲哀

的貂裘親自給洪承疇披上，洪深受感動，即伏地歸順，這是見諸《清朝全史》和《清史稿》，想必可靠。當然野史傳說更有聲有色。言之歸順是因為清太宗最寵愛的莊妃略施小計，就把正在絕食的洪總督拿下。有一點正史、野史都公認，洪承疇既沒受刑，不用說大刑，也沒有受罪，不要說大罪，就徹底投降，出賣了崇禎皇帝，不但當了漢奸，而且是鐵桿漢奸。崇禎皇帝重用這麼一大批非太監即漢奸的文官武將，焉能不亡國？

　　崇禎皇帝重用的首輔大臣周延儒，受到了中國歷史上絕無僅有、空前絕後的禮遇。皇帝竟然在朝堂上當著滿朝文武大臣向周首輔打躬作揖，說：「朕以天下付先生。」屈帝王之尊，拜揖臣人，自古於今，天下未有。崇禎皇帝不可謂不真心，不可謂不信任，不可謂不禮敬。周首輔當肝腦塗地也實難報萬分之一，粉身碎骨也表達不了一位臣下對皇帝這番情重的萬分之一。崇禎在國難之時，以情感動人，以情籠絡人，以情激勵人，可以想像。但是周首輔的表現的確讓人激憤，讓人氣怒，讓人罵髒話，讓人皆曰當宰！原來這個在崇禎眼中的「大英雄」、「救世主」，驚天動地離京，皇恩浩蕩地出征，肩負著皇帝、國家和民族的期望，竟然連和清軍照面的勇氣都沒有，從他領響於崇禎皇帝那一時起，他就沒打算真正上戰場殺敵為國。而是沽名釣譽，騙取皇恩而已。於是他四處派人偵探，當他得知橫行於河北、山東幾十個縣的清朝軍隊燒殺搶掠夠了，並不打算再戰北京，而是滿載而歸了，這傢伙眼睜睜地看著清軍滿載搶劫而來的金銀財寶，糧食人口的輜重部隊排開幾十里，浩浩蕩蕩，輕輕鬆鬆地往回撤時，當他得知護送的清軍人數很少根本形不成什麼戰鬥力時，周首輔卻嚇得大氣不敢出，老虎屁股豈敢摸？周首輔的本領全在於騙，他幾乎天天編造假捷報，假報捷的奏章雪片般飛到皇宮，飛到皇帝手中，騙取皇帝的歡心，謊報軍情、謊報戰功。把紫禁城中的崇禎皇帝騙得團團轉。騙了皇帝一大堆嘉

獎，被皇帝封為太師，蔭子一人為中書舍人，甚至賜給周首輔蟒服。明崇禎時期，內閣換班如同走馬燈，十七年有五十名內閣首輔被換，包括前面說的周延儒。但有位叫溫體仁的首輔大臣入閣八年，卻「穩坐釣魚臺」。究其原因，這位溫大人的本事是專會說奉承、順耳、阿諛拍馬的話，絕不說真話，只說無關緊要的胡扯話。問急了，這位溫首輔的拿手好戲就是皇上英明，請皇上聖裁。

我不知道崇禎當時殿下有多少大臣？但是李自成攻破北京城後，跪立在承天門外等候李自成召見的投降官員竟達一年三百多名，明朝凡有點頭臉、官職在六品以上的，幾乎無一漏網，全部投降，只唯恐降得晚，降得不誠不真，無論老弱病殘竟然都在承天門外整整候了一整天。足見投降的心誠。朱由檢用的都是這樣的「幹部」，焉能不亡國？可悲的是一直到最後人亡政息之時，他才看明白，原來聚集在他帝國的中上層竟皆「亡國之臣」。崇禎皇帝不知道僅僅過了不到六十天，這群大明王朝的「叛徒」，已經做了大順王朝的臣子。卑鄙無恥，毫無氣節血性可談，崇禎時期的明朝官員可謂登峰造極，喪心病狂。其先當叛徒後為漢奸在中國歷史上少見，創歷史無恥之最。

一位著名的史學家說過，中國歷史上，明末時期、抗日戰爭時期是漢奸出得最多的時期。史上有十萬太監滅大明之說，其實真正埋葬大明的是漢奸，十萬漢奸真正滅了大明王朝。

◆ 四

崇禎皇帝，以身報國，死得淒涼，死得悲哀。

北京城的失守，絕非失守，實為被出賣，拱手相送。崇禎皇帝把鎮守

死得悽慘，也死得悲哀

京城的大任交給他最信任的太監曹化淳、最寵信的大臣襄城伯李國禎。把國家的最後希望和自己的身家性命全交給了他們。誰能想到，這二位連和李自成「比劃」一下的勇氣都沒有，就乾淨、徹底、毫無保留、積極主動地把京城和崇禎皇帝出賣了。李自成的部隊離北京有三天多的路程，全權監軍總指揮的大太監曹化淳就急不可待地派人去迎闖王，去接洽投降叛變的事宜。保證不費一槍一箭，不傷一人一馬，開城迎闖王。而提督京營總指揮、被封為襄城伯的李國禎早已把京都大營的部隊番號、人數、裝備、營地，都完整造冊，派快馬送到闖王大營中，甚至把叛變投降的聯繫信號都交代得明明白白，只等一聲炮響，張燈結綵迎新主子。城內的文臣武將都從思想和行動上做好準備，一旦闖王進京，馬上改朝換代。崇禎皇帝的國防部長兵部尚書張縉彥等都等不及，早就五體投地，心悅誠服地叛變投降了。北京城連紙老虎都不是，它就是一座出殯送葬佇列中紙糊的房屋，李自成那些虎狼之兵只恨馬慢腿短，他們要隆隆重重、氣氣派派地舉行入城儀式。

苦就苦了崇禎皇帝。

叫天天不應，呼地地不靈。腥風血雨，天塌地陷。

崇禎驚呼：「大營何在？李國禎何在？」他哪裡知道，哪裡還有大營，李國禎早已叛變投降。這使我想起後蜀亡國之君的妃子花蕊夫人的一首詩：「君王城上豎降旗，妾在深宮哪得知？二十萬人齊解甲，也無一個是男人。」崇禎皇帝可改為：「臣子城上豎降旗，君在深宮哪得知？二十萬人齊叛變，方知無人是忠臣。」

孤家寡人，今日方醒。

京城中的文臣武將、皇親國戚、公侯伯子男，甚至太監、內官、秀

才、狀元都在一遍又一遍地盤算著如何投降、怎麼投降才能顯示出對剛剛還高聲、厲語聲討過的闖賊的一片真心誠意、赤膽忠心，怎麼才能最充分地顯示自己早就萌藏的歸順之心，

悲乎哉？可悲也，崇禎實為可悲！

在最後時刻，崇禎皇帝親自下了最後一道聖旨：「成國公朱純臣，提督內外軍事，輔佐東宮。」其實那時那刻，天下沒人知道成國公跑到哪裡去了。不過李自成率兵進城後，他也是第一批畢恭畢敬、裝出一臉虔誠忠心地站在皇宮前面歡迎「流賊」的一品大員之一。

崇禎皇帝徒步登上煤山，一路上磕磕絆絆，跌跌撞撞。全無皇帝之尊，天子之禮，連滾帶爬上了煤山，是為了登高瞭望全城。看見滿城火光沖天，時時傳來爆炸聲。崇禎皇帝對一直緊緊擁跟著的太監王承恩垂淚長嘆，泣極而言：「苦我百姓。」中國皇帝中被逼殺、自殺的不少，唯獨只有崇禎皇帝心中還掛念著他的百姓。人之將死，其言由衷，崇禎不需要作秀，更不需要表演，我不敢言他心中有人民，但是那時那刻他心中確有百姓！難得！不是哪個中國皇帝都能做到的，就是歷朝歷代的官吏也難做到。悲乎哉？悲也！

悲愴地回到宮中，朱由檢立即召來自己的三個兒子，一一撫摸，寥寥數語，悲言切切：從今往後，不再是王子，平民也，出此大門，且見到年長的呼之為伯，年輕的稱之為先生。要學會自己照顧自己。揮揮手，讓三個兒子匆匆逃命。

崇禎皇帝又讓周皇后、袁貴妃自殺。國破家亡，已無路可尋。最讓人動情的是他召來年僅十五歲的女兒長公主，父女哭成一團。崇禎皇帝有句話讓後人每每讀起有悲愴之感：「你真不該生在帝王家。」說罷左手掩面，

死得悽慘，也死得悲哀

右手揮刀向公主砍去。雖未砍中要害，但是長公主已倒在血泊中昏厥。人非草木，孰能無情？況有兒女之人，豈不悲哉？

悲乎哉，崇禎夢破矣。其悲在還想圓夢，他竟然又跑到景陽樓上，自己鳴鐘要召集文武百官上朝，鐘鳴急促，其聲悠遠，久鳴不已。崇禎皇帝真可謂心急如焚。鐘聲幾乎震聾了崇禎皇帝的耳朵，也徹底震碎了他的夢。滿朝文武，都是他一手提拔重用的，都是不止一萬次地表達過赤膽忠心、為國為君的，其心之誠，其意之切，其語之熱，都不止一次地感天動地，感動過皇帝。現在竟一個都不來，都躲得遠遠的。人亡政息，人未亡其政亦息矣。崇禎皇帝言之鑿鑿，我認為其言正確：「君非亡國之君，臣皆亡國之臣！」

崇禎皇帝就亡國之君來講，死得其所，死得必然，以身殉國，也死得悲烈。其臨死之言竟然在其死後得到了無情的驗證。

崇禎皇帝死後，在樹上掛了兩天，甲申年三月二十一日，被人從樹上摘下，就那麼一隻腳穿鞋，一隻腳光著，一身青衿布衣，披頭散髮地被匆匆忙忙被裝進一隻薄皮柳木棺材中。即使這樣，也是由李自成部隊中的一名小軍官督辦的，大明王朝數千名大小官吏，不少是世代承恩明王朝的官宦世家、皇親國戚，都像躲避瘟神一樣，躲得遠遠的。他們更關心的是李自成的態度，更關心的是自己的仕途。叛徒的哲學是通用的。

崇禎皇帝的薄皮棺材被抬放到東華門外，要進宮拜見「新主」的舊臣，在屍骨未寒的皇帝面前，不是裝作沒看見，就是匆匆而過。有人曾統計過，在亡君棺材前真心痛哭的只有一個人，此人姓劉，官為主事，大約是六品，可能從未面見過崇禎皇帝，猜想占明朝官員的三千分之一。哭拜都有三十名官員，官職幾乎都在五品以下。躲也躲不開，禮節性拜拜，毫無任何痛苦狀的有六十人，其餘的高官公侯、國家重臣「皆睥睨過之」。

有的甚至騎馬而過、坐轎而過,不僅不哭不拜,甚至連下馬下轎全免了,毫無一點人情味。成百上千的大臣如過江之鯽,都著急著去見李自成。任何一位昨天還拍著胸脯稱忠臣的大明官員沒有絲毫羞澀,沒有絲毫掩飾,沒有絲毫良心的責備。都削尖了腦袋,喪心病狂地想在李自成的政權裡謀個一官半職。

叛變投降變臉最快、最徹底、最主動、最積極的,要數翰林院庶吉士周鍾。周鍾是崇禎皇帝的近侍,有才有學,在崇禎皇帝眼中也屬於重用的「後備幹部」,他也把崇禎皇帝看得大於天厚於地。但是崇禎皇帝的薄皮棺材就橫在那裡,他竟然連馬都不下,從棺材旁邊擦邊而過。他心著急,因為他在明朝名氣大,李自成手下的相爺牛金星要親自召見他。周鍾果然是大明王朝培養出來的才子,才氣橫溢。他為了幫李自成建朝當皇帝,改朝換代製造輿論,一連出手兩篇大作,一是〈士見危授命記〉,另一篇則是〈勸進表〉,以天下黎民代表的身分,勸李自成早日登基做皇帝。崇禎皇帝說得不錯,「臣皆亡國之臣」,朝上朝下,廷內廷外皆這種大臣,國焉能不亡?

再看崇禎臨亡時,國家的最後一任內閣首輔魏藻德,叛變投降得比誰都徹底,認「賊」作父比誰都快,給李自成獻媚獻降比誰也積極,想在李氏王朝中謀一高官之心比誰都重。怕李自成見怪,連崇禎皇帝棺材邊都不敢沾邊,望都不望一眼,更別說哭,別說拜了。他是準備脫胎換骨、全心全意為李氏王朝服務。真沒想到「熱臉貼人家冷屁股」,李自成手下第一大將軍劉宗敏親自提審他,真沒給他好果子吃,逼他交出家中的藏銀,那劉鐵匠聽不慣魏首輔的文言詞,只嫌交出的白銀太少,大刑伺候,夾棍上力,把魏首輔的十指生生夾斷,魏藻德受刑後大聲呼叫:「當初沒有為主盡忠報效,有今日,悔之晚矣!」五天五夜的大刑受盡,魏藻德被夾得腦

死得悽慘，也死得悲哀

裂而死。檢視渣滓洞、白公館也未見有把人腦袋夾裂而死的，魏首輔未得好死，至死而悔，至死方承認未對崇禎皇帝盡忠報效。

崇禎皇帝用這些臣子，不亡國更有何待？

◆ 五

哲學上講，有比較才有鑑別。和南明國號為弘光的末代皇帝朱由崧相比，朱由檢確實是「非亡國之君」。

崇禎死後，明朝的殘餘勢力在南京建立了南明政權，皇帝是明福王朱由崧，總算續上了明朝的香火。按說朱由崧應該是位奮發圖強、勵精圖治、臥薪嘗膽、驅除外敵、消滅「群寇」的皇帝，他與李自成有殺父之仇、殺兄之恨。崇禎皇帝是其堂兄弟，其父是封在開封的明福王朱常洵，這位王爺養尊處優、作威作福，縱情聲色犬馬，別的不說，竟然吃成了三百六十多斤的大胖子，走路都需兩個太監左右架著，睡覺翻身都需要兩三個宮女幫忙。乘坐的輦，轎桿都是鐵做的。李自成攻破開封後，把這個超級肥胖王爺遊了街，打得皮開肉綻，折磨得奄奄一息。這還不算，李自成又命部下把這位肥福王活宰了，剁成肉醬，伴著鹿肉做成「福祿羹」，讓軍隊和開封百姓吃。此仇有多深？此恨有多痛？朱由崧不該拿出越王勾踐那種臥薪嘗膽的精神嗎？誰知道這傢伙一當上弘光皇帝，根本就不顧大敵當前、國難當頭、危機四伏。他通通不管不顧，他只管吃喝玩樂、奢侈淫逸、縱情聲色。這個像他爹一樣長成三百多斤大胖子的「超級皇帝」，最大的嗜好就是色淫。萬事不顧，只玩女人，且晝夜不停，淫慾極強，猜想腎下荷爾蒙分泌有奇特功能，是史上罕見的淫棍皇帝。登基一加冕，第一項「國策」就是全國動員廣選美女，且這位淫棍皇帝淫樂還要專挑處

女、少女，甚至幼女。淫棍皇帝又發動全國獻計、獻策，獻偏方、獻春藥，房事偏方、春藥奇效是按質加官晉爵的，一時間小明王朝的大事竟然是尋找春藥。有術士獻蟾酥可以壯陽，淫棍皇帝一試果然了得，好不得意，堪比收復江北之喜。於是下聖旨，發動百姓動手捉拿蟾蜍，原來蟾酥就是用癩蛤蟆的性腺分泌物合成的。捉癩蛤蟆成了升官發財的捷徑，於是到處皆「奉旨捕蟾」，弘光皇帝也因此榮獲「癩蛤蟆天子」。

從史料上推測，「癩蛤蟆天子」身高總在一米八以上，體重在一百五十公斤左右，身高體壯，又吃了各種壯陽的春藥，力大無窮，每天摧殘得少女、幼女發出絕望的慘叫聲，每天從宮中抬出被這個淫棍皇帝摧殘至死的幼女都在二至三名。此時此刻清王朝豫親王多鐸率領的八旗大軍已橫掃蘇北蘇南，南明王朝覆滅已近在咫尺。南明王朝文武大臣忙著內訌，皇帝忙著淫樂，真個君乃亡國之君，臣亦亡國之臣。馬上亡國滅朝了，弘光皇帝突然召集朝中大臣有要事廷議，眾大臣以為必為清兵壓境，國已累卵之危，皆匆忙上殿，想聽聽皇帝有什麼定國高策。誰都沒想到，這位「癩蛤蟆天子」竟然說當務之急是廣充後宮，梨園無好女，請各位大臣趕快想辦法為朕除憂，把全國最美的美女選進宮來。有大臣問，國之將復，清兵將至，奈何？沒料到這位弘光皇帝是沒心還是沒肺，竟然說，我不管那些，只著急後宮無佳麗。

此乃標準的、典型的亡國之君。與這位南明的弘光皇帝相比，崇禎皇帝對自己的評價基本正確：「君非亡國之君，臣皆亡國之臣。」

悲呼哉，那段歷史。痛呼哉，那個人物。

死得悽慘,也死得悲哀

乾隆皇帝拒絕開放

　　大清王朝一共經歷了十二帝，皇帝當得最滋潤、最風光、最出彩、最悠然自得的當推乾隆皇帝。

　　乾隆皇帝在位六十年，活到八十九歲，按照中國皇帝傳位的慣例，他還可以當三年皇帝，創造中國皇帝之最。但是乾隆皇帝飽讀詩書，通曉大義，他要做給後世看，他要做給歷史看。因他爺爺康熙皇帝在位六十一年，他不肯超越康熙皇帝，用列祖列宗皇帝帝齡的長短來劃定自己皇齡的界限，遍查古今中外皆無，乾隆皇帝做到了，他知道他將名垂青史。於是他親自操辦舉行了內禪禮，把皇位傳給他第十五個兒子，嘉慶也是他選中的接班人。他心甘情願當他的太上皇。據我查閱中國史，在太平盛世，皇帝自己積極主動，並且誠心誠意地把頭上的皇冠摘下來戴在別人的頭上，乾隆皇帝首屈一指，二十四史，似無他人。

　　乾隆皇帝是最會做皇帝的。他有資本，他接手的雍正王朝正是康乾盛世的頂峰，由他折騰。他六下江南，不但是明、清王朝，恐怕在中國皇帝陣容中也難覓第二。乾隆皇帝會玩會活，他是中國皇帝遊遍大江南北的最爽最酷的皇帝，流傳下一段又一段浪漫風流的傳奇故事。他是大清王朝皇帝中的風流皇帝，和明萬曆皇帝在後宮一泡就泡二十多年、大門不出二門不邁的皇帝相比，乾隆皇帝當得風流倜儻，五光十色。但是他和萬歷皇帝卻有一個共同點，他們都為自己的王朝大廈的崩塌充當了掘墓人。乾隆皇帝交給嘉慶皇帝的正是打著康乾盛世的旗幟，卻正在衰敗沒落的王朝。

乾隆皇帝拒絕開放

其實乾隆皇帝有一次「天賜良機」,他有機會為正在衰沒的王朝注入些新鮮的血液,但是他完全浸進在「十全皇帝」的盛世之中。普天之下,莫非王土,率土之濱,莫非王臣。乾隆已經做到極致,十全十美,焉要向海外開放?如果乾隆皇帝在英國特使馬加爾尼(Macartney)訪華時就改變「閉關鎖國」的國策,認真向西方學習先進的科學技術。把馬加爾尼「送貨上門」的先進的工業、科學、軍事產品中的技術為我所用,開闢港口對外通商、招商,和英國等西方國家建立正常的外交關係,鴉片戰爭是否爆發?爆發以後孰勝孰負還將另論。這絕非駭人聽聞,僅就這一點而論,乾隆皇帝負的歷史責任大焉。他爺爺為孫子留下了無盡的財富,而他卻為孫子留下了無窮的隱患。

那並不遙遠,翻啟那歷史的一頁。

乾隆五十八年(西元1793年),英國喬治三世(George III)派遣特使馬加爾尼爵士、副使喬治・湯馬士・斯當東(Sir George Staunton)率領一個前所未有的龐大代表團出使遠在東方的中國。那時的中國在西方人眼中還是個謎,連卡爾・馬克思(Karl Marx)對中國的認識也還是模模糊糊的。但最先覺醒的是英國人,英國人是世界工業革命的先驅,遠在英倫三島的喬治三世似乎是在夢中感到,神祕的東方之國將是英國工業革命的輸出地。英國要發達、要繁榮稱霸,就要開發東方那片鮮為西方人所知的古國。查不出喬治三世這位在平常人眼中有些帶著瘋瘋癲癲的公爵國王哪根弦響了,使他想起這個東方的古國,這位曾經因戰敗而使美國獨立,又因戰勝而使拿破崙垮台的英國國王,這次是下定決心要走進中國,開發中國市場,雖然那時候全中國沒有一個人真正懂得開發市場的含義。

喬治三世不愧是被稱為工業革命火車頭的英國國王,這位從畫像上看上去還算善良英俊的公爵,早就惦記上在東方尚未被英國開拓過的中國。

因為這時印度已變成英國的殖民地，中國對他的吸引力日益增大。我推測，這位身著華麗歐洲騎士服裝的國王可能曾懷著極大的興趣研究過中國，對中國已有少許的認識。從這一點講，喬治三世應該是位稱職的國王，為英國的商品和資本的輸出絞盡腦汁。早在馬加爾尼率領這個龐大的代表團去叩響中國大門之前的六年，喬治三世就曾派一位名叫凱思卡特的英國外交使臣遠渡重洋去中國探求中英通商的路子，但是這位凱思卡特沒能熬過那大西洋、太平洋上的急風暴雨，長達半年多的海上生活讓這位使臣染疾而終。「出師未捷身先死」，但是喬治三世沒忘這件事，他模糊地意識到，這可能是終將影響英國命運的大事。於是他下定決心，派出更大、更好的航船，更大、更權威的使團，更有經驗、更能經得起半年以上海上顛簸的使團，穿過兩大洋，溝通中英交往，建立外交關系，開啟中國市場，讓在英國幾乎無人問津的積壓商品及被淘汰的商品、技術、設備在中國賺回一船又一船的真金白銀，並換回英國、西方世界奇缺的中國商品。讓英國領先西方世界所有國家，在東方中國狠發一筆橫財。喬治三世也要成為發現財富和新大陸的歷史開拓者。喬治三世信心十足，就像戰勝拿破崙皇帝一樣，他也要徹底戰勝中國的乾隆皇帝。他也做足了功課。他要拿下中國，為英國開啟中國的市場。從這一點講，喬治三世比乾隆皇帝整整進步了一百年。

馬加爾尼何許人也？馬加爾尼在中國介紹得不多，二百多年前只來過中國一次的「洋人」，誰還惦記著他？但是此人不凡，作為英國喬治三世的外交特使，是千挑萬選的，他率領世界歷史上龐大的外交使團訪華，要藉此叩開閉關鎖國數千年的泱泱大國的國門，此叩門人不簡單，而乾隆卻小看了他。

馬加爾尼是爵士，用中國的話說是位經過風雨見過世面的角色。他陰

險老到，綿裡裹針。馬加爾尼不但精通文、史、哲，而且對化學、物理、機械也做過研究，懂外交、懂軍事、懂殖民政策、懂以強凌弱，可謂大英帝國的殖民通才。喬治三世信任他、選中他是有根據的，他曾任大英帝國駐俄國公使，在俄幾經談判，幾經工作，終於與俄國簽訂了十分有利於英國的商務條約。英國商品、企業在平等互利通商的旗幟下，大規模地進入俄國。俄國人此時才如夢方醒，和馬加爾尼簽訂的商務條約，表面上看有利俄國，但是「揀起個便宜卻上了當」，英國占了大便宜，馬加爾尼厲害！

以後馬加爾尼又被英國政府派到格瑞那達任總督，後調任英屬印度馬德拉斯任總督。馬加爾尼充分發揮了他老奸巨猾、陰險狡詐的特長，嫻熟地運用殖民者的軟硬兩手，很快就安定了當地的反英、反殖民情緒，保護了大英帝國在殖民地的最大利益。用中文講，馬加爾尼不是盞省油的燈。

馬加爾尼被派往中國，要開啟神祕、遙遠、廣袤、充滿未知數的中國大門，去做征服中國的先遣隊。在英國而論，非此人莫屬！

馬加爾尼明白，萬里之遙，兩大洲相隔，國王重託，吉凶莫卜，這碗酒不好喝。因此，這位狡猾老到的殖民主義者費盡心機，做好充分準備。

首先他選擇了他的摯友，多年相知相交、志同道合的老牌外交特務斯當東作為副特使。

馬加爾尼率領的英國外交使團可謂陣容龐大。在清朝歷史上一說是九十多人，一說是一百多人，從人數上看，即使在二百多年後的今天，也鮮為人見。再看其組成人員，除有職業外交官以外，還包括各種專家，有機械專家、製圖測繪專家、數學、化學、物理專家、航海專家，甚至還有哲學家、音樂家、畫家、醫生、植物學家等等。不知道當年馬加爾尼是怎麼想的。當然這個龐大使團中還有不少軍官、間諜、情報專家。

馬加爾尼外交使團千里迢迢，不遠萬里是為為中國皇帝乾隆祝壽而去的，英國人還以為中國的乾隆皇帝正滿八十大壽，因此前去祝壽名正言順，這個連三歲小孩都不太相信的遊戲，不但乾隆皇帝深信，甚至連滿朝大臣都相信，皇恩浩蕩，威懾四方，夷藩國祝壽送禮乃泱泱大國之彩，正彰顯了中央帝國國威之極。馬加爾尼怕乾隆皇帝不信，中國和英國從未往來，喬治三世和乾隆又素昧平生。憑什麼不遠萬里前來祝壽？馬加爾尼是老牌殖民主義者，怕引起中國的懷疑，於是真帶來些「好東西」作壽禮。客觀地說，英國人帶來的是高科技，最新的技術、最新的產品、最新發明、最前沿的知識，是英國工業革命的小型展覽，足夠中國清政府學習、消化，為我所用半個世紀的。馬加爾尼的禮單中有英國工業革命的代表作蒸汽機、棉紡機、梳理機、織布機，還有機床、車床，各種鐘錶、測繪儀器、檢測儀器、化學試驗的藥劑、天文地理的觀察儀、測量儀、顯微鏡、望遠鏡，各式各樣的西洋樂器、西洋服裝、西洋油漆、油畫、整套的西餐餐具，甚至正在英國軍隊中配置使用的長槍、短槍、火炮、機關槍，這些禮物都是馬加爾尼精心挑選的。他們乘坐的竟然是一艘「獅子號」砲艦，此砲艦上裝有六十四門大砲。據我了解，當時全亞洲還沒有一艘這樣的軍艦。中國水師的「戰艦」、日本水師的「海上戰鬥船」，與「獅子號」砲艦根本無法相比，正像半個世紀以後，當英國軍隊推著後膛火炮，端著毛瑟來福槍對著手執大刀長矛的中國士兵一樣。馬加爾尼的「壽禮」含金量夠高的，他沒有想到，他可能武裝一個東方的巨人。

馬加爾尼夠辛苦的，他的長征遠遠不是二萬五千里。這個龐大的使團不知為什麼沒有順大西洋南下，繞過非洲的好望角，再橫渡印度洋抵達中國。歷史上也沒記載他為什麼要這樣，他乘坐的「獅子號」砲艦是先向西南航行，橫穿大西洋，抵達南美洲的巴西裡約熱內盧，又到巴達維亞，然

乾隆皇帝拒絕開放

後從南美洲橫渡大西洋、印度洋到達澳洲，再由澳洲進入印度洋，進入中國，經過近十個月的海上航行，終於於西元一七九三年六月抵達澳門。一路風險、艱難、困苦、災難、疾病，唯馬加爾尼知道！

馬加爾尼不知道，這才僅僅是他萬里長征走完的第一步。

當乾隆皇帝從六百里快報中得知英國派遣了這麼一個龐大的使團前來進貢祝壽時，可謂心花怒放。雖然他根本就不知道英國在世界何處？英國為何等國家？英國外交特使團來華目的是什麼？怎麼樣和英國打交道？滿清王朝在和英國打交道中要做什麼準備？能從中學到些什麼？兩千多年前中國的《孫子兵法》就講「知己知彼」，乾隆皇帝既不知己，更不知彼。完全自我陶醉在文治武功的天朝之中，完全陶醉在「十全」皇帝的自我膨脹中。他認為英國不過一海夷，充其量和北韓、安南、暹羅、緬甸一樣，是想跪倒在大清王朝的皇帝面前，「沾沾」天朝王國的恩澤。人家畢竟不遠萬里來到中國為皇帝祝壽，「具表納貢」，實屬好事。中國人最講禮節，焉能輕視慢待？於是乾隆皇帝連頒數道諭旨，親自確定了禮遇英國外交使團的接待方針。

乾隆皇帝的聖旨，乃各地官員的頭等大事。使團沿途各省官員爭先表現，接待工作無可挑剔，他們還向使團提供了豐富的免費食品。馬加爾尼手下不乏見過大世面的外交官，但他們都由衷地感慨，關於接待方面，我們所受的待遇不僅是優厚的，而且慷慨到了極點。既然皇帝有旨，做好這種媚上的表面工作，滿清官員做起來都十分上手，且都有所創新，都慷慨達到極點。據有關專家估測，接待英國外交使團一行，滿清政府一共花費了五十多萬兩白銀，折成今天的幣值，應在五億多臺幣，這還不包括各地各官員的饋賜禮品。乾隆皇帝龍顏大悅，他就是要在英國人面前擺闊，顯顯泱泱大國的富足強大。

馬加爾尼破例被允許在天津登陸。欽差大臣徵瑞竟然親赴天津接待，真讓馬加爾尼受寵若驚。為了搬運馬加爾尼使團的賀禮，滿清官員不得不動用九十多輛運貨馬車、四十多輛手推車、二百多匹騾子、將近三千多民夫來運輸，運輸禮品的隊伍前後拉出十數里遠，真可謂浩浩蕩蕩，見首難見尾。英國政府是下了本錢了，歷史上並沒有記載下這個龐大的外交團隊到底花費了多少錢，只說「耗費巨大」。但是有些時候「捨得了孩子也不見得騙得了狼」。

中國有句俗語：閻王好見，小鬼難纏。其實閻王爺也不好見，講究多，規矩大，流程一個都不能少。

當時乾隆皇帝不在京城，正在熱河行宮，即今天的避暑山莊承德避暑。馬加爾尼使團一行先在北京參觀，讓「洋鬼子」開開眼，這也是海夷外藩來進貢的一項活動。然後留下一部分技術專家在圓明園安裝他們從英國帶來的最新的工業儀器，主要成員則在徵瑞的陪同下趕赴熱河，去拜見皇帝乾隆，這才是正戲。

欽差大臣徵瑞在滿清王朝中是位飽讀詩書、滿腹學問、中規中矩的幹練大臣，他深得乾隆皇帝的信任。他和馬加爾尼就具體拜見乾隆皇帝的禮儀上發生了爭執。徵瑞捍衛皇帝的尊嚴、皇威的立場堅定，觀點明確，你一個萬里之遠的海夷小國，查都查不出在什麼地方，說不定哪朝、哪代、哪陣狂風挾巨浪就會吞淹了你，你必須服從「天朝上國」的禮儀安排，且你們是「貢使」，是來天朝「進貢」，因此見天朝皇帝必須行三跪九叩之禮。在天朝失禮是要施之以重刑的，如果你們不會三跪九叩，天朝可以派禮儀官教之。馬加爾尼初認為是可笑，認為不是在排演話劇歌劇吧？繼而認識到大清王朝把這道禮儀看得比外交談判更重要。馬特使也極鄭重、極外交地告訴欽差大人，英國外交特使是代表大英帝國，行三跪九叩是對英特使的一種屈辱，甚至是

乾隆皇帝拒絕開放

汗辱，英國外交使團是絕不會答應的。欽差大臣問，你們見你們的皇帝不跪不叩嗎？馬特使答道，最高的禮節是單腿屈下。徵瑞不屑一顧地對左右言之，蠻夷之邦，禮教不懂，國之不國，需教而行之。他懷疑英國人的膝蓋是不是不會打彎、不會下跪。我初以為這位乾隆皇帝的欽差大臣是否在有意調侃「洋鬼子」？後讀到林則徐竟有共識，方知非然。四十七年後，林則徐作為道光皇帝的欽差大臣去廣州禁菸，竟然讓人先置辦下五百根大竹竿子，何用？林則徐一席話讓人震驚，他說我們廣州禁鴉片，那是要觸動洋人的切身利益的，如果洋人動武，我們要有所準備，就用竹竿子橫掃他們的腿，只要把他們打倒在地，他們就爬不起來了，因為洋人的膝蓋不會打彎。時間過去近半個世紀了，沒想到爺孫兩位皇帝的欽差大臣對洋人膝蓋的認識竟然是那麼一致，非常遺憾，林欽差是我敬慕的前人，也是道光年間最清醒、最有見解、最敢作敢為的大臣。但是對洋人膝蓋的認識近五十年不變，閉關鎖國如此，清朝不敗不亡豈有天理？

當清朝官員得知英國人也有雙膝蓋倒的時候，那是在向上帝之跪，於是爭論又似乎轉入了另一個又長又遠又難走出的「死胡同」，徵瑞欽差直問馬加爾尼是上帝為上，還是天子為上？即能拜上帝更能三跪九叩拜天子、拜皇帝。

當然爭論的題目還多呢。比如地球是不是圓的？有位大臣名曰楊光先公開講：「若四大部洲，萬國之山河大地，是一個大圓球……竟不思在下之國土人之倒懸……有識者以理推之，不覺噴飯滿案矣！」實該噴飯矣！

作為外交老手，馬加爾尼知道當年義大利神父利瑪竇（Matteo Ricci）來中國傳教就曾送給中國的萬曆皇帝世界地圖和地球儀，他看見在京城的宮殿裡還陳列著地球儀，二百多年過去了，為什麼中國皇帝還找不見英國在什麼地方？而且滿朝的文武大臣也似乎沒人知道這個海夷島國究竟在哪

個方向？馬加爾尼也疑惑，這究竟是為什麼？

由於雙方都不肯讓步，談判幾近破裂。最後雙方終於達成協議。乾隆五十八年（西元1793年）八月，八十三歲的乾隆皇帝在熱河避暑山莊接見並宴請了英國的外交使團。馬加爾尼終於可以和乾隆皇帝面對面了。但是歷史的記載卻有三種，真讓人匪夷所思！

馬加爾尼的記述是英國外交特使並未按清王朝提出的禮儀對乾隆皇帝行三跪九叩之禮，他們按照覲見英王的禮儀單膝跪地，未曾叩頭。而現存和珅的奏摺中卻信誓旦旦地說，英國使臣終於折服，按照「貢使」的禮儀覲見乾隆皇帝，馬加爾尼等使團主要官員皆向中國皇帝行的三跪九叩之禮。第三種記錄是說乾隆五十八年（西元1793年）九月十七日，乾隆皇帝以慶祝八十三歲大壽為名，在熱河行宮接見各國使節，其中就包括馬加爾尼、副使斯當東、侍習兒童小斯當東。解決禮儀之爭的折中辦法是馬加爾尼等人皆按英國禮節單膝跪地，不磕頭叩首，而那個小孩小斯當東，則雙膝跪地，磕頭行叩首禮。乾隆皇帝內心極為暢快，這分明是在拜謁泱泱大國的皇帝，因此在小斯當東跪拜完後，乾隆皇帝就獎賞給這個「洋娃娃」一個皇帝御用的小荷包。皇帝沒怎麼正眼看英國使團的外交官們，乾隆皇帝的政績德望正在登峰造極之時，他從內心瞧不起這些膝蓋不會打彎的「海夷貢使」。但是馬加爾尼特使的禮單不得不讓大清皇帝認真細看，「貢品」的確不少，很多都是聞所未聞、見所未見的。那些工業革命的新產品、新技術、新創造、新發明，讓乾隆皇帝有些目眩，那長長的禮單上，許多禮品他根本沒見過、沒聽說過，他根本就不知道那些「洋玩意」是做什麼的？能做什麼？他甚至認為「洋人」不近人情，既為壽禮，為何送這些稀奇古怪的東西？這真應了中國人諷刺洋人的那句調侃話「洋鬼子看戲傻眼」。但傻眼也只是一瞬間，乾隆皇帝畢竟是天子，焉能與劉姥姥相比？不懂也要

乾隆皇帝拒絕開放

裝懂，不知也要裝知，他看罷的結論是不過是些「奇技淫巧」，毫無大用。乾隆皇帝用這四個字使中國錯過了一次洋為中用的機會，否則，中國的洋務運動可能要提前七十年，中國的國力就可能有所提高、有所改進，甚至中國的社會發展都有可能提前進入選擇和拐點，但是乾隆皇帝卻生硬地拒絕了。他拒絕科學、拒絕進步、拒絕發展、拒絕開放。閉關鎖國、故步自封、妄自尊大、好大喜功。他讓大清王朝付出了巨大代價，曹雪芹先生有名言：「外面的架子雖未甚倒，內囊卻也盡上來了。」

此言絕非駭人聽聞。

西元 1860 年以前的日本，比大清更封閉、更鎖國、更保守、更專制、更落後，也更窮困、更愚昧，稱其為「海夷」倒是名副其實。但是明治天皇只抓住了一次對外開放的機會，半個世紀以後，日本竟然發展成為亞洲第一強國，竟敢侵略欺負大清帝國，那就是「黑船事件」。

西元 1853 年，美國海軍準將馬修・培里（Matthew C. Perry）率領美國艦隊進入日本東京灣的浦賀，美國艦隊的「訪問」直接且露骨，要求日本與美國簽訂一系列不平等條約，同意向美國開放港口、給予美國最惠國待遇等等。美國艦隊就停在家門口，引而不發，終於敲開了封閉鎖國、保守落後的日本國門。

美國人是橫了一點，是「混」了一點，不講理，以強凌弱，但是美國軍艦卻也拯救了日本。「黑船事件」引發日本國內一系列「裂變」，終於迎來了日本的明治維新，迎來了日本的資本主義革命。僅僅過去四十七年，日本就變成了「八國聯軍」之一，和英國、美國肩並肩地開始擴張侵略，成為亞洲的工業、軍事大國。日本的改革是從開放開始，雖然那種開放帶有一些屈侮性、被侵略性、奴役性，但是終於迎來了改革的光明前景。沒有「黑船事件」，焉有日本的「明治維新」？日本還不知要在黑暗和落後中

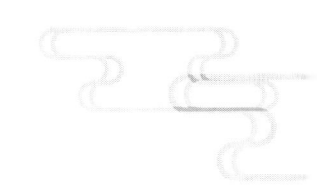

摸索多長時間？而這四十七年時間，恰恰是馬加爾尼特使團訪華到第一次鴉片戰爭時間，這四十七年時間內，大清王朝非但沒有開放、改革反而更加封閉鎖國；直到四十七年後，英國海軍少將喬治‧懿律（George Ellio）帶著四十七艘船叩關之時，如乾隆皇帝地下有靈一定會後悔他的偏見、無知和短視的。他留給孫子道光皇帝的，是一盤無贏、必輸的棋。

馬加爾尼也想在中國創造一個「獅子號事件」。但是他碰到的那扇帝國大門太沉重、太厚實了。關閉得太久太嚴了，馬加爾尼撞不開。乾隆皇帝原本以為這些「貢使」，貢也進了、壽也祝了，應該回國覆命了，但是他們並不急著走，馬加爾尼不是簡單地「貢使」，他肩負著英國政府的使命。他要和大清政府談判，他在等待著遞上去的英國喬治三世國王的國書的反應。清王朝的官員和乾隆皇帝這才明白，還有戲在後頭。原來英國人祝壽為名，談判為實。英國人要求英中盡快建立正式外交關係，互派大使，擴大通商，尋求經濟合作，英國人要建立殖民經濟。和珅那麼靈光的頭腦都有些蒙了，馬加爾尼向清朝政府提出六項要求：一、請允許英商到寧波、舟山和天津貿易；二、准許英商像以前俄商一樣在北京建立商館；三、將舟山附近一處海島讓英國商人居住和收存貨物；四、在廣州附近劃出一塊地方，任英國人自由來往，不加禁止；五、英國商貨自澳門運往廣州者，享受免稅或減稅；六、確定船只關稅條例，照例上稅，不額外加徵。

馬加爾尼的「狼子野心」終於露出來了。西方人說，沒有免費的午餐。馬加爾尼前面唱的眼花撩亂的戲都為後面做鋪陳。和珅出了一身冷汗。他從來沒和外國人打過交道，當馬加爾尼讓和珅遞上國書時，他還像對待中國官吏一樣等待銀子送上，沒想到在乾隆皇帝接見時，馬加爾尼竟然當著皇帝的面雙手呈上，讓和珅沒發著一點「洋財」。

攤在桌面上看，即使不隔著二百二十年的時間跨越，這六條要求中的

乾隆皇帝拒絕開放

一部分,包括建立外交關係、互派大使、擴大通商都屬於英國政府希望改善英中兩國之間關係的正常要求。當然,割讓島嶼一事純屬殖民主義的侵略,但是中國也有句老話,漫天要價,就地還錢。清朝政府完全可以透過談判來解決。但是滿清政府在乾隆時期正沉湎於「天朝上國」,視海外諸國為「蠻夷」。乾隆皇帝一語定乾坤:「天朝物產豐盈,無所不有,原不藉外夷貨物以通有無。」將馬加爾尼提出的要求全部斥之為「非分干求」,斷然關閉了對外談判的大門。

自我隔絕、自我封閉、自尊自大,拒絕一切對外開放,只能加劇清王朝的衰敗沒落。

七十六年以後,西元1868年,清王朝才向海外派遣了中國近代第一個正式外交使團,非常讓人面紅耳赤,是中國的第一個正式外交使團團長卻是一個外國人,他是前美國駐華公使蒲安臣(Anson Burlingame),故人們不稱為清政府使團,乾脆稱其為蒲安臣使團。

八十二年以後,清王朝已經換了四代皇帝,光緒元年(西元1875年),清政府才任命郭嵩燾為出使英國的欽差大臣,成為中國第一位駐外公使。

這就是歷史。

馬加爾尼再也享受不到來時的風光了,他們幾乎是被遣送出境的,由軍機大臣松筠伴送,沿運河南下,幾乎縱穿中國腹地,一路上,馬加爾尼帶的各類特長的專家充分發揮其作用,測繪、製圖,把沿途看到聽到的一切都記錄在案,地形、地貌、港口、河流、城市,交通要道全都測繪成圖,而松筠等清政府官員卻私下嘲笑這些洋人什麼都沒見過。松筠身為軍機大臣,對軍事政治簡直如世外之人。他根本不知道,就在他的眼皮底下,在他的允許和保護下,中國已無祕密可言,已無險可守,已無仗能

打。該被歷史嘲笑的是松筠這類大清重臣。

馬加爾尼又經過半年多的航行，終於回國覆命。他的結論是：「清政府的政策跟自負有關，它想凌駕於各國之上，但目光如豆，只知道防止人民智力進步……當我們每天都在藝術和科學領域前進時，他們實際上正在變為半野蠻人。」馬加爾尼一副殖民主義的腔調，但是話糙理不糙。馬加爾尼中國一行下的結論，清帝國看似大，其實「不過是一個泥足巨人，只要輕輕一抵就可以把他打倒在地」。馬加爾尼最要命的一句話是：「中國人沒有宗教，如果有的話那就是做官。」馬加爾尼沒有白來中國，此言可謂一針見血。

馬加爾尼的話在四十七年後得到驗證，這個泥足巨人真的被英國人輕輕一抵就打倒在地。

西元1860年，距離馬加爾尼去熱河覲見乾隆皇帝六十七年，第二次鴉片戰爭爆發，英法聯軍攻陷北京。當這支野蠻的遠征軍衝進圓明園時，一位英國軍官驚呆了，原來當年馬加爾尼作為「壽禮」贈送給大清朝的大砲、步槍，甚至重機槍都完整無損地擺在圓明園。它們從來沒有被使用過，也從來沒有被研究過，只作為皇帝的壽禮，泥胎似的擺在那裡，這些當時被英國政府無償轉讓的新技術、新發明、新進步、新產品就這麼被閒置了整整六十七年。乾隆皇帝的一句聖旨，將它們視為無用的奇技淫巧。難怪那位英國軍官說，他難以理解中國在六十多年前已經有如此先進的火砲、步槍、機槍，為什麼六十多年後依然還在用大刀長矛？否則，戰爭的結果誰能預測？

其實何止戰爭？

國之殤也！

乾隆皇帝拒絕開放

光緒皇帝之死

光緒皇帝長得俊。

細眉大眼，高鼻薄唇，尖臉小嘴，白面青絲，滿臉秀氣，像化妝後要登場的小生，又像高中三甲的秀才郎，唯獨不像坐江山、管江山的皇帝。他缺少皇帝那種王氣、霸氣、凶氣、陽剛氣，缺少那種懾人肝膽的氣場。民國時期有位研究清史的專家曾戲言，光緒非帝王之相，乃太監之貌也。我細瞧光緒之像，不得不佩服那位清史專家的高論。

光緒皇帝缺少的是帝王氣。

光緒皇帝名曰皇帝，實如太監。窩囊委屈了一輩子，憋屈苟活數十年，最後，連死都死得不明不白，光緒皇帝苦啊！

光緒皇帝當了三十四年皇帝，「皇齡」不可謂短，在中國皇帝佇列中，在位時間也算得上是位「長壽」皇帝。

據我考證，老北京人極有可能是按照滿人的習慣，稱皇帝為爺，康熙爺、乾隆爺，未曾聽說北京人稱朱皇帝為太祖爺、成祖爺。

人言少年得志，光緒爺可謂兒童得志，天下莫比。五歲就登基為帝。對於他來說「垂簾聽政」也好，慈禧「臨朝聽政」也罷，他喪失的不是權力，而是童趣。五六歲的小男孩再也不能「瘋」，再也不能「野」，再也不能隨心所欲地玩了。他就像一隻金絲鳥被關在籠子裡，雖衣食皆人間最美，但失去的卻是本色。

光緒皇帝之死

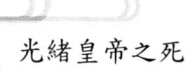

　　光緒爺的童年乃至青少年都不是快樂的、本色的、幸福的，而是在每時每刻地、無微不至地關心照顧和監視管制下度過的。光緒爺從小就被打磨得沒有個性、沒有脾氣、沒有血性。他就像一隻斑斕猛虎在籠裡養久了，也不過是隻外表嚇人的大貓。

　　在這個意義上講，光緒童年、青少年也苦。

　　光緒皇帝的婚姻更苦。據史料記載，為光緒皇帝當家做主的慈禧太后硬把一位「面長如驢」的內姪女，都統桂祥的女兒葉赫那拉氏塞給光緒做皇后，明知光緒不願意，他中意的是珍妃，但是皇帝不當家，婚姻不由己，強拉強配，何言治國？慈禧太后眼看著光緒完了大婚，覺得光緒身邊有人替她「把關」了，才不得不「小心翼翼」地「歸政於帝」。

　　別說作為皇帝，就是身為一個男人，婚姻不自由、不自主、不能愛己之真愛，也是人生之悲劇。光緒皇帝扭曲的人生、異化的性格可能就是從婚姻上開始的。

　　因為光緒愛珍妃，經常和珍妃在一起，遭到皇后和慈禧的忌恨，慈禧能當著光緒皇帝的面，面對後宮成群宮女和皇后、嬪妃，令太監李蓮英掌嘴珍妃，這比明朝當廷「杖訓」大臣更甚。光緒皇帝竟然怒都不敢怒，言更不敢言，畏縮在一側，形同自己受刑，有條地縫光緒也想鑽進去。

　　這段皇宮祕史，我這個年齡層的人早在四十多年前就領教了。當時就有人說，光緒要是個爺們，就一頭撞死那個老太太！

　　光緒沒有那腔熱血。腳後那根大筋不硬。

　　中國歷史上，搞宮廷政變的人如過江之鯽，精采絕倫、讓人拍案驚奇的遍布二十四史。但是光緒不行，在那些「大巫」面前，光緒連「小巫」都排不上。

慈禧太后雖然名義上宣布歸政於他，但是他心中也明白，「印」交給他了，權沒交。他既無兵權又無財政，也無人權，更無政權，璽不過是置放在龍案上的擺設。

光緒五歲登基，在位三十四年，在中國帝王中，「皇齡」可謂長矣。但是他真正當朝做皇帝的時間，只有一百零三天，三個月的「皇齡」在中國帝王中又可謂短矣。但是光緒皇帝確實是位想有所作為、有抱負，也有一定能力，有一腔熱情，也愛國愛民的皇帝。何以言之？

光緒真正像模像樣地當廷論政坐龍椅、當皇帝也就是在「百日維新」，即「戊戌變法」的一百零三天裡。

在這一百零三天中，光緒一共下了一百一十多道「上諭」，史上並未記載光緒皇帝看過多少奏摺、見過多少大臣、開過多少個大小御前會議，但是看其批示的一百一十多道「聖旨」，短的有幾十個字，長的竟多達三米有餘。光緒是真下功夫，下了真功夫，他想做「曠世聖君」，他真想拯救這個千瘡百孔的帝國。史上有質疑他的能力、水平、智商的，卻沒有懷疑他那顆救國救民之心的。在中國帝王隊伍中，懷有這麼一顆心的帝王寥若晨星。在「百日維新」的執政中，光緒皇帝廢寢忘食、夜以繼日的勤政精神為後人敬仰。

但是「戊戌變法」最終失敗了，他的對手太強大了。慈禧太后曾經利用「辛酉事變」，一揮手徹底整倒八位顧命大臣，像老婦甩鼻涕一樣輕而易舉。慈禧年輕時就老辣，連肅順這位在咸豐稱帝時倚為國之棟梁的顧命大臣，被她纖手一指，拉到菜市口當眾梟首。跟著又像換外衣一樣，把一同在「辛酉事變」中鬧「革命」，並位居攝政王的恭親王奕訢徹底拿下，將整個大清帝國權柄握在自己的纖手之下。慈禧太后是老練、毒辣、凶殘而又成功的「宮廷政變」者。與以肅順為首、大權在握的八大顧命大臣集

光緒皇帝之死

團相比，與攝政王恭親王奕訢相比，光緒不過就是一隻羽翼未豐的雛鳥罷了，別看慈禧太后攥不起拳，但她卻能手握權柄。慈禧太后一舉粉碎「戊戌變法」後，只是抽了皇帝一個耳光，一個耳光，就把一朝皇帝置於中南海瀛臺上軟禁起來了。

光緒皇帝被囚禁在瀛臺上那天起，就決定了他必然要死在瀛臺上。

是誰為慈禧出了個「高招」，把光緒皇帝囚禁在那個小島上？這主意正中慈禧下懷。跑不了、死不了、好不了，除了指定的那幾個太監誰也見不了。

都說孫猴子跳不出如來佛的手心，光緒皇帝沒有孫行者那般本事。慈禧不用五指山，一個小小瀛臺就圈得光緒死活皆不得。

其實，瀛臺那地方不錯，是中南海中最美最得風光的「寶島」。從中南海的南門新華門往裡望去，在「海」中有一個圓圓的、碧綠的、彷彿是枚祖母綠戒指的小島，在平靜的海面上悠然自得。瀛臺是由明永樂皇帝時期的高手挖湖壘泥而建成。和北海中的瓊華島相望。綠樹環抱，荷花相映，垂鉤休閒，飲酒賞月，是賦詩作畫的絕好妙處。清自順帝始，無不在瀛臺尋趣，「瀛臺」二字即為乾隆御筆所題。這位在中國清史上赫赫有名的「十全」皇帝，做夢也想不到，一百四十年後，這裡竟然囚禁著他的後代。

登上過瀛臺島的人不多。我因工作關係，曾去中南海開過數次會議，但是從未有機會登上瀛臺一覽。據云，上瀛臺是「國之禮」也，一般人焉能去得？用現代人的眼光看，那是一個極漂亮、極別緻，也極有情調、極有等級的地方，堪稱是「皇冠上的寶石」。慈禧太后算「仁義」，沒向光緒皇帝立刻下黑手，有專家分析稱，因為光緒皇帝背後有外國人撐著，老佛爺有顧慮，否則，滅一個光緒還用得著囚禁嗎？

有人云，光緒皇帝真乃拿不起又放不下的人。瀛臺不愧是塊養生、養性、養人的寶地，好生自在，拿起放下，聽鳥鳴、看魚遊、望浮雲、沐微風、吟詩頌詞，神仙過的日子。光緒不能，坦率地說，光緒也不是放不下，是人家慈禧逼他放不下，光緒不能養成神仙，他時時刻刻都感到有眼睛在盯著他，一舉一動都有人監視他，心中的陰影難去。據史料記載，每餐上菜、上飯皆由島外專程送來，熟的變冷，且多為腐臭之物，根本不能進口。有時光緒皇帝實在又飢又饞，想改換菜餚，但是必先奏報慈禧，慈禧常常以儉德責之，吃不上還被罵得面目全非、沒頭沒腦，光緒只得唯唯諾諾，不敢再有一言。光緒心中甚憋屈，他明白，他不再是皇帝，也不是平民，而是一個囚徒，戴著皇冠的囚徒。說光緒放不下，何人能放下？

　　光緒三十四年（西元1908年）十月二十一日酉時，大概是下午五至七時，當了三十四年皇帝的愛新覺羅‧載湉終於眼望青天地死去了。他是皇帝，該稱「駕崩」，享年三十八歲，應該正值青壯年。讓後人猜測不解和感到蹊蹺的，是光緒皇帝死後不足二十個小時，不到一天時間，光緒的死對頭，囚禁他並幾次想廢了他、整治他於死地的慈禧「皇阿瑪」，這位七十四歲的老佛爺也在戀戀不捨中死去。

　　有一些「讖語」，既神祕又準確。當年光緒一被囚禁在瀛臺時，就有人斷言：皇上必死於此！又有人掐算，雖然慈禧太后比光緒皇帝年長三十六歲，但皇帝爺必死在前！還有「高人」預言：皇上不死，太后不死；皇上駕崩，太后才死。

　　撲朔迷離。中國歷代最難破的案子幾乎都發生在宮廷。

　　光緒皇帝為何而死？為何光緒先死，而比他大三十歲的太后卻後死？為什麼一個年輕的男人最終熬不過一個行將就木的老太婆？為何有人在光

光緒皇帝之死

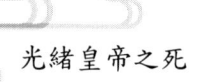

緒突然病死的前一天還看見皇上好好的，能行、能立、能說、能寫，不足一日，突然「染病暴死」？為什麼一個皇帝突然病死，不向滿朝大臣述說清楚？為什麼清廷內如煙波浩渺的內廷檔案中，竟然隻字未提？

宮廷祕事，事關滅門，「斧聲燭影」，誰敢公開議論？

其實，早在光緒死前數年，清廷許多官員包括很多太監心知肚明，老佛爺不是佛爺，光緒不是皇帝，慈禧絕不會讓光緒「走」在自己身後。「戊戌變法」那筆帳雖然過去十年了，但是陳帳並非沒帳，秋後算帳是算帳的一種演算法，慈禧太后的帳要算到死，否則就不是葉赫那拉氏。當光緒皇帝的政治生命在十年前就結束時，他生命的盡頭已為所有有政治目光的人所能看見。這正是光緒的悲劇。

光緒不是死於病，更準確地說是死於小人之手。中國多產漢奸，已為歷史所證；中國多出小人，也為實踐證明。

當慈禧在殺不殺、怎麼殺、何時殺光緒之間躊躇時，就有小人對慈禧言：「帝聞太后病，有喜色」。這位小人的「眼藥」上得太及時、太要命了。那時慈禧太后正為自己的病苦不堪言，時有感到來日無多。聽此言，慈禧暴怒。所謂「帝喜」，喜不過是看我年老病垂，熬不過幾日，喜我油枯燈熄，他好登基臨朝？喜自心來是喜我而去？喜他重來？政治上的「激火」猶如冷水入滾油，這位小人據我查似乎無詳細記載，只錄以「有僭上者」，這位小人的歷史功勞被忽略，實為不該。慈禧太后大怒後厲言：「我不能先爾死！」

如此看來光緒是死於小人之手。

光緒皇帝到底是怎麼死的？有曰自然死亡、病而亡之。黃泉路上無年限，難道三十八歲不該先亡，而七十六歲就該後亡？有專家考證，光緒在

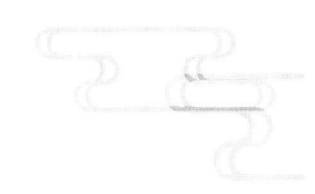

被囚禁在瀛臺後，心情極端苦悶，整日鬱鬱不樂、臥而不起、起而不行，本來就病弱的身體更加羸弱，慢性病累積，又加上飲食苛刻，冷吃涼喝，多為腐敗之物，病上加病，不死何奈？有專家稱：「詳考清宮醫案，用現代醫學的語言來說，光緒是受肺結核、肝臟、心臟、風溼等多種慢性病的長期折磨，致使身體的免疫力嚴重缺乏，釀成了多系統的疾病，最終造成心肺功能衰竭，合併急性感染而死亡。」專家考證焉容置疑？還有專家說：「從光緒帝臨死前的脈案及其親書的《病原》來分析，其死因屬於虛勞之病日久，五臟俱病，六腑皆損，陰陽兩虛，氣血雙虧，終以陽散陰涸，出現陰陽離決而死。」按照專家分析，其病已入膏肓，不死都難。按此說法，光緒其病如是，其命如此。不存在慈禧背後陰謀殺帝一說，光緒皇帝是死在體虛引發的一系列疾病上。1938年，光緒皇帝的崇陵被盜掘，盜賊也真瘋狂，連這麼一個一生不得志、吃不上喝不上、名存實亡的皇帝也不放過，盜掘不說，還把光緒從棺槨中揪出來，扒光搜盡。一直到1980年清理崇陵並重新封閉陵墓之際，簡單地檢測了光緒皇帝的遺骨。遺體並無外傷痕跡，亦無中毒表現，因此只能以脈案分析。

有句俗語稱蓋棺之論，光緒死後蓋了棺，又被盜墓賊拖出了棺，又為修復者再放入棺中蓋上棺，但是蓋棺無定論，仍然有疑團。

光緒皇帝是距離我們最近的皇帝，除去僅當了三年皇帝的宣統，但是他蓋棺仍不能定論。人都死了快一百年了，光緒到底是冤死的、被害死的，還是得病自然死的？

我看過一份史料，說光緒皇帝當年被囚禁在瀛臺，閒了、悶了就把室內擺放的鐘錶拆了裝，裝了卸，光緒皇帝很聰明，終於摸索出一套修理鐘錶的方法，他竟把故宮內的不走的、老壞的所有鐘錶都一一修好。我當時就想，一個人有生活樂趣，有破除苦悶的追求，這個人肯定不會得憂鬱

光緒皇帝之死

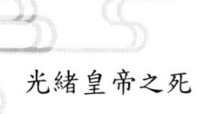

症，肯定不會自取煩惱。據說，光緒到死也沒有把故宮內珍藏的自鳴鐘都拆遍、修遍、研究遍。光緒皇帝對鐘錶機械的興趣遠遠高於政治，甚至高於生活，這樣的人不會自我折磨、找病受罪，他應該能在那些機械的複雜組合中尋見樂趣。

光緒皇帝之死的另一說是被害而死，死於慈禧之手。

啟功先生就在其《啟功口述歷史》中說：慈禧太后病痢，他的曾祖父（啟功為清朝宗室，其曾祖父溥良為晚清禮部尚書）在太后住所外侍疾。就在宣布西太后臨死前，我曾祖父看見一個太監端著一個蓋碗從樂壽堂出來，出於職責，就問這個太監端的是什麼？太監答道：「是老佛爺賞給萬歲爺的塌喇。」塌喇在滿語中是優酪乳的意思。之前也沒說過皇帝爺有什麼急症大病，隆裕皇后也始終在慈禧這邊忙活。但是送後不久，就由隆裕皇后的太監小德張向太醫院正堂宣布光緒皇帝駕崩了。啟功先生這段證言中有多少未解的疑團？光緒皇帝死得不明不白。光緒皇帝死得可疑、死得蹊蹺，當為歷史疑案，理應再審再查，光緒皇帝死了，也應讓他死得明白。

啟功先生並非孤證。據晚清內務府大臣增崇之子回憶，他幼年適逢光緒之喪，其父接到光緒死訊後，大惑不解，對其叔叔們說：「就是不對，前天，天子受次席總管內務大臣繼祿所帶的大夫清脈，沒聽說有什麼事。」繼祿請脈後還說：「帶大夫去的時候，上頭還在外屋站著呢，可怎麼這麼快呢？」（見《診治光緒帝祕記》）當時晚清名醫屈桂庭說光緒死前三天，「在床上亂滾」、「向我大叫肚子痛得了不得」，且「面黑、舌焦黃」、「此係與前病絕少關係」。他是當時著名的名臣，閱病無數，屈桂庭口中不敢明言，這分明是中毒之症！如是，光緒皇帝死於他殺！

蓋棺終有定論。

進入二十一世紀，光緒皇帝之死又被提上日程。這次對光緒皇帝死因運用先進技術，採用精密儀器，反覆和縝密分析了光緒皇帝之頭髮、遺骨、衣服以及墓內外環境。出乎我的意料，研究工作竟然一直延續了五年之久，可見研究之細、工作之複雜艱辛。

大量調查研究和科學分析表明，光緒皇帝的頭髮中含有高濃度的元素砷，其最高含砷量為 2,404 微克／克，遠高於正常人頭髮的含砷量 0.25 至 1.0 微克／克。需要說明的是砒霜是劇毒的砷化合物。化驗結果表明，光緒皇帝攝取的砷化物學名為三氧化二砷，即砒霜。僅沾染在光緒皇帝部分衣物和頭髮上的砒霜總量就高達 201.5 毫克，而正常人口服砒霜 60 至 200 毫克就會中毒死亡，光緒皇帝莫說是位弱不禁風的「病號」，他就是位金剛，攝取如此大量的砒霜也非死即亡。《水滸傳》中的武大郎喝了潘金蓮放在藥碗中的砒霜臨死時的垂死掙扎狀，名醫屈桂庭所說光緒死前的痛苦表現，絕非虛言。

想起比光緒皇帝早死八十七年的另一位皇帝，法蘭西第一帝國和百日王朝皇帝拿破崙，滑鐵盧戰役失敗後，這位法國資產階級政治家、軍事家，被流放到英屬大西洋上的一個小島——聖赫勒拿島。想必光緒皇帝知曉這位遠在歐洲卻大名鼎鼎的皇帝，因為光緒皇帝是位愛讀書的皇帝，尤其他閒悶之餘，熱衷於修理歐洲進貢的自鳴鐘，其中不乏拿破崙時期的鐘錶。拿破崙沒能「三起三落」，最終死在那個孤島上。拿破崙的死一直爭論了一百五十年，比爭論光緒之死還長半個多世紀。第一個懷疑拿破崙之死的是一位瑞典牙醫，他懷疑拿破崙不是自然死亡，是因為慢性中毒而死。拿破崙死後，當地的醫生曾解剖過拿破崙的屍體，得出的結論是拿破崙死於胃癌。那位名叫斯騰・富爾舒活德的瑞典醫生是在檢視拿破崙的第

光緒皇帝之死

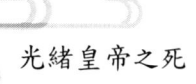

一僕人的回憶錄中了解到，拿破崙在流放期間經常忍受慢性疼痛，他敏感地察覺到拿破崙可能因慢性中毒而死。

拿破崙到底死於何因？爭論越大，迷霧越大。他的死因的揭示竟然和光緒皇帝死因確有相同之處，都是從死者殘存的頭髮揭示的。

拿破崙的一位崇拜者曾經保留下拿破崙的幾縷頭髮。正是這些頭髮在英國哈威爾的核化驗室化驗，化驗結果表明，拿破崙頭皮中砷的含量很高，超過正常人的二十倍甚至三十倍，只有長時間的慢性砷中毒才會達到如此高的指標，英國科學家化驗報告中的砷即三氧化二砷，就是毒死光緒皇帝的砒霜。

拿破崙死後一百五十年，其死因終白天下。拿破崙死於人為慢性砷中毒！拿破崙不是自然死亡，是他殺！被人施以砷毒，慢性中毒致死。光緒皇帝雖然和拿破崙同死於砷，但是死法不同。據中國專家測定，光緒帝頭髮最高含砷量不僅遠遠高於當代人樣本，也是隆裕皇后的兩百六十一倍。將光緒皇帝頭髮上最高含砷量與慢性中毒患者最高含量對比，竟然高出六十六倍。有人曾把光緒皇帝頭髮中含砷量與拿破崙頭髮中的含砷量相比，光緒皇帝高出拿破崙近一百倍。一個多麼可怕的數字，光緒皇帝絕非拿破崙那樣被人以慢性毒死。投放如此超大劑量的砒霜足見在慈禧授意下，其下手之黑、之狠、之毒，是要置光緒於死地！科學的解釋就是唯恐他不死，才故意加大毒藥劑量。

光緒死得可憐。這樣超大劑量地服用砒霜必然要引起人的劇烈疼痛，說光緒疼痛難忍、「滿床亂滾」、大叫「肚子痛得不得了」，當為實況。歷史上帝王被毒藥致死的絕不罕見，一直為人不齒的宋太宗用一種名叫「牽機」的毒藥，毒死李後主，李後主中毒後死得極其痛苦。我不知道當年趙光義用的毒藥，是不是屬於三氧化二砷之類，但是那種劇毒引起的劇痛，

史書上說使人抽搐成一團，像活蝦在熱鍋上蹦跳抽搐，實乃苦不堪言。一千多年前的毒藥極可能是砒霜。施耐庵寫的《水滸傳》中，中毒殺人都用的是砒霜，火化後從餘灰裡夾出來的武大郎的骨頭都是黑色的，可見砒霜其毒劇烈。請教過一位醫生朋友，他先表白自己看過不少病人，但從未看過因砒霜中毒的病人，尤其是超大劑量服毒中毒的病人。但這位內科專家沉思一會兒後，極形象地說，砒霜中毒者其痛苦狀應為肝膽欲裂、九腸寸斷。

光緒皇帝未得好死。誰殺死的光緒皇帝？慈禧授意殺死光緒是毋庸置疑的，沒有慈禧的明確旨意，沒有人敢殺光緒。那麼是誰在領了慈禧旨意以後直接下的毒手？換句話說，誰是殺害光緒皇帝的直接凶手？

末代皇帝溥儀曾在《我的前半生》中寫道：「我還聽見一個叫李長安的老太監說起光緒之死的疑案。照他說，光緒在死的前一天還是好好的，只是用了一劑藥就壞了。後來才知道，這劑藥是袁世凱使人送來的。」我認為讓光緒心甘情願，而不是牛不喝水強摁頭那樣去喝袁世凱送來的藥，像東漢末年董卓派人強灌漢少帝毒酒一樣，強逼光緒喝毒藥也是不可能的。且如果是那樣，清史檔案上必有記載。光緒年間，包括慈禧都還沒有那個膽量去公開、半公開地殺害光緒皇帝。「戊戌變法」失敗以後，光緒再也沒見過袁世凱，他恨袁世凱甚至超過恨「皇阿瑪」。他把袁世凱看成「戊戌變法」失敗、自己遭囚禁的罪魁禍首，非殺袁不能除其恨。此仇此恨，他臨死時都念念不忘，身體再痛苦也忘不了心靈上的創傷。他把自己乃至治國平天下的失敗都歸罪於袁世凱。因此在他的炕桌上倒扣著一隻碗，碗內有一紙條，紙條上有光緒臨終的遺囑，激憤在一筆一畫中，只有四個字：殺袁世凱。當光緒之弟載灃親王看見後幾乎掉淚，他登堂攝政後第一件事就是要殺袁世凱，只因張之洞等朝內外大臣反對才沒殺了袁世凱，光緒能

光緒皇帝之死

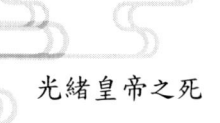

吃袁世凱送來的藥嗎？袁世凱會送藥給光緒嗎？

袁世凱不可能去殺光緒，真正要殺光緒皇帝的是慈禧太后。曾經陪侍慈禧太后多年，長期生活在清宮中的太監德齡在《瀛臺泣血記》中寫道：「萬惡的李蓮英眼看著太后的壽命已經不久，自己的靠山快要崩塌，便暗自著急起來，他想與其待光緒掌了權來和自己算帳，不如還是自己先下手為強，他的毒計便決定了。」此言靠譜。李蓮英肯定得給自己謀出路。他一個太監，曾經當著那麼多人的面抽了光緒皇帝好幾個大嘴巴，名曰「掌嘴」。中國歷史上氣焰囂張、權勢薰人的太監多矣，敢當眾打皇帝大嘴巴的太監，除李蓮英外別無他人。光緒真要重新掌權，不殺這個太監殺誰？

殺光緒皇帝者，李蓮英當為直接凶手之一。

光緒之死現在已有定論。這位五歲就登基當皇帝的兒童皇帝，直到其三十八歲被慈禧授意毒死，真可謂與慈禧既有恩更有怨，恩恩怨怨，綿綿長長，也可謂不是冤家不對頭。

這就是歷史。

跋

　　有人說沒有猶太人就沒有資本主義，我說沒有中國人就沒有封建主義，我還說不了解中國的帝王，就不會了解中國的封建主義。封則為封王封侯，建則是建邦建國。普天之下，莫非王土，率土之濱，莫非王侯，此謂天子。

　　中國的帝王，一人一本書，一人一臺戲，三千年的歷史，幾乎每章每節都有帝王的影子，沒有帝王不成封建，有了封建就有了帝王。

　　現在博物館正在熱展西漢海昏侯墓出土文物，每天只放入五千人，排長隊，從博物館的大門一直排到街頭，海昏侯不過才當了二十七天皇帝，這位漢廢帝劉賀堪稱昏君、庸君，勇於折騰，勇於胡折騰，最後折騰出圈出軌。但是誰能夠想到，就是這麼一位幾乎被歷史遺忘的短命皇帝，今朝今世竟有那麼大的影響？每個參觀完海昏侯墓出土文物展的人都嘖嘖有聲，他們完全為這位不足月的廢皇帝的驕奢淫逸、豪華奢靡、聲色犬馬的生活所折服，這就是中國帝王。在海昏侯墓出土文物面前，難免想入非非，帝王之夢歸入帝王思想。

　　其實中國皇帝中，善始善終的不多；歷經鬥爭、經歷磨難的不少。盡情享受、荒淫無度的不多；膽小慎微、戰戰兢兢的不少。我行我素，敢把天下至於自己股掌之上的不多；讓人把持、讓人「閹割」做道具的不少。中國帝王中可憐的、可悲的、可笑的、可恨的、可說的、可唱的皆不少，說不盡的中國帝王。

跋

當你輕輕合上這本書時，相信那群帝王會讓你留下新的印象，難道語論「新說帝王」？

萬丈紅塵三杯酒，千秋談笑一壺茶。

以跋鳴謝。

崔濟哲

龍袍太重，不是誰都可以撐得起輝煌盛世：
勝者為王，敗者為寇，「壞皇帝」可能被汙衊，「好皇帝」可能搞政變！

作　　　者：	崔濟哲
發 行 人：	黃振庭
出 版 者：	崧燁文化事業有限公司
發 行 者：	崧燁文化事業有限公司
E - m a i l：	sonbookservice@gmail.com
粉 絲 頁：	https://www.facebook.com/sonbookss/
網　　　址：	https://sonbook.net/
地　　　址：	台北市中正區重慶南路一段61號8樓 8F., No.61, Sec. 1, Chongqing S. Rd., Zhongzheng Dist., Taipei City 100, Taiwan
電　　　話：	(02)2370-3310
傳　　　真：	(02)2388-1990
印　　　刷：	京峯數位服務有限公司
律師顧問：	廣華律師事務所 張珮琦律師

-版權聲明────────

本書版權為北嶽文藝所有授權崧博出版事業有限公司獨家發行電子書及繁體書繁體字版。若有其他相關權利及授權需求請與本公司連繫。

未經書面許可，不得複製、發行。

定　　價：450元
發行日期：2024年11月第一版
◎本書以POD印製

Design Assets from Freepik.com

國家圖書館出版品預行編目資料

龍袍太重，不是誰都可以撐得起輝煌盛世：勝者為王，敗者為寇，「壞皇帝」可能被汙衊，「好皇帝」可能搞政變！/ 崔濟哲 著. -- 第一版. -- 臺北市：崧燁文化事業有限公司，2024.11
面；　公分
POD版
ISBN 978-626-416-066-7(平裝)
1.CST: 中國史 2.CST: 帝王 3.CST: 通俗史話
610.9　　113016618

電子書購買

爽讀APP

臉書